本书为甘肃省教育厅 2025 年教育科技创新项目"审美教育融入'时代新人铸魂工程'价值内涵与实践路径研究"(2025A-241)和甘肃省哲学社会科学规划项目"审美教育促进社会主义核心价值观培育研究"(2021YB128)的研究成果

审美与思政

——审美教育促进高校思政教育
有效路径研究

SHENMEI YU SIZHENG

SHENMEI JIAOYU CUJIN GAOXIAO SIZHENG
JIAOYU YOUXIAO LUJING YANJIU

刘殷君　著

人民出版社

序

审美是一种自我对象化的艺术活动，是人类对客观化世界的一种特殊性表达方式，在人的生成与发展的历史过程中，具有内在与外在辩证统一最高层次的审美需求，这也构成人们对真和善的科学与价值的统一诉求。审美的这种人性的内涵，从根本上奠定了审美教育尤其是在大学教育中的意义和地位。马克思在《1844年经济学哲学手稿》中讲过人的生产劳动突破了本能，"按照美的规律生产"。他还在《政治经济学批判大纲》第三分册讲过："人要生产完整的人"——也就是全面发展的人。马克思的这些思想都透露着美和美育的本质，在"按照美的规律生产"的过程中，不但美化着客观世界，而且美化着主体，使人自身成为"完整的人"。因此，审美教育的本体论内涵使它成为实现大学使命的最重要的组成部分和现实渠道，其对于培养人健康的审美观念和审美能力，陶冶高尚的道德情操，培养全面发展的人才具有重要作用。

纵观中国近现代教育发展历程，从王国维的"智、德、美、体""四育统合"思想，到蔡元培的"军国民教育、实利主义教育、公民道德教育、世界观教育、美感教育""五育并举"的理念形成，再到杨贤江提出的"德、智、体、美、劳"全面和谐发展，都非常注重审美教育，重视审美对培养人才发挥的重要意义。如今，我们强调"立德树人"，这就意味着，思想政治教育不仅要培养人的"德性"，更应该强化"审美"对人的德性涵养提升所发挥的价值与意义，因此，我们应该坚持以"德"为主的思想政治教育与以"美"为要的美育教育相互融合、协同发展的理念。从而促进美育与思想政治教育相连，实现培养人的审美情趣与陶冶道德情操教育的高度统一。

思想政治教育应该体现对真、善、美的追求，坚持以人为本，尊重人的个性特点、重视人的实际需求、关注人的全面发展是思想政治教育的题中应有之义。高校思想政治教育肩负着立德树人的根本任务，必须"以生为本"，以思想启迪和人格塑造为目标，不断提高学生的思想水平、政治觉悟、道德品质、文化素养，让学生成为全面发展的人。审美教育在激发生命活力、升华个体情感、培育个体性情、发展个体创造精神方面具有独特的人文价值。通过审美教育激发受教育者主体的道德责任意识，用审美情感的张力来弥补思想政治教育理论灌输的机械性，在寓教于乐、寓教于美的过程中，在潜移默化的情感愉悦中，使学生的道德情操得到陶冶，思想得到净化，品格得到完善，最终实现道德的教化作用。

近些年国家高度重视美育工作。2018 年，习近平总书记在给中央美术学院老教授回信中高度强调了美育的重要性；2020 年，国务院印发《关于全面加强和改进新时代学校美育工作的意见》提出以提高学生审美和人文素养为目标，把美育纳入各级各类学校人才培养全过程；2023 年，教育部印发了《全面实施学校美育浸润行动的通知》，要求将美育融入教育教学活动各环节，潜移默化地彰显育人实效，实现提升审美素养、陶冶情操、温润心灵、激发创新创造活力的功能。

刘殷君同志的《审美与思政——审美教育促进高校思政教育有效路

径研究》就是探讨审美教育对思想政治教育促进作用这一问题的专著，这本专著借鉴和运用美学学科及思想政治教育学科的理论知识，将美学和思想政治教育学原理有机融合，构建了寓情于教、寓美于教、寓美于行的情感、认知、行为的审美教育和思想政治教育三维一体的审美教育观点，提出了审美提升高校思想政治教育有效性实现路径，此书具有一定的理论价值和现实价值。

从理论上讲，该著作将大学生审美教育的价值目标、意义、路径等放在思想政治教育体系下，紧紧围绕思想政治教育与审美教育的相通性和关联性，分析二者在教育本质、教育内容、教育目标、教学方法、情感因素和发展趋向上的一致性，全方位探讨审美教育对促进高校思想政治教育有效性的价值内涵，提出了审美教育在丰富高校思想政治教育内容、促进思想政治教育情感教育功能实现、带动高校思想政治教育的审美渗透、引领思想政治教育的审美化发展方向所具有的重要价值，为思想政治教育提供了一种新的理论观照和实践操作范式，对优化和提升思想政治教育的实施，具有重要意义。

从现实上讲，理论研究的目标是要解决现实的问题。该著作在研究过程中，面对社会出现的层出不穷的大学生以另类为美、以怪异为美、以出奇为美的审丑现象，以及日趋增多的网络审丑冲击着大学生的审美观和价值观，造成拜金主义、享乐主义。结合高校思想政治教育有效性不足的问题，通过实证研究方法对当代大学生的审美素养现状和大学生对审美教育与思想政治教育关联性认知进行考察，分析当代大学生思想政治教育审美化的现实表征和存在的问题，从解析大学生审美素养、教育主体审美教育意识、思政教育审美化内容、思政教育审美化教育方法等维度，剖析高校思想政治教育与审美教育辩证融合过程中存在的问题。著作既能够从理论的高度概括和提炼，又能落到实处分析现实问题，做到理论和实践有机统一。

　　刘殷君同志的这部著作是在她的博士论文的基础上充实修改而成的。实证研究和数据分析需要花费很大的精力，作者能够知难而进开展研究工作并取得研究成果，是值得肯定的。从审美教育内在规律出发审视高校思想政治教育是一个"比较新"的视角，可以充实思想政治教育所具有的审美价值，提升思想政治教育的有效性，但是涉及的一些表述还有待于进一步提炼和完善，对一些问题的分析还有待于今后进一步研究和拓展。希望她能以此项研究为契机和新起点，接续奋进，深挖细研，在思想政治教育的审美问题研究上取得更多的成果。

　　　　　　　　　　　　　　　　　　　　　　　马俊峰

　　　　　　　　　　　　　　　　2024 年 3 月于西北师范大学

目　　录

序 ………………………………………………………… 马俊峰 001

前　　言 ………………………………………………………… 001

第一章　绪论 …………………………………………………… 001

第一节　审美教育融入思政教育势在必行 ……………………… 002

第二节　审美教育的缘起与发展 ………………………………… 013

第三节　研究重点难点及创新点 ………………………………… 041

第二章　审美教育内涵及对思政教育的价值 ………………… 043

第一节　审美教育内涵 …………………………………………… 043

第二节 审美教育价值意蕴 ……………………………………… 052

第三节 思想政治教育内涵及价值功能 ………………………… 074

第四节 审美教育对高校思想政治教育的作用 ………………… 084

第三章 高校审美教育现状及其现实表征 ……………… 098

第一节 高校审美教育现状 ……………………………………… 099

第二节 大学生审美素养及其现状 ……………………………… 105

第三节 审美教育与高校思政教育融合现状 …………………… 141

第四章 高校思政教育与审美教育辩证融合问题及
原因 …………………………………………………… 150

第一节 以正确审美观解析大学生审美素养 …………………… 151

第二节 高校思政教育主体审美教育意识解析 ………………… 168

第三节 高校思政教育审美化内容解析 ………………………… 173

第四节 高校思政教育审美化教育方法解析 …………………… 182

第五章 审美教育助推高校思政教育有效性提升
实践路径 ……………………………………………… 191

第一节 寓美于知——筑牢思政教育内容审美之基 …………… 192

第二节 寓美于情——激发思政教育审美情感之力 …………… 219

第三节　寓美于行——引导思政教育的审美化实践 …………………… 234

附　　录 …………………………………………………………… 255

主要参考文献 ……………………………………………………… 267

后　　记 ……………………………………………………………… 277

前　言

　　思想政治教育有效性问题始终是思想政治教育实践中常论常需、常论常新的议题，是历史语境下具有时代性的问题。思想政治教育在供给与需求、主体与客体、方法与成效、理论与实践方面的矛盾，始终随着时代的变迁和受教育者主体的发展而变化。高校思想政治教育只有契合不断变化的思想政治教育情境和时代所赋予受教育者的作为人的个体需要的满足，将政治观点和道德观念以学生乐于接受的方式和内容进行传导，激发受教育者内在的自我觉醒和自我规范，其有效性才能得到实质性解决，这就需要将审美教育理念和方法融入思想政治教育工作之中。

　　西方自古希腊时期，就以音乐、唱歌、朗诵等形式开始了审美教育活动，这也成为审美教育发展的雏形。中国古代虽没有直接的审美教育概念，但通过审美教育化育人心，培养审美人格的观念早在周朝就已出现，我国丰富的审美教育资源，从古至今一直滋养着中国人的审美情怀。审美教育是感性教育，又是一种超功利的情感教育，是弘扬人文精神、协调社会和谐发展的重要方式；是德智体劳教育的基础，契合着每个个体的内在需求。通过审美教育能够帮助受教育者树立正确的审美观念、塑造理想人格、激发个体创造活力，培养超越性人生境界，促进人的全面发展。

人总是按照美的规律进行建造的，审美教育与思想政治教育的最终旨趣都是塑造受教育者健全的人格，通过审美教育激发受教育者主体的道德责任意识，用审美情感的张力来弥补思想政治教育理论灌输的机械性，在寓教于乐、寓教于美的过程中，在潜移默化的情感愉悦中，使学生的道德情操得到陶冶、思想得到净化、品格得到完善，最终实现道德的教化作用。因此，从审美教育的视角来审视思想政治教育问题，研究思想政治教育和审美教育在教育本质、教育内容、教育目标、教学方法、情感因素和发展趋向上的一致性，研究审美教育在丰富高校思想政治教育内容、促进情感教育功能实现以及引领思想政治教育的审美化发展方向上具有重要价值。

大学生作为思想政治教育的核心群体，其审美素养高低决定着未来社会群体的审美水平和审美价值观，社会上出现的层出不穷的大学生审丑现象，在很大程度上消解了思想政治教育效果。在实证调研的基础上，了解大学生在审美素养、审美教育及思想政治教育审美化维度的现状，分析高校思想政治教育与审美教育辩证融合过程存在的问题，并对其进行原因分析，能够使新时代审美教育在促进高校思想政治教育有效性的现实路径选择上找到方向。审美教育对大学生的作用能够深刻渗透到个体思维、理想观念、价值取向和行为习惯。

审美教育的过程是改变学生态度的过程，审美教育融入思想政治教育的过程不仅在于提升思想政治教育的有效性，更是个体自身全面发展的需要，使学生在美的滋养中思想境界得到提升和演进。本书将心理学的态度理论引入审美教育与思想政治教育融合的路径建构之中，从审美情感、审美内容和审美实践的角度，构建起寓情于教、寓美于教、寓美于行的情感、认知、行为的三维一体融合路径。让受教育者在情感的感染中受到鼓舞和影响，用审美的态度和观点对待思想政治教育活动。同时，以非强制的艺术性方式影响着受教育者的审美趣味，在重塑思想政治教育本有的审美维度中，最终实现思想政治教育真与善在教育对象上的融合与超越，让审美教育的力量涌动和内化成为学生内心的情感力量和理想信念，在促进思想政治教育"入脑""入心""入行"中实现有效性的提升，最终助力学生成就幸福、愉悦、和谐的人生。

第一章 绪论

高校思想政治教育是帮助学生提高思想觉悟，培养政治品格，坚定政治立场，树立积极世界观、人生观、价值观的教育，其本质是为了促进人的全面发展，兼具意识形态功能和文化功能。在不同历史条件下，面对不断发展、变化的社会环境，思想政治教育有效性问题始终是思想政治教育实践中常论常需、常论常新的议题。党的十八大报告指出，要注重心理引导、疏导和人文关怀，培育和培养具有自尊、自信、理性且平和的时代新人。报告中的这些表述，为我们新形势下的思想政治教育工作提供了新的视角，开辟了新的思路。审美教育是促进个体审美发展的教育，对人的个体完满发展具有不可替代的促进作用，在激发生命活力、升华个体情感、培育个体性情、发展个体创造精神方面具有独特的人文价值。面对高校思想政治教育有效性不足的现状，从审美教育的向度研究思想政治教育问题，全方位探讨审美教育对促进高校思想政治教育有效性的价值内涵和实践路径，从以传统说教为主的思想政治教育转变为激发学生自我提升和培养的思想政治教育，为思想政治教育提供了一种新的理论观照和实践操作范式，对优化和提升思想政治教育的实施具有重要意义。

第一节　审美教育融入思政教育势在必行

一、高校思政教育的现实困境

（一）高校思政教育有效性有待提升

对思想政治工作始终保持高度重视，一直以来是中国共产党的一项优良传统，也是我们最大的政治优势，这一优良传统的继承和发展，紧紧围绕着党的思想政治教育活动卓有成效的开展为前提。纵观思想政治教育的实践和理论发展历程，在思想政治教育学科发展的初期，思想政治教育的有效性是较为明显的，也正是有效性的充分发挥，使得党的思想政治教育工作在特殊历史时期一直发挥着"生命线"和"中心环节"的重要作用。改革开放以来，我国高校思想政治教育工作在实践和研究方面都取得了诸多成就。尽管如此，意识形态领域不断涌现的新问题、新困难、新情况始终冲击和挑战着高校思想政治教育工作的实效性，并制约其有效性发挥，以历史语境提出思想政治教育有效性的问题，具有重要的时代意义。

如何解决在思想政治教育宏大的叙事的价值观教育中，引导受教育者对自我的关注，对切身微小事件的抉择？如何让思想政治教育取得让受教育者真心喜爱、终身受益的教育教学效果？如何让思想政治教育进入受教育者之脑、之心，将思想政治教育所倡导和传导的价值观内化为教育对象的理想信念，外化为教育对象的践履行动？所有这些诉求的改变，其内在的核心是要真正地打动受教育者，需要有情感的投入，需要通过情感的渗透来走进受教育者的内心，让受教育者主观能动地乐于、善于接受这种沟通，从而产生认同，进一步潜移默化地接受。所以从人文关怀的角度，将审美教育融入思想政治教育之中，用情感温润受教育者的心灵，无疑是为思想政治教育效果的提升找到了一条新的路径。

（二）高校思政教育应遵循个体内在需求和学科发展规律

"思想政治教育是一门价值性与科学性紧密结合的人文科学、理论性与实践性紧密结合的综合性学科、针对性与时效性紧密结合的应用学科。"[1] 经过 40 多年的发展历程，思想政治学科在概念与范畴、原理与方法、功能与价值等方面不断深入和系统化。思想政治教育与政治、教育、管理、心理等众多学科都有交叉，如何突破学科研究的局限，"以其新兴的横向学科的生机与活力，赢得重要的学术地位，跻身于当代科学之林"[2] 是思想政治学科的发展之趋。日新月异的社会发展，期待思想政治教育从固有的教学模式和教学方法中解放出来，构建一种符合时代发展和学生审美追求的新的教学理念。审美教育作为一种精神抚慰和创伤修复，是一种情感疏导、心灵滋养，能够发挥人对美的本质追求的作用。思想政治教育应该以其所蕴含的美的价值属性，给受教育者呈现出一种积极向上的牵引力，使受教育者在受教育过程中增加精神的振奋和内心的愉悦，帮助受教育者发展更好更高的生命状态，实现人生境界的提升。因此，思想政治教育与美学的结合，无论是从理论研究的维度还是从实践的维度，对于夯实学科建设基础、突出学科特点、提升学科教育有效性，都是学科发展的需要。

在社会文明的发展进程中，人类不断进行探索和实践，其中一切的实践活动都伴随着衡量、探索和评价的过程，任何维度都是在以满足个体需要的基本前提下，以效用尺度为标准的，这也是人类实践活动的根

---

[1]　郑永廷、朱白薇：《改革开放 30 年思想政治教育理论的丰富与发展》，《思想理论教育导刊》2008 年第 10 期。

[2]　张耀灿、徐志远：《现代思想政治教育学科论》，湖北人民出版社 2003 年版，第 389 页。

本动力，从而建构起人类实践活动的有效性机制。对于思想政治教育这样一项人类重要而特殊的实践活动而言，人类一般实践活动的有效性也规定了思想政治教育有效性的基本内涵。人的需求是客观存在的，在人的各种需求中审美需求同属于人的内在需求，受教育者对审美的需求，对教育主体、教育客体和教育环境有美的追求，这是普遍存在的。特别是对于高校的学生来说，所呈现出的社会现象在很大程度上反映出大学生的审美素养有待提升和加强，这就需要高度关注大学生群体的审美需求，从其内在需求去研究思想政治教育问题，从而提升思想政治教育的有效性。

（三）思政教育目标应避免价值性与知识性相分离

思想政治教育是指社会或社会群体用一定的思想观念、政治观点、道德规范对其成员施加有目的、有计划、有组织的影响，使他们形成符合一定社会、一定阶级所需要的思想品德的社会实践活动。[1] 对学生的思想政治教育通常称为"德育"。在我国，共产主义是思想政治教育所坚持的方向，并直接作用于人的思想道德，这一性质决定了我国思想政治教育是以提高个体思想道德素质、促进个体全面自由发展，并不断激发人们为社会主义事业积极贡献力量为目的。[2] 可以看出为促进人的自由全面的发展，思想政治教育的目标除了具有政治导向外，还应该培养人的科学精神、人文精神、道德素养以及健康人格，而现实中对思想政治教育目标的理解具有一定偏向性。

一种是只关注政治导向的技术型人才的培养，在高速发展的现代化社会中，过度理性的价值态度是由人们对科学技术价值不断认同所产生的。对科学技术的高度膜拜容易使人们忽视对人文精神的价值追求，这

---

① 陈万柏、张耀灿:《思想政治教育学原理》，高等教育出版社 2007 年版，第 4 页。
② 陈万柏、张耀灿:《思想政治教育学原理》，高等教育出版社 2007 年版，第 73 页。

种工具理性至上的思维观念遮蔽了人们对价值理性的追求，在学校思想政治教育工作中就体现在注重激发学生的科学精神和对知识学习的热情，学生的理想信念教育、思想情感教育以及道德素养教育往往处于劣势地位，在教育者和受教育者的价值思维体系中都未得到应有的重视，因此在各个教育环节都缺乏对人生意义和价值方面的正确关怀和引导。另一种现象是以"政治正确"为导向的人才培养目标，忽视了对人文情怀、理性态度、健康人格的锤炼。在这两种目标导向下，人才培养变得极具狭隘性，有的人即使知识底蕴深厚，却缺乏基本道德责任和政治素养；有的人具有较强的政治意识，却在科学素养、人文素养和思想情感素养方面僵化，成了精致的利己主义者。这种思想和行为单向度的人，不符合思想政治教育的培养目标，这样的人也难以承担起民族复兴的伟大历史重任。

思想政治教育缺乏人的需求和社会客观需要间的黏合。市场经济的发展对人们的价值观带来较大的冲击，人们逐渐变得追求短期效应，更加注重个体自身需要，变得急功近利，浮躁且盲目。教育的价值在人们价值观的改变下，也失去了原本对教育意义的理解，将教育变成了增加报酬、获取就业机会、提高社会地位的办法，在对利益的追逐过程中，人们常常忽略了自身精神世界的丰富与完善，忽视了自我沉淀。这种现象也充斥在思想政治教育之中，对人现实的和社会的需要的权衡中，缺乏一种黏合，从而削弱了思想政治教育对人格培养的作用，造成了国家和社会的期望与实际效果之间存在反差。同时，长期以来，高校思想政治教育培养学生的政治自觉、思想觉悟、道德观念都是以社会和国家稳定发展为目标的，偏重的是工具价值取向。因为教育目标的模式化和标准化，导致不同时代不同区域都在用单一的规格来塑造人，而忽视了多元文化背景的差异以及学生作为个体的本体需求，甚至牺牲了个体追求自身利益的需求，导致个体价值的削弱。这种忽视人的本体需要、缺乏人文关怀的教育方式和教育理念，势必会影响思想政治教育的效果，使得思想政治教育成了简单说教的单向度教育，而抵减了其强大的精神动力和人文关怀的价值。

（四）大学生审丑泛化制约思政教育效果

"00后"大学生是伴随着网络发展成长起来的一代。他们所面对的，一边是中国传统的家长的管制和应试制度的压制，另一边是丰富的网络信息冲击，思维活跃的他们思想上也多有叛逆和主见。相当一部分大学生审丑泛化导致三观扭曲。在直播风靡的当下，各大网络平台上弥散着大量整容后的"网红"，以流量和利益为导向的直播节目中，不乏大量夸张、粗鄙、低级趣味、以丑为美的内容，所传递的满载负能量的审美观，直接消解着大学生的人生观、价值观、审美观，进而直接冲击着大学生的世界观。一项针对"00后"最向往的职业的调查显示，有54%的学生最向往的职业是主播和网红，这个比例之高让人惊叹。审美偏差导致在学生心里网红、演员的光芒完全盖过了民族英雄。长期在审丑的、逆向的、肤浅的、畸形的、以追求颜值为主流导向的审美社会环境和风气的影响下，学生会形成好逸恶劳、哗众取宠、骄奢淫逸的畸形价值观念，引起人格发展的片面化和畸形化，消解理性和感性的和谐。纵观高校部分大学生的现状，不难发现，很多学生缺乏人生理想和价值目标追求，呈现出沮丧、颓废、空虚、消极的生命力状态；在分析问题和解决问题的时候，理性规范和道德意识匮乏，缺乏理性分析问题、理智解决问题的能力，任凭本能的冲动和对欲望的追求。面对大学生群体的这种现状，急需主流的审美观和价值观进行引导和纠偏。审美教育作为一种作用于个体人格的感性教育，应发挥其应有的价值来弥补现有教育的短板。在现有的思想政治教育体系中融入马克思主义审美观教育，能帮助学生净化心灵，引导他们在纷繁复杂的社会环境中学会发现美、欣赏美并且创造美，自觉建立正向的、积极的、多元的、有思想深度的审美观。

二、审美教育融入思政教育的多元价值

高校思想政治教育通过教育实践活动不断塑造人、教育人从而达到培养合格的社会主义建设者和接班人的目的，进而不断促进人的全面发展。从审美的教育研究思想政治教育有效性的提升问题，以新的视角和模式研究思想政治教育在政治思想、道德规范方面的教育培养问题，对于培育德、智、体、美、劳全面发展的社会主义接班人，增强思想政治教育的效果，构建和谐社会方面具有一定的理论和现实意义。

（一）丰富完善思政教育方法内容

综合性是思想政治教育的重要特点，这也成为该学科与其他学科的不同之处。

思想政治教育的发展不但要和社会的发展相契合，而且要符合教育对象个体的需求。思想政治教育是一门与时代变迁和经济社会发展紧密相连的学科，其起步较晚，教育方法、内容、形式的丰富化和多元化发展仍处在探索和发展阶段，其面对的大学生群体思想观念更加开放，主体意识日益增强，信息获取渠道更加多源，这些都会对思想政治教育有效性和实效性的发挥产生一定的冲击和影响。而且，一直以来，思想政治教育过度关注理性和科学性，制约了思想政治教育在内容、方法和目标方面的发展。因此从审美教育的角度来审视高校思想政治教育的方法、内容，可以不断充实思想政治教育除了政治、文化、经济和生态价值方面以外所具有的审美价值，真正达到陶冶学生的思想情操、滋养学生的心灵、促进学生的全面发展的目的。

（二）实现思政教育人文关怀

高校思想政治教育应该在以人为本的前提下开展，是一项以大学生现实需求为起点，关注学生、尊重学生、关心学生的教育，目的是引导学生形成积极的人生价值、人生理想。随着教育教学改革的不断深入，高校思想政治教育的人文价值应不断地彰显。然而，灌输理论一直占据着高校思想政治教育活动开展的主要方面。思想政治教育终极效果应该是启迪人的内心，使人在物质利益的追求中克服浮躁、焦虑的心灵，营造一个宁静的精神家园。事实上，理论讲授只是思想政治教育的基础，更重要的是通过理论的传授带给学生精神层面的启迪和超越，只有学生从精神层面摆脱物化的干扰，才会对人生意义和价值有重新认识。因此，从思想政治教育的价值和意义来讲，思想政治教育的发展趋向一定是深入探索人的本质需求，探索人文关怀的。通过人文关怀的方式切实化解教育者的思想困惑和精神痛苦，进而实现思想政治教育社会教化的目标。面对当前复杂多变的国际政治环境和价值观念的多元化，思想政治教育的客体和主体之间在一定程度上发生了角色互换，客体的主体性地位得到了提升，单一陈旧的"灌输"手段不但不会受到受教育者的欢迎，更会遭到抵触和反抗，直接影响思想政治教育的效果。因此要创造柔性的、更易被受教育对象所接受的方式将简单的"灌输"转变为价值理念的"渗透"。情感教育作为审美教育的一个重要方面，将其融入思想政治教育之中，必定会优化思想政治教育人文关怀的维度，使纯理论的思想政治教育更具吸引力和感染力，提升思想政治教育对象的认同度和接受度，进而促进思想政治教育有效性的生成。

（三）提升思政教育艺术性

制约思想政治教育有效性的因素有很多，然而教育内容的偏理论性、教育手法的单一性，成为思想政治教育缺乏吸引力的主要原因。虽然科学性活动是思想政治教育的第一要义，但这并不代表思想政治教育活动要按照固有的方式和规则去帮助人们建构精神世界。思想政治教育对象的复杂性、社会环境的多变性、学生自我意识的加强，都要求思想政治教育工作者要审时度势，学会将各种方法和技巧运用到教育实践活动之中。从某种意义上来讲，思想政治教育本身就是一项极具艺术性的教育活动，如果继续用程式化、刻板化的教育方式，思想政治教育的有效性必然会大打折扣。将审美教育的方式和内容融入思想政治教育之中，使思想政治教育的方式和内容更富有艺术化，在情感的熏陶和感染中使学生受到鼓舞和影响，用审美的态度和观点对待思想政治教育活动，调动受教育者的积极性，而非通过强制的艺术性影响受教育者的审美趣味。同时，思想政治教育学科本身也具有审美价值，其内容本身就极具科学之美和理论之美，从审美的角度进行挖掘和阐释，无疑增强了学科本身对受教育者的吸引力。

三、审美教育在大学生成长成才中的思政教育意义

（一）促进全面发展时代新人培养

思想政治教育的本质是促进人的自由而全面发展，不断完善人的社会化目标，这一目标的实现要将人的内在需求作为着力点，这是一种情感性、能动性、创造性的活动，也成为当前做好思想政治教育工作的内生动力和提升有效性的重要途径。传统的思想政治教育模式的固化容易造成学生知识的贫瘠和涵养的缺失，不利于学生综合素质及能力的提升。为此，从审美教育的角度研究和探索思想政治教育有效性的提升和促进问题，就是将审美教育中所蕴含的生命力和感染力、灵活性和自由性根植于思想政治教育的各个维度。美育的融合，是以人本身对美的追求为根本动力的，可以帮助和改进思想政治教育在方法上的单一和教条、内

容上的古板与枯燥，以激发学生的创造力和灵感，提高学生的创美能力，使得教学活动中的主体和客体在双向互动中呈现出自由、创新、张弛有度的教育教学氛围。

（二）健全大学生人格

大学生年轻、有朝气且喜好追逐新鲜事物，三观在不断地确立和优化过程中，易于引导也易于纠偏，得当有效的教育方式会起到事半功倍的效果。从整个社会的思想政治教育工作来看，大学生的思想政治教育工作在社会整体思想政治教育工作中意义非凡，占重要的比重。大学生是中国特色社会主义事业发展的生力军，是最进步、最具朝气的群体。在实施教育过程中，不但要注重学生道德修养的培养，更要引导他们树立积极、乐观、审美的人生观、生活观、生命观和社会观，培养他们在学会发现美、欣赏美、鉴别美的过程中形成审美的思维和习惯，能够用审美的态度去面对纷繁复杂的社会和百变无常的人生。没有审美活动无所谓人性的完满，精神上的自由也就难以实现，进而无法成为一个完整的人。审美活动可以使个体在功利性和理性之间找到平衡，使个体在精神层面得以释放和满足，带给人们自由和愉悦的感受，使人们感受到超越个体生命的有限的生存上的意义。在物质生活资料极其丰富的今天，人的精神方面的需求远超过物质方面的需求，对于大学生而言，精神方面的需求更会对学习、生活以及价值观产生隐性的本质影响。从审美教育的视角研究高校思想政治教育问题，在微观层面和宏观层面都会对大学生产生影响。在微观层面，能够帮助大学生培养高尚的人生趣味，善于发现生活和学习中的真善美，脱离低级趣味，培养积极的人生态度和高尚的审美品格，面对世界的多样性和复杂性，善于用积极、乐观、进取的思想道德素养和文化涵养去审视。微观的变化带来的是宏观上的改变，个体完善的人格有利于形成积极的心态，心态决定思想，思想支配行为。当代大学生群体的积极的心态、健全的人格和正确的价值观，有利于和谐社会的建设。当代大学生会主动对民族文化产生认同，表现出理性的爱国情感，这些对于增强文化自信、推动文化强国建设具有重要价值，为全面推进中华民族伟大复兴凝聚强大的精神力量。

（三）提升大学生品德修养和文明素养

审美教育在潜移默化、寓教于乐中推动了大学生道德修养的建设。首先，可以将审美教育看作一种形象教育，将德育寓于审美意象之中，融入艺术形象之中。在历史发展的进程中，中华民族涌现出一批批英雄模范人物，他们的伟大形象是中华民族审美意象生动的展示，他们具有被艺术作品表现的重大价值，进而升华为艺术形象。审美教育就可以通过这样的艺术形象来激发大学生对英雄的敬仰，在见贤思齐中提升个体追求。其次，审美教育可以作用于"知、情、意"的各个阶段，并将道德教育转化为情感感染，引发大学生心灵深处的共鸣。在春风化雨的教育中传递社会主义核心价值观，使大学生的思想道德素养和文明素养得到提高。最后，审美教育是动态的，具有潜移默化和润物无声的作用，在审美意象和艺术形象中融入道德教育元素，贯穿学生成长成才教育的全过程，有利于形成良好的家风、优良的学风、文明的社会风气。

（四）提升大学生审美和人文素养

在物质资料充沛的时代，大学生渐渐把焦点转移到精神享受方面，网络媒体泛娱乐化信息直击大学生的感官心灵，主导大学生的精神需求，大学生越来越喜欢追求物质层面和感官层面的享受，那些华而不实的追求极大地弱化了大学生群体的审美能力，导致他们的审美观念发生偏移，非主流审美观屡见不鲜。人和动物最大的区别在于人有高级的精神方面的需求，精神需求让我们成为有内涵、有深度的人，赋予人生超越物质层面的意义，审美需求是人的精神需求的重要内容。人们在审美活动实践中不断涵养审美能力，铸造和谐人格。"人性本来是多方面，需要也是多方面的。真善美三者俱备才能算是完全的人……真和美的需要也是人生中的一种饥渴……精神上的饥渴"①。大学生作为同样具有审美需要的个体，以审美教育为载体，将思想政治教育的要求通过审美教育予以传达和渗透，以探索的心态接受思想政治教育，进而自觉认同接纳思想政治教育内容，发挥自身主体性，最终达到自我教育的目的。因此，从审美教育的维度去提高思想政治教育，从内容、形式、观念到方法的改变，也许并不能使思想政治教育的有效性立竿见影地表现出来，然而通过加强审美教育能够培养学生的世界观和价值观，通过审美情感的传递作用于人的思想和道德情感，对于提升思想政治教育的效果会大有裨益。

（五）增强思想政治教育有效性

在思想政治教育中，思想政治教育的要素、思想政治教育的过程、思想政治教育的结果三个方面共同决定着其有效性的发挥。要素有效性是前提和条件，过程有效性是中间环节，结果有效性是要素有效性和过程有效性的最终产物，也是我们判断、检验思想政治教育活动有效性的基本依据。虽然三个方面共同支撑思想政治教育的有效性得以实现，但是文书并不是简单地考察要素有效性和过程有效性，而是以二者为基础，通过审美教育的影响，最终实现思想政治教育结果有效性的目的。

提升思想政治教育有效性问题始终是教育的核心问题，从一些调查结果来审视，大学生群体对于思想政治教育并非持排斥抵触的态度，大多数学生还是乐于接受的。只是随着信息技术的发展，学生获取思想政治教育的渠道和方式极大地拓展了，眼界开阔的同时是思想观念的开放，自我意识和批判意识在不断增强。不仅如此，学生的思想还受到不同来

---

① 朱光潜:《谈美》，北京大学出版社 2008 年版，第 146 页。

源渠道的影响，当学生面对大量的信息资源涌入时，会从自我兴趣出发进行自我选择。这对于教育工作者来说，教育难度会呈几何式上升。因此，以往那种"由外向内"的、理论填鸭式的思想政治教育模式就会受到冲击，教育效果自然会大打折扣。我们的教育一直在呼吁要降低教育者的主导作用，强调学生占据课堂主导。这种形势下，如果通过受教育者"自我内部生成"意识的萌发，将思想和政治观点、道德规范的接受变成自我内心的需求，成为一项不靠外界强制压力的自由的活动，对于提高思想政治教育的有效性将大有裨益。

审美活动可以从多方面提高学生的文化素养和文化品格，引导学生产生一种高远的精神追求，提升学生的人生境界。所以将审美教育内在的自由性、生命性融入思想政治教育之中，让大学生主动认同和接纳思想政治教育理论，为思维的创新提供自由空间和场域，使学生创新思维得以充分发散。从审美教育的角度研究和探索思想政治教育有效性的提升和促进问题，就是将审美教育中所蕴含的生命力和感染力、灵活性和自由性根植于思想政治教育的各个维度。美育的融合，是以人本身对美的追求为根本动力的，可以帮助和改进思想政治教育在方法上的单一和教条、内容上的古板与枯燥等问题，以激发学生的创造力和灵感，提高学生的创美能力，使得教学活动中的主体和客体在双向互动中呈现出自由、创新、张弛有度的教育教学氛围。

第二节　审美教育的缘起与发展

在西方虽然没有思想政治教育描述，但其道德教育、公民教育和审美教育的本质与我国的思想政治教育目标是一致的。无论是道德教育还是公民教育，始终都渗透着审美教育。在西方思想家们的理论思想中有许多关于美育的论述，值得我们借鉴。古希腊时期的审美教育是西方美育史的起源，约从公元前6世纪开始，至今有2600多年的发展史。西方著名的哲学家都对审美教育进行了研究，形成了丰硕的理论资源，对人类审美教育的发展起到了巨大的推动作用。

一、美、审美、审美感与审美教育

什么是美？对于美的问题，从古至今有无数的观点，归纳起来一般有四种[①]：第一，"美是观念"，即美是一种主观的精神和理念；第二，"美在物本身"，即美是客观存在的具有一种特性的事物；第三，"美是主客观的统一"；第四，"美是社会性和客观存在性的统一"。无论哪种说法，都无法全面地展示美的真谛，古典美学理论将美定义为"美是和谐"，这种释义显示出了美独特的生命力。

和谐是事物之间的相关匹配与统一，这种匹配和统一之间同样涵盖了对立面的有机统一，即"多样化中的特殊的统一"[②]。代表着事物在各方面的配合，毕达哥拉斯从数量、数学的角度进行研究，为"美"提供了第一个定义的范畴，那就是和谐。毕达哥拉斯这一美学理论和观念，可以说对西方古典美学形成和发展都产生了巨大的影响，"美是和谐"成为"西方古典美学的主潮"[③]。

中国古典美学中，虽然没有直接使用"和谐"这一概念，但却使用了"和"这个概念，"和"强调的是事物的协调统一性或"中和之

---

① 文艺美学丛书编委会：《美学向导》，北京大学出版社1982年版，第199—209页。
② ［苏］奥夫相尼柯夫、［苏］拉祖姆内依：《简明美学词典》，冯申译，知识出版社1981年版，第18页。
③ 袁鼎生：《西方古代美学主潮》，广西师范大学出版社1995年版，第26页。

美"。在《论语》中，"美"和"善"几乎是同义词，中国那些"刚柔并济""天人合一"等哲学、文艺、美学思想都蕴含着和谐，即事物各种因素或各部分之间都是统一思想的诠释，事物是多样统一的。

马克思对"美"的本质的阐释，是从"自然的人化"与"人化的自然"角度去认识的。"美"是建立在人类社会实践和劳动之上，劳动不但能够展示人的内在之美，同样能够表现出其外在美。即从"自然的人化"和"人化的自然"之美的认识角度，对"美"的本质进行了阐释。简单地说，美是建立在劳动实践基础上的，是人的内在美和外在美相统一融合的过程。马克思对美的本质规定，与传统文化中对"美"的表述具有高度的一致性。综上，"美"就是人与自然、与他人、与人自身的统一，是感性与理性的统一，是内与外的统一，是真与善的统一，是和谐与友爱的统一，是对象世界的合规律性和实践活动合规律性的统一。

"审美"源于古希腊语"aesthetic"一词，是指"通过感官对有趣对象的知觉"。审美是人类理解世界的一种特殊方式，具有对象性和意识性。审美是人与社会形成的一种关系状态，这种关系是无功利性的。"审美"一词中既有"审"，又有"美"。"审"代表的是主体的能动作用，是人们对一切事物的美和丑作出评价的过程，也是一个主观能动的心理活动过程。审美活动中人们根据自身对事物的判断作出评价，具有一定的偶然性，审美主体和审美对象在互动中构建了审美意识，可以说审美意识这种对审美对象的能动反映，取决于审美对象的存在和发展，同时人们所处的时代背景和社会环境对审美意识产生着巨大的影响。马克思认为人类的生产实践是人类审美意识产生的来源，生产实践在创造人类自身的同时萌发了人类对审美的需要，促使人类在实践过程中审美和创造力得以不断提升，美和艺术诞生。因为意识所具有独特的能够支配现实的感性方式，是以实践为基础，建立在人类漫长的历史进程中的，所以说审美意识从来不是凭空产生的，或是某种天赋异禀，而是社会在不断实践过程中的产物。

"审美"这一概念是由德国哲学家鲍姆嘉通第一次提出的，并创立了"美学"学科，将"美学"定义为一种感性认识科学。鲍姆嘉通认为"美学是关于自由艺术的理论、是低级认识论、是美的思维的艺术和理性类似的思维的艺术"[①]。鲍姆嘉通这种将美学定义为"艺术"之学的方式，就是"使某物更加完善的各种规则的总和"[②]。中国最早将"审美"一词进行翻译的当数王国维，其后蔡元培先生探讨了审美观念问题，梁启超研究了审美趣味问题，朱光潜先生探究的审美心理问题，都是对审美问题的不断深化和演进。李泽厚认为，"美学"应该严格地称为"审美学"，美学是由美的哲学、艺术社会学和审美心理学三者在一定形式上结合起来的学科，审美的过程就是知、意、行相互融合发展的过程，其内在价值追求超越了功利性，也融功利性在内。

人的审美追求，在满足自身愉悦外，更大的目的是完善自我。之所以需要审美，是因为在人类生活中存在着太多新鲜的东西，而我们只有通过取舍才能找到适合人类发展需要的内容，即美的事物。审美作为一种特殊的观念形态，从来都是和时代经济社会发展紧密相连的，现代审美活动和商品经济发生着紧密的联系，信息技术狂飙时代所带来的在生产劳动、文化价值、政治经济方面的颠覆性重构，随之所影响的是人们精神生活领域的改变，审美逐渐被功利化的思想所牵绊，出现了低俗化倾向，特别影响大学生的审美判断，因此当今对大学生乃至整个社会进行高尚价值的审美教育就显得极为重要。

美与美感是同时存在的，二者无论是哪一个都无法离开对方而单独

① 李醒尘:《西方美学史教程》，北京大学出版社2006年版，第183页。
② 李醒尘:《西方美学史教程》，北京大学出版社2006年版，第183页。

存在。美感是在审美活动中审美主体所具有的心理状态，而美则是这个心理过程的最终结果。美感是主体孕育美的意向时的一种心理体验，我们所说的美感主要是指审美情感。在"知、情、意"中，对应审美领域的心灵能力是"情"；确切地说应该是"感性"，这种"感性"包括表象的直观和情感的体验两个维度。事实上，审美活动中情感和表象二者缺一不可，表象所呈现的是美的一种形式，情感不但构成了美的意蕴，同时也制约着美的形体的形成。人类所有的文化创造都离不开情感，在科学活动中情感发挥着动力作用，在实际的研究过程中，要以客观公正的心理对待研究，排除情感的成分；而在道德活动中，情感的作用发挥得比较大，情感是维系人伦关系的重要纽带。在道德领域，审美活动不仅是活动开展的动力所在，更是参与评价对象，最后甚至与对象构成统一体，构成美的形象的本身，因此可以说审美的世界是情感的世界。

审美感具有特殊性。英国美学家夏夫兹博里最早提出"内在的感官""内在的眼睛"，他说："我们一睁开眼睛去看一个形象或一张开耳朵去听声音，我们就马上出现美，认出秀雅与和谐。我们一看到一些行动，觉察到一些情感，我们内在的眼睛也就马上辨出美好的，形状完善的和可欣羡的。"[①] 因此可以看出，仅有感官的动物性是无法审美的，审美是由视觉、听觉所作出的直接判断，因此可以说审美感发生于感性领域但又不局限于感性领域。人的功利、道德、理智各种情感都与审美感相提并论，且审美感和各类情感都有相通之处，其活动涉及了心灵的全域。

审美感的特质在于超越直接功利，自由而有寄托。审美感的产生需要超越直接功利，马克思曾说："忧心忡忡的穷人甚至对最美丽的景色都没有什么感觉；贩卖矿物的商人只看到矿物的商业价值，而看不到矿物

---

① 北京大学哲学系美学教研室：《西方美学家论美和美感》，商务印书馆1980年版，第50页。

的美的特性。"① 以人为对象的审美感，是包含一定的道德价值的。古语说"情人眼里出西施"，"西施"在这里不但具有形体的美，一定更包含着善和美好人格的化身。然而道德感是与实践和利益紧密相连的，道德感只有基于人类利益，而不是基于一定社会群体，才能与审美相连。可以说审美感是自由的，一是因为它脱离了功利的价值理念，摆脱了一些道德观念约束；二是基于"内在必然性"，在人对诗意人生境界的追寻中所获得的精神上的一种寄托。心灵的和谐应该是审美感最基本的特征。这种和谐是各种情感冲动的中和，具有多样性，这种中和使人的心灵从骚乱走入和谐。它又确实超越了个人的日常情感，是一种"人类普遍情感"。它根植于人类心灵中，人类在不断自我实现与追求和谐的统一张力中，将个体的趣味与人类的批评性有机地融合在一起，唤起了人们对人的本质的思考。

"审美教育"即我们所说的"美育"，是哲学家席勒于 18 世纪在《关于人的审美教育的书信》中所创造的。席勒以书信的形式构建了美育思想体系，理论主要意在培养完美的人和审美的人，即"由美的对象产生美，这就是美育的任务"②。"美育"的提法在我国古代也出现过。在《中论·艺纪》中徐干写道："美育群材，其犹人之于艺乎？既修其质，且加其文；质文著然后体全，体全然后可登乎清庙，而可羞乎王公。故君子非仁不立，非义不行，非艺不治，非容不庄。四者无怨，而圣贤之器就矣。"③ 徐干认为，"艺"承担了"既修其质，且加其文"的全面美育功能，认识到艺术熏陶是美育的基本途径，他将德行修养的"仁"和"义"作为艺术审美修养的"艺""容"理解为人生修养的全部内容，并且认识到

---

① 《马克思恩格斯全集》第 42 卷，人民出版社 1979 年版，第 126 页。
② ［德］席勒：《美育书简》，中国文联出版社 1984 年版，第 93 页。
③ （汉）徐干：《中论·艺纪》，中华书局 2014 年版。

美是"文"与"质"的统一体,这两个方面的修养都可以通过"艺"来实现,因而美育的目标是完整人格(体全)的造就。1901年,蔡元培先生在其《哲学总论》中谈及"美育"一词,沿用到今天。尽管美育的概念创始人在德国,但中国的美育思想却源远流长。在中国,美育的研究方兴未艾。王国维在《孔子之美育主义》中,以席勒的审美教育思想为基础,阐发了孔子的美育思想。自人类开始进行美的创造和美的实践,审美经验便得以传递。自周朝的贵族教育中要求学生掌握六艺起,便开始创建中国所独有的礼乐文化,"礼"是指各种礼节规范,"乐"包括音乐和舞蹈。在"诗教"中,孔子和礼乐倡导的怨而不怒、温柔敦厚,正是中国传统的审美教育。古希腊的缪斯是主管文艺的女神,代表的是传统音舞以及诗歌所展现出的神话传说,可见古希腊的教育制度也强调审美教育。中世纪,受强大宗教势力的影响,世俗的艺术被贬低,但教堂中的音乐、宗教浮雕都在潜移默化地传递着美的教育,传递着审美教育的理念。

二、审美教育在西方的发展历程

(一)西方古代审美教育理论源起

古希腊自早期到古典盛期,其美学思想在内容上虽有所变化,但主要研究还是集中在美的本质、艺术与现实关系这些问题上。在西方古希腊时期,就通过音乐、唱歌、朗诵的形式,教会学生自觉摒除坏习惯,依从和谐与节奏,变得温顺而柔和。这可以说是艺术教育的最初形式,是审美教育发展的雏形阶段,是西方审美教育的发端。在教育实践的基础上,许多哲学家和思想家都提出了关于审美教育的思想。

柏拉图是人类发展史上最伟大的哲学家和思想家之一,美育思想在其哲学思想体系中占有重要的地位。他非常重视美育,认为美育是培养人格的最有效的手段。柏拉图认为"理念"是一种实体，这种实体是独立于人类意识和个别实物的，认为世界的根本是理念，"理念论"是其思想的基础。柏拉图是肯定美的真实存在性的，他将美的境界定义为理念世界的最高境界，认为诗人才能达到这一最高境界。"这种美是永恒的，无始无终，不生不灭，不增不减的""一切美的事物都以它为泉源，有了它那一切美的事物才成其为美"①。对于美育的形式而言，柏拉图特别重视的是美感教育，他提出美感教育的过程是要引导人们先爱好某一美的形体，进而从许多个别的形体美中了解美的形式，即形体美所具有的相通性，最后应该将心灵美认为是比形体美更珍贵的美，这一道理对于年轻人来说是非常受益的。柏拉图对实施美的教育的人提出要求，在他看来，那些达不到"理想国"要求的诗人和艺术家，以及达不到"理想国"要求的艺术作品，都要被驱逐出"理想国"，不能在"理想国"中进行流传。此外，他还特别注重音乐美感教育。柏拉图作为西方第一位伟大的哲学家和美学家，可以说对后世在哲学和美学方面产生了极大的影响。

　　亚里士多德（公元前 384—前 322 年）是柏拉图的学生，受老师的影响，他也是一位有着深刻美育思想的哲学家，他认为"美是一种善"，这种观点将美与善、美育同德育有机地融合在了一起。但他批判地继承了柏拉图的美育观点，他坚持的是唯物主义美育观，他的美育观是与道德和体育相联系的，认为应该把音乐、文化和绘画融入教育。他的教育理论是从政治理想的角度阐发的，认为教育的终极目标在于发展人的最高部分——理智。最优良的生活应该是外在的善（丰饶的财产）、身体的善（身体的健康）、灵魂的善（德性）的和谐统一。这三者之中，亚里士多德认为财产和健康作为外物是善的，外物的善能够助力成就灵魂的善，

---

① ［古希腊］《柏拉图文艺对话集》，朱光潜译，人民文学出版社 1963 年版，第 272 页。

即成就人的德性。审美教育是城邦公民得到灵魂的善，即人的德性的一个非常重要的手段。亚里士多德第一次提出并论证了教育必须适应"人的自然发展"的原则，根据受教育者身心发展的特点，制定适应的教育目标。亚里士多德提出一个人的身心的发展顺序首先是身体，其次是情感，最后是理智。他强调音乐在美育中的独特价值，这与其老师柏拉图的观点是一致的。在阐述音乐的社会功能时指出，它具有教育、净化和精神享受的功能。亚里士多德认为"音乐的价值就只在于操持闲暇的理性活动"①。这是亚里士多德音乐教育思想中的精华所在，他认为幸福不在于拥有健康的体魄和无尽的财富，而是在于得到心灵的充实与安宁，这既是理性，又是快乐的缘由。亚里士多德是反对老师柏拉图对人的不良情感压制的做法的。悲剧通过引起怜悯和恐惧来实现情感的净化，对于不良的情绪宣泄要好于堵塞，如果一味地压抑情绪，可能引起负面效果，不良情绪会干扰人的心绪，损坏人的信念，破坏人的身心健康，最终集体利益受到影响。"人们应该通过无害的途径把这些不必要的积淀宣泄出去"②。可以看出，亚里士多德是肯定美育的陶冶作用的，认为美育可以发展人格，帮助建构和谐社会。

古希腊时期思想家泰勒，最早阐发了审美教育在促进道德教化方面的特殊作用，他说道，"在音律整齐的诗歌里，充满了井然有序的宁静。因此，凡是听过这些诗歌的人，不知不觉就柔化了性情，以致摒弃了当时风靡一时的相互憎恨，从而和睦共处，一道追求高尚的、崇高的情操。"③可以看出，泰勒认为审美教育的效果直接诉诸人的情感，而非诉诸人的理性，通过审美教育能够实现个体情感的和谐以及心理的健康，为

---

① ［古希腊］亚里士多德：《政治学》，吴寿彭译，商务印书馆1983年版，第47页。
② ［古希腊］亚里士多德：《诗学》，陈中梅译，商务印书馆2012年版，第228页。
③ 陈望衡：《中国美学史》，人民出版社2005年版，第16—17页。

形成道德人格奠定基础。

（二）西方近代审美教育思想的发展

文艺复兴之后，西方近代审美教育思想开始发展。在这个过程中，美育实践被提到了很高的地位。那一时期很多学者和艺术家都认为文艺可以发挥教育、愉悦和感动社会的功用。英国经验主义美育思想中已经开始强调美感和情感的问题，对后面的美学思想产生了很大的影响。

狄德罗是法国近代美学家，是法国美学真正的创造者。他在西方的美学史中第一次提出了"美在关系"的论述。他反对唯心主义将美归为主观，也反对庸俗唯物主义简单地对主体进行否定，他认为美是主体和客体相互作用的结果。他认为文艺是理性的，文艺和美可以在情感方面给人带来冲击，给人带来活力，有教化的作用。狄德罗着力最多的是对戏剧美学的研究，他所期望的是，能够冲破新古典主义的悲剧和戏剧的条条框框，建立一个符合资产阶级需要的喜剧。

鲍姆嘉通是启蒙运动时期德国著名的哲学家和美学家。是他第一次在《美学》一书中将美学确立为一门独立的学科。他认为"知、情、意"是人的心理活动的三个方面，因此应该有三门不同的学科进行研究。是他将美学确定为"感性认识"的一门学科，因此被称为"美学之父"。他重视的是对情感认识的研究，认为感性认识和理性认识具有同样的价值，认为美学是一门对艺术进行指导的学科，美或者艺术这类感性认识也必须经过哲学的思考，才能具有科学性。他极力强调想象和情感在文艺创作中的作用，是值得肯定的，但是他将感性和理想对立起来，也对后来西方美学思想发展带来了很多消极的影响。

（三）西方近代审美教育思想的成熟

康德是西方哲学美学史上的一位大师，他的美学是古典美学通往现代美学的一座桥梁。康德调和经验主义和理性主义，建立的纯粹的美感判读理论的美学观点是席勒提出审美教育的哲学理论基础，也对蔡元培先生的美学、美育思想产生了极其重要的影响。康德是以人的主观意识为研究对象的，他把人的心理功能分为知、情、意三个方面，这三个方面贯穿了康德的整个哲学体系。在康德的三大批判中，《纯粹理性批判》涉及的是知解力和自然界的必然，《实践理性批判》只涉及理性和精神界的自由，各自成为一个独立封闭的系统。而事实上，只有通过自然理想，人的道德理想才能得以实现，同样人在精神层面的道德秩序，需符合自然界的秩序，因此，需要将道德秩序和自然界秩序有效连接起来，找到二者的桥梁，即康德所说的"判断力"。康德在《判断力批判》一书中研究了"情感"的功能问题，寻求人心在何种条件下才能感知到事物的美和事物的完善。情感因为既带有认识的性质，又带有意志的性质，因此在认识与意志之间起到了桥梁的作用。康德将审美活动归结于判断力，而不是靠人的单纯的感官，认为审美判断的主要内容是情感而不是概念。康德在《判断力批判》一书中将判断美或审美的前提规定为与主体的情感关系，他说："美若没有着对于主体的情感的关系，它本身就一无所有。"[1] "一切从下面这个源泉来的判断才是审美的，那就是说，是主体的情感而不是客体的概念成为它的规定根据"[2]。也即审美判断的"源泉"来自主体的情感。由此，"情感"在康德的整个哲学研究体系中具有重要的价值，也是贯穿康德整个哲学研究体系的关键要素。同时，康德的知、情、意理论探究的是知识主体、审美主体和道德主体的建构，其中知识主体面对的是现象界，道德主体面对的是本体界，如何使人从现象界到本体界、从必然的王国跨越到自由的王国，需要塑造人的心智结构，改变人的行为和意识，这时就需要情感主体发挥桥梁纽带的作用，因为人

---

① ［德］康德：《判断力批判》上卷，邓晓芒译，人民出版社 2002 年版，第 50 页。
② ［德］康德：《判断力批判》上卷，邓晓芒译，人民出版社 2002 年版，第 70 页。

在审美情感的世界中心灵会获得自由，在提升人的本质力量的同时增进人的共通感，进而提升人的道德境界。审美情感作为一种高级情感是渗透着理性的情感，对人的实践活动具有重要的能动作用。

关于美育的研究和探索，席勒应该是德国古典美学的集大成者。席勒是历史上首个提出审美教育的哲学家，他所创设的美育理论为现代美育发展奠定了坚实的基础，他提出的一系列重要观点和看法，一直被后人所继承。其创作的《美育书简》成为西方"第一部美育宣言书"，他不仅正式提出了"美育"一词，而且认为审美教育的最终效果，是使个体从必然王国走向自由王国。席勒强调审美教育能够使人性变得完善，使他在教育和美学史上都占有重要地位，对之后美育的发展也产生了重要的影响力。他认为审美情感对于培养人类心灵的完满性起着重要作用，认为审美情感能够平衡人的感性和理性，使得二者相互过渡，将感性的人培养出理性，也可以将理性的人培养出感性，二者的相互培育能够引导人们从自然走向道德，培养人们健全的人格和美好的心灵。他提出了"让美走在自由之前"的重要命题。席勒认为："从感觉的受动状态到思维和意志的能动状态的转变，只有通过审美的中间状态才能完成。"① 席勒认为，在每个人身上都有感性冲动和理性冲动。只有游戏冲动能够消除感性和理性方面的压力，使人在物质和精神方面回归自由，才能实现人格完整。这里的游戏冲动即审美冲动。

黑格尔是德国古典美学的完成者，是一个虽然唯心但却辩证的哲学巨人。他能够运用历史的、辩证的观点研究问题。他并没有专门的关于审美教育的研究专著，但是在其《美学》中，也可探求到他的美育思想。在黑格尔看来，美是一种显现，这种显现是理念的体现，要使理性的显

---

① ［德］席勒:《美育书简》，生活·读书·新知三联书店 1999 年版，第 133 页。

现变成感性的形象，要通过人的实践活动，要通过外在的事物将自己显现出来，只不过在黑格尔这里，实践是一种心灵化的活动。他认为，感性的东西之所以感性，是它经过了心灵的洗礼，因此黑格尔认为，美是理性和感性的统一，是内容与形式的统一，是一般与特殊的统一。他认为美学研究的范围就是艺术，只有艺术是真正的美。他认为人的性格应该是艺术和美的中心所在，因为人始终是一切矛盾的发起者和承担者。审美教育最终的价值是通过艺术的欣赏发挥教育和净化的作用，他说："只有改善人类，才是艺术的用处，才是艺术的最终目的。"① 在黑格尔看来，艺术美是要高于自然美的，因为艺术美是由心灵产生和发展的。黑格尔关于审美教育最大的贡献是将辩证法融入其中。对之后的马克思、恩格斯文艺理论有很大的影响。

19世纪末，随着西方素质教育的出现，出现了叔本华和尼采在哲学观点上对理性的否定。尼采推崇酒神精神，叔本华提出艺术是人生之花，这些都将艺术的作用推到了新的高度。杜威认为艺术可以潜移默化地培育思想。

（四）现当代西方审美教育理论的发展

从20世纪三四十年代开始，随着西方教育理念的转变，审美教育理念也呈现出多样的发展态势。

海德格尔对本体论是持有批判态度的，他提出了天地神人的四方优秀，提出人们可以通过艺术来抵达精神家园，即著名的"诗意的栖居"观点。

从精神分析美学的研究，即从心理活动领域研究美的价值，弗洛伊德是这一学派的创始人，具有重大的影响力。他提出的是人的无意识和

---

① ［德］黑格尔:《美学》，朱光潜译，商务印书馆1995年版，第11页。

人的本能的冲动，在艺术创作中起到了决定性的作用。他认为在艺术创作和审美活动过程中，人们可以发泄压抑的情绪，排解痛苦，使精神得到满足和释放，进而升华人性，这是审美教育的作用。

在西方审美教育理论与道德研究方面，美国的里考纳提出了完善人格道德的教育理论，认为在道德方面的认识、情感和行为都是构成人格的基础；麦克菲尔是英国道德教育家，他认为体谅和关心青少年是道德教育得以开展的出发点，也是最终目的，主张以情感人的教育理念；教育家苏霍姆林斯基认为在开展道德教育中，应该通过大自然中的体验、文学鉴赏多样地进行审美教育，主张审美教育应该贯穿教育全过程。教育家别林斯基则从定性分析的角度，提出了德育得以实现的最好的方法是审美教育，提出了著名的"美是道德的亲妹妹"的论述。在西方，受阶级意识的影响，审美教育只是作为资产阶级在道德或者公民教育中的一种手段而存在，实际只是资产阶级培养人才的工具而已，并不是为了追求人的全面发展。

（五）以人为中心的马克思主义美育观与道德教育关系研究

马克思主义的创始人虽然没有给我们留下专门的美学专著遗产，但是在马克思和恩格斯浩如烟海的著作、书信和笔记里，有很多关于美学问题的论述，这些或直接或间接的论述构成了一个较为系统的美学思想体系，这一体系在社会发展中对美学体系的构建起到了至关重要的奠基作用。其中也包含着他们丰厚的美育思想，马克思、恩格斯的美育思想集中体现在他们对美学、文艺学、人学的一些论述中，其美育思想也成为构建他们美学观、文艺观以及人学观的一个重要思维支点。马克思和恩格斯的美育观，是建立在科学唯物主义与历史唯物主义的基础上的，他们还提出了"劳动创造了美"的著名论断，提出"动物只是按照它所属的那个种的尺度和需要来进行构造，而人则懂得按照任何一个种的尺度来进行生产，并且懂得处处都把固有的尺度运用于对象；因此，人也按照美的规律来构造"①。马克思、恩格斯的美育思想，是美育思想历程的一个新阶段，是社会主义开展美育教育的基础，发挥着航向标的作用。

美学关注的是"美的本质"这一抽象的"物"，或是"人的本质"这一抽象的"人"，但美育不同，美育则关注的是现实中的人。马克思在《1844 年经济学哲学手稿》中对比动物和人的生产之后说："人是按照美的规律建造的。"这里"美的规律"，既包含着对人与对象关系中主体作用的认知，也包含着对人与自我关系中自我完善功能的认知。②即人是按照美的规律对客观世界进行改造的，同时，人也按照美的规律来创造自己的一生。

首先，无论是在物质生产领域，还是生活领域，人们总是按照"美的规律"进行创造和享乐的。就像高尔基所说的，"人人都是艺术家，无论处在何地。总是期望将美传递到生活中去"，这样所有的物质产品就逐渐具有了一定的审美价值。同样，人们在物质需要得以满足的同时，其审美享受在一定程度上也得到了满足。其次，在人们的精神和生活领域，都是遵循"美的规律"进行创造的，在主客观条件充分的情况下，人们在进行精神生产的过程中，也会遵循"美的规律"，最终获得美的享受。最后，在社会建设和人的培养领域，人们也是按照"美的规律"进行创造和享乐的。作为这种活动的结果，即美好的社会制度、美好的社会风尚、美好的交际以及美好的家庭和一切主体的美好的人，都是一种美的存在，而人们从这种美的对象和美的自身中，获得美的享受。

可以说，人类在发展中也在不断美化着自身。人类所创造的一切文

---

① 《马克思恩格斯选集》第 1 卷，人民出版社 2012 年版，第 89 页。
② 高明霞：《马克思恩格斯美育思想探寻》，《内蒙古社会科学（汉文版）》2000 年第 4 期。

明，无论是精神的还是物质的，始终都是按照"美的规律"开展的，这与人对美的追求是相吻合和一致的。人的自身不断地美化和完善的过程是人与对象构成和谐审美关系的先决条件。一个不懂得审美的人是无法在社会实践中认识并生产美的。马克思在《关于费尔巴哈的提纲》中给予十分明确的阐述："有一种唯物主义的学说，认为人是环境和教育的产物，因而认为改变了的人是另一种环境和改变了的教育的产物，这种学说忘记了，环境正是由人来改变的，而教育者本人一定是受教育的。"①从这个角度不难看出，马克思、恩格斯的美育思想中所有问题都是围绕人这一活动主体展开的，美育是人类无法替代的一种自我教育方式，缺少了这种自我教育方式，人无法在更高的目标中确立自己，因此用"美的规律"改造人的生活环境也就无从谈起了。马克思提出的"美的规律"是一个高度概括的，又比较抽象的概念，适用于一切自然和社会发展规律，同样"美的追求"这一抽象的概念也涵盖了人类所有的物质和精神世界。这样看来，美是人的一切的知、情、意以及实践活动的起点，也是知、情、意的归宿。

三、审美教育在中国的发展历程

中国古代虽没有直接"审美教育"的概念，但通过审美教育化育人心、培养审美人格的观念早已出现，在我国古代留下了丰富的审美教育资源，滋养着中国人的审美情怀。中国哲学侧重于探析人本身这一问题，美学亦如此，关注的是审美和艺术对人格的影响和陶冶，形成的是以伦理道德为内核的中国美育"道德论"。

中国传统美育是带有一定政治伦理色彩的，"礼乐之教"是中国古

---

① 《马克思恩格斯选集》第 1 卷，人民出版社 2012 年版，第 138 页。

代美育的代称，作为美育思想标志性的提出是在西周。周王朝刚刚建立，周公便制礼作乐，开创了周代礼乐文化的新时代。周礼要求不同社会成员在不同场合要遵循不同的行为准则，讲究事事有礼有仪，比如冠、昏（婚）、射、相见、燕（宴）、飨、饮酒、聘、觐、虞、既夕、丧等各个层面，都要有一定的礼仪规范。这种规范就是为了规定人与人之间的卑贱、长幼、男女的等级关系和等级秩序，将自然人伦关系制度化、规范化，使人各定其位，各安其分。这些标志着人们身份等级的冰冷的条框与推行的"乐"是并行的，是相生相济的。这里的"乐"并不是简单的音乐，而是一种诗乐舞合一的艺术表现形式，这种表现形式是和谐统一的。当"礼"被装点在轻歌曼舞、钟鼓琴瑟的典雅、悠扬的乐的形式中时，人们自觉地进行了"礼"的灌输和熏陶。如郭沫若先生在《青铜时代》一书中指出，"乐须得礼以为节制，礼也须得乐以为调和。礼是秩序，乐是和谐。礼是差别，乐是平等。两者看来是相反的东西，但两相调剂则可恰到好处"[①]。礼乐相辅相成，成为中国古代美育的代称。西周提出"明人伦"的教育论，以礼、乐、射、御、书、数六艺为教育的基本目的。六艺涉及政治、历史、自然、伦理、体育、军事及文学艺术等众多方面，均具有人文修养性质。这就是中国古代社会德、智、体、美全面发展的雏形。所谓"乐"，即艺术教育，涵盖了绘画、诗歌、舞蹈、音乐等艺术类型，这些可以陶冶人的性情，提高人的道德修养，即"修内"的教育。从六艺中可以看出，在成就至高人格历程中，美育占据着重要位置。在儒家看来，艺术不仅可以培养人的艺术情感，在让人的精神愉悦度提高的同时，提升人的文化修养，使人的精神得到自由的释放，心情舒畅。这体现了孔门儒学的最高人生境界和审美境界，也是中国审美

---

① 郭沫若：《青铜时代》，中国人民大学出版社 2005 年版，第 147 页。

教育的雏形。

儿家的美育思想以孔子为杰出代表。何齐宗在《孔子美育思想探讨》一书中阐释了孔子美育思想影响，分析了其地位；黄良在《美育思想比较：孔子与柏拉图》一书中阐释这两位伟人在不同的空间维度下奠定了东西方美学思想的范式，都关注人的自身涵养和发展。孔子的教育理论和教育实践都十分重视艺术教育，孔子呼吁的"克己复礼"，是对周代礼乐文化的全面总结。礼乐文化作为一种精神、一种传统在儒家这里得到了发扬，并以此为基础，在文化和审美方面影响着中国文化的发展。孔子诗教用的三百篇诗词都能弦且歌之，礼教也采用诗歌和音乐的方式来表达，达到熏陶和激发兴趣的目的。孔子以其自身的审美实践和体验告诉我们，艺术在帮助人获取知识的同时，能够使人感受快乐，带给人精神上的享受，进而使道德修养得以提升。孔子将诗、礼、乐作为统一体，认为三者之间相互联系并相互依赖。其中"诗"可以用来引导人的审美兴趣，帮助人培养创造力；"礼"用来规范和塑造人的品格，有助于培养人的道德意识；"乐"是二者的归宿和最终实现的有效载体，用来激发人的创造力，培养人的道德和人格。孔子认为，无论君子还是小人对"乐"的学习，都能起到教化的作用，这种有美且有善的形式，能够使人无论处在怎样困难的时刻，都能获得内心的平静。道德和审美的结合，用美和艺术进行化人和育人，使"仁爱"之心内化为人格，最终起到熏陶人性、觉悟人格的作用，塑造具有高尚人格的君子。孔子"兴于诗，立于礼，成于乐"的教育纲领是在"六艺"教育基础上发展起来的，孔子的这一教育纲领，其实就是孔子美育思想的体现。

近代后期，中国社会上涌现出越来越多研究审美教育思想的人，无论是从研究角度还是研究内容都进入了新的发展阶段。具有影响力的人物有王国维、蔡元培、李瑞清、梁启超、鲁迅等。1906 年，王国维在中国首倡美育，认为"盖人心之动，尤不束缚于一己之利害；独美之为物，使人忘一己之利害而入高尚纯净之域，此之最纯粹之快乐也"①。并将美育纳入国家的教育方针，美育首次被放在了与智育和德育同等重要的地位。王国维提出的"完全之教育"，就是指教育的最终目标应该是用心育培养人的"精神能力"，用体育培养人的"身体之力"，进而形成一个全面发展的人。所谓的心育，即德、智、美三类教育方式，德育培养人的道德和意志，美育则可以使人精神和情感得到熏陶，使人的情感发达，忘一己之利害而入高尚纯洁的领域，最终达到真善美的境界，使之成为完整的人。

梁启超首创的将西方的美学和中国的传统相结合，开启了中国美育思想的先河。他提出了"趣味教育"的理念，所谓"趣味教育"即情感教育，也即美育。他认为情感教育是不同于外部灌输的智力教育的，情感教育是一种内在的教育，目的是通过内在的感化，培育人崇高的道德情操，促进人的全面发展。

蔡元培是近代中国美育思想的集大成者，他明确确立美育的概念及其目的，在其《对于教育方针之意见》一文中指出，"教育界所提倡之军国民主及实利主义，固有救时之必要，而不可不以公民道德教育为中坚。欲养成公民道德，不可不使有一种哲学上之世界观与人生观，而涵养此等观念，不可不注重美育"②。这是我国近代第一次以全新的观念把美育问题提到教育方针的高度。蔡元培将康德的美学理论与自己的美育理论相融合，将康德的"超功利性"的观点引入美育对人的积极价值的观点中，确立了美的"超功利性"，所以具有排私性，可以直抵人的内心，净化情

① 王国维：《论教育之宗旨》，引自俞玉滋、张援编：《中国近代美育论文选》，上海教育出版社1999年版，第11页。
② 《蔡元培自述》，河南人民出版社2004年版，第65页。

感。这种观念与传统的儒家观念是截然不同的。

从五四运动到新中国成立，这一时期在宣扬审美教育方面比较有代表性的人物是郭沫若、吕澂、丰子恺、朱光潜等。郭沫若提出的个体"感情的美化"的问题，认为"创造人"是文学艺术创造的最终目的。反映了文学青年在五四运动时期对美的新的追求。1919年，身为艺术家的丰子恺同上海的周湘、欧阳予倩等人开始举办美育会，出版了《美育》一刊，宣传"'美'是人生的一种境界，'美育'是必须开展的一项教育"。且一直将艺术作品的超功利性作为其美学思想的出发点，他对艺术与宗教、艺术与人生、艺术与情趣等方面进行了深入的思考，将审美活动与其他各类活动进行比较，自然地凸显出审美活动的重要性与价值。朱光潜先生应该是现代以来我国最著名的美学大师，受康德哲学和美学思想的影响，以康德的"知、情、意"学说为其理论的出发点，从人格构成的"知、情、意"三大功能，推导出科学活动、审美活动、道德活动是人类生活领域的三个重要价值，且提出"美感教育即是一种情感教育"，认为艺术教育可以帮助人们理解人生的意义，塑造高尚的道德情操。

新中国成立以来，中国共产党开始把教育提上了重要位置，确定教育的根本任务是培养全面发展的社会主义建设者和接班人。坚持马克思主义美育观，继承中国古代的美育传统，不断丰富美育内涵，完善美育政策，审美教育也作为全面发展的重要部分被确立在党的教育方针之中。1949年9月，中国人民政治协商会议通过的《共同纲领》提出："中华人民共和国的文化教育是新民主主义的文化教育，是民族的、大众的、科学的文化教育。"[1] 1951年3月，当时的教育部部长马叙伦指出："要全面

---

[1] 《中国教育年鉴》编辑部:《中国教育年鉴:1949—1981》，中国大百科全书出版社1984年版，第79页。

发展青年学生的智育、德育、体育、美育，使之成为新民主主义社会的栋梁之才。"可以说是新中国成立以来，第一次正式提出"学生的全面发展"问题，这是党的教育方针的一大突破，美育也第一次成为学校教育的有机组成部分。1954年2月，周恩来在政务院会议上曾强调："我们向社会主义、共产主义社会前进，每个人都应该在德智体美等方面均衡发展。"1955年5月，在全国文化教育工作会议上，国务院再次强调："要贯彻培养全面发展的人的教育方针，注重和加强学生德、智、体、美四个方面的教育，提高中小学教育质量。"同年，教育部副部长柳湜在《关于全面发展教育方针的报告》中指出："美育不仅能培养学生对美的热爱，也能培养他们对不好的、丑的憎恨。所以，在美育中能很好地进行政治思想教育。"然而，新中国成立初期虽然将"美育"列入教育方针之中，但在1956年之后，我国由新民主主义国家转向了社会主义国家，社会性质发生了很大的转变，在是否将美育纳入全面发展的教育问题上，出现了巨大的分歧。1956年8月16日，高等教育部部长杨秀峰指出："全面发展是包括德育、智育、体育三方面的全面发展，任何一个方面的发展都不能够被忽视。"[①] 这时，美育已经被排除在"全面发展"内容之外了。1957年2月27日，毛泽东在国务会议第11次（扩大）会议上作了题为《关于正确处理人民内部矛盾的问题》的讲话，讲话指出："我们的教育方针，应该使受教育者德育、智育、体育几个方面得到发展，成为有社会主义觉悟的有文化的劳动者。"[②] 从这一论述中能够看出，党在那一时期的教育方针已经把"美育"剔除，从那时开始的20年中，在党的教育政策中，也再没有提及"美育"。毛泽东虽然没有在教育方针中明确指出美育，但他从未否定美育的价值和作用，在该篇文章中毛泽东同时指

---

① 何东昌主编：《中华人民共和国重要教育文献（1949~1975）》，海南出版社1988年版，第671页。
② 《毛泽东文集》第7卷，人民出版社1999年版，第226页。

出："真的、善的、美的东西总是在同假的、恶的、丑的东西相比较而存在，相斗争而发展的。"① 当时的美育其实是纳入了德育的一部分，在当时的学校教育中，依然进行着艺术教育和美的熏陶。但是这种隐性的教育方针的存在方式，在一定程度上使得人们误以为美育被移出了教育方针，使得美育教育在学校教育中被淡化，特别是在"文化大革命"期间，在"左"的思想的影响下，"美"被认为是资产阶级的东西，而遭到严重的批判和破坏，那一时期的破坏，造成了当前美育在我国教育事业发展中成为薄弱的环节。

党的十一届三中全会以后，我国进入了改革开放时期，美育逐渐得到了重视和关注，美育事业逐渐复苏。1980年1月，教育部部长蒋南翔在回答记者提问时说道："我们主张的是德、智、体、美全面的发展。"自1957年以来，这是第一次由教育部的最高行政领导对"审美教育"给出的重要表态。自此，"美育"再次进入教育部门的视野，党的第二代中央领导集体在改革开放时期提出的"五讲四美三热爱"和坚持物质文明和精神文明两手抓两手都要硬，使得在领导讲话、学术会议、政策文件中，"美育"重新受到重视。1986年4月，国务院制订的《中华人民共和国国民经济和社会发展第七个五年计划（1986—1990）》规定，"各级各类学校都要加强思想政治工作，贯彻德育、智育、体育、美育全面发展的方针，把学生培养成为有理想、有道德、有文化、有纪律的社会主义建设人才"。同年12月，国家艺术教育委员会成立，从此，美育工作在政策、法律上都得到了应有的重视，而且拥有了专门的决策咨询机构；1993年2月，党中央和国务院第一次在国家的教育法规中论述了美育的重要作用，并要求提高认识程度，在《中国教育改革和发展纲要》中指出："美育可

---

① 《毛泽东文集》第7卷，人民出版社1999年版，第230页。

以培养学生健康的审美能力和观念，陶冶道德情操，培养人的全面发展等方面都具有重要作用，要根据不同层次学校的情况，丰富多样地开展美育活动。"这一论述极大地加强了美育在学校教育中的地位。党的十六大以后，"培养什么样的人，怎样培养人"成为教育的核心问题，美育对于丰富人的精神世界、健全人格、提高思想境界等独特作用被提到了更高的位置，受重视程度不断提升，引导广大青年要明是非、辨善恶、识美丑，这将美育推向了新的阶段。

党的十八大以后，随着我国经济的不断发展、社会物质生活的丰富和满足，党和国家把对人们精神生活的构建放在了更加重要的位置，审美教育也被提到了更加受重视的地位。2012年11月，胡锦涛在党的十八大报告中要求将美育的高度提到完成"立德树人"这一根本任务。审美和人文素养是一个人素质的重要组成部分。2014年1月教育部颁布的《关于推进学校艺术教育发展的若干意见》进一步明确了艺术教育同美术教育之间的关系。2014年1月15日，习近平总书记在北京召开的文艺工作座谈会上发表重要讲话，并提出关于文化强国的新概括，这是对文艺工作提出的新要求和新定位，对于全面深化改革时期改进文艺走向具有重要意义。习近平总书记深刻阐述了文艺和文艺工作的地位和重大使命，讲话中对美育具有重要现实意义的论述，还特别强调追求真善美是文艺的永恒价值。2015年国务院办公厅印发《关于全面加强和改进学校美育工作的意见》（以下简称《意见》），明确了下一步改进美育教育工作的指导思想和总体目标以及政策措施，提出建设大中小幼一体化相衔接、专业美术教育与普及美术教育相辅相成、课内美育和课外美育相配合、学校和家庭美育相促进的美育体系。其中提出："美育是审美教育，也是情操教育和心灵教育，不仅能提升人的审美素养，还能潜移默化地影响人的情感、趣味、气质、胸襟，激励人的精神，温润人的心灵。美育与德育、智育、体育相辅相成、相互促进。"《意见》体现了国家对美育工作的重视已经进入具体实施的日程上来，学校美育发展迎来了一个全新的局面。2018年8月，习近平总书记给中央美院8位老教授回信时说道："做好美育工作，要坚持立德树人，扎根时代生活，遵循美育特点，弘扬中华美育精神，让祖国青年一代身心都健康成长。"2020年9月22日，习近平总书记在教育文化卫生体育领域专家代表座谈会上，再次强调加强和改进学校美育。2020年10月15日，为贯彻落实习近平总书记关于教育的重要论述和全国教育大会精神，强化学校美育育人的功能，构建德智体美劳全面培养的教育体系，中共中央办公厅、国务院办公厅再次印发《关于全面加强和改进新时代学校美育工作的意见》（以下简称《意见》），其中提出"美是纯洁道德、丰富精神的重要源泉。美育是审美教育、情操教育、心灵教育，也是丰富想象力和培养创新意识的教育，能提升审美素养、陶冶情操、温润心灵、激发创新创造活力"[1]。与2015年出台的《意见》相比，这次的《意见》更加凸显了美育教育的价值功能，明确了下一步具体的工作方向，完善了美育的体系设计，以问题为导向指出了下一步美育工作的开展路径。可以说，这次的《意见》对新时代加强美育工作具有非常重要的引领和指导作用。

四、国内审美教育研究理路

（一）审美教育概念的研究

国内学者对于"审美教育"的概念，主要是从教育学的角度出发的。有些学者将审美教育看作素质教育，如赵湘在《思想政治工作研究》发表文章指出："审美教育是指在运用美学原理，遵循美学规律，通过……

---

[1] http://www.gov.cn/gongbao/content/2020/content_5554511.htm.

旨在树立人们正确的审美观点，养成高雅健康的审美情趣和高尚的审美理想，从而陶冶情操，提高人们感受美、欣赏美、辨别美和创造美的能力的素质教育。"[1] 有些专家将审美教育认为是一项教育举措，如陆道廉在《论思想政治工作中的美育疏导》一文中指出："审美教育简称美育，是指为了培养人在接受、理解、评价、创造生活中和艺术中的美好、崇高事物方面的能力……并通过……而采取的一整套措施。"[2] 还有的学生将审美教育定义为一种情感教育，如薛红飞等在《审美教育：思想政治教育的重要视阈》中提到，"通过各种美的形象来触发人的感情，以美感人、以情动人，从而起到潜移默化的感染和教育作用……审美教育主要是一种情感教育"[3]，等等。

（二）审美教育目标的研究

大多数学者认为审美教育对于整个民族而言是一种文化和精神，对个体而言是培养人的气质、修养和人格；有部分学者认为审美教育是社会发展的动力，作为一种生存方式；有的学者认为它是一种超越现实性的自由的生存方式，在自由中人们得到了全面发展的审美的个体；有的学者认为借助审美活动，提高人的审美能力，激励人追求美、创造美，进而转化成一种向上的斗志，无论哪一点，都充分肯定了美育的价值，都是为了培养有意识的审美的人并促进人的全面发展，最终为社会的发展作出贡献。其实和思想政治教育培养的目标是具有趋同性的。

（三）审美教育融入思政教育问题的研究

在中国知网搜索主题"美育融入思想政治教育"，共有 2016—2022 年期刊论文 20 篇，学位论文 14 篇，其中博士学位论文 4 篇、硕士学位

① 赵湘：《思想政治教育要搭起"美"的舞台》，《思想政治工作研究》2005 年第 11 期。
② 陆道廉：《论思想政治工作中的美育疏导》，《南京师大学报（社会科学版）》1990 年第 4 期。
③ 薛红飞、刘清华：《审美教育：思想政治教育的重要视阈》，《南京政治学院学报》2006 年第 3 期。

论文 10 篇；搜索主题"审美教育与思想政治教育"，自 1983 年至 2022 年，涉及相关主题的期刊论文 400 余篇，学位论文 40 余篇，其中博士学位论文 7 篇、硕士学位论文 30 余篇。从期刊论文的发表年限上可以看出，1983—1989 年约 10 篇；1990—1999 年约 27 篇；2000—2009 年约 76 篇；2010—2019 年约 82 篇；2020—2024 年有 118 篇。此外，关于审美教育与思想政治教育的专著虽并不多，但是涉及相关问题的专著比较多。由此可见，随着社会的发展和国家对审美教育的重视，对思想政治教育的方式方法的探索日益增加，对审美教育融入思想政治教育的讨论越来越得到了学界的关注。

1. 审美教育与思想政治教育关系发展历程的研究

从文献的研究时间和数量可以看出，自 20 世纪 80 年代起到 90 年代初，便出现了审美教育与思想政治教育的探讨问题，那时是我国思想政治教育学科刚刚形成的时期。1983 年 2 月青云发表的《略论美学在青少年思想教育工作中的运用》（《团校学报》1983 年第 1 期）拉开了该领域研究的序幕。这个时期主要集中研究思想政治教育在美学方面的思考，比较有代表性的是金绪泽等的《试论大学生思想政治教育审美化》（《河南师范大学学报》1989 年第 1 期）、王宰林的《大学生思想政治教育美育化初探》（《高等建筑教育》1989 年第 1 期）、饶智勇的《美育与思想政治教育》（《江西社会科学》1990 年第 3 期）以及陆道廉的《论思想政治工作中的美育疏导》（《南京师大学报》1990 年第 4 期），强调了美育在整个教育系统工程中所具有的陶冶作用。

20 世纪 90 年代至 2000 年是审美教育融入思想政治教育的摸索阶段，比较有代表性的是钱立火在《关于高校思想政治工作的美学思考》中提出了按美的规律来塑造人，按情感逻辑培育人；1999 年景亭在《美育是做好思想政治工作的一种工具》中分析了美育与思想政治教育的和谐统一性，以及美育优势对思想政治教育的作用；梅广才等的《高校学生思想政治教育中对美的创造和培养》对思想政治教育工作者提出了要求，认为他们要首先和学生建立审美关系，才能使学生具有美感的体验；檀传宝的《对德育主体自身的改造——论"师表美"》(《教育研究》1998 年第 2 期) 通过对教育美的构建，能够凸显教育对受教育者精神境界的提升作用，使教育者和受教育者都获得现实上的人的超越，且教育不仅缺乏的是对艺术的美的关注，更应该引导人们在人生意义上构建美的境界。可以说这一历史阶段，研究者已经开始关注审美教育内容对思想政治教育的作用了。

2000 年至今，从文献数量上就可以看出，这个阶段的研究是非常丰富的，研究的广度和深度都在不断加强。同时随着环境美学、生态美学的发展，环境美育和生态美育的问题也进入了研究视野。2002 年曾繁仁在《山东大学学报》上撰写的《审美教育：一个关系到未来人类素质和生存质量的重大课题》、2005 年洪燕在《思想教育研究》上发表的《论思想政治教育审美化境界》、2009 年刘勋昌等在《思想理论教育导刊》上发表的《论新形势下思想政治教育者的审美修养》、2011 年唐志龙在《思想教育研究》上发表的《思想政治教育塑造审美人格探析》、2017 年李瑞奇等在《思想教育研究》上发表的《简论思想政治教育审美力》、2021 年夏雪等在《学校党建与思想教育》上发表的《论高校美育与思想政治教育的契合性及有效融合》从不同领域开始关注美育与思想政治教育关系的研究并进入了更广阔的领域，开始从思想政治教育的各个环节和过程探究美育在其中的价值，研究的内容更为具体。

2. 审美教育对思想政治教育的促进作用研究

从审美教育促进人格养成和思想政治教育目标实现功能的角度来看，美育在一定程度上有效地帮助大学生树立了正确三观，并逐步帮助大学生塑造积极完美人格，培养高尚道德情操等。在《审美教育视阈下健康人格建构的逻辑、机理与路径》中，王育霖等提出审美教育能培养人的审美感知力、想象力和审美情感，使人的心理和生理得到自由和谐的发展，这些对于构建健全的人格具有重要作用。在《美育：使人格完美和谐的教育》中赵伶俐提出："学校教育的根本意义在于开发学生的潜能，促进学生全面发展，缺乏审美素养就不能说是培养全面的人，一个人身体没有残缺，不代表心理是健全的，比起身体的残缺，一个情感麻木、道德沦丧、意志薄弱的人对社会的危害无法估量。"[①]

审美教育在促进思想政治教育功能实现，以及对策研究上，认为思想政治教育方式呆板、教育内容灌输性较强，对学生缺乏吸引力，审美教育的艺术性能够改善思想政治教育的有效性，实现思想政治教育的目的。美学大家朱光潜先生认为美育具有养性怡情的作用，"要求人心净化，先要求人生美化"[②]；在具体的路径对策上，学者们研究的角度不同，对策建议也各有不同。但目标是一致的，都是通过审美教育来促进思想政治教育目标更好地实现。薛红飞等在《审美教育：思想政治教育的重要视阈》中提出了审美教育对思想政治教育有教化、认识深化、道德感化等功能。刘玲灵等在《大学生思想政治教育审美化问题研究》中提出提升思政教育工作主体美、创建环境美、优化形式美等方面达到目标的实现。祖国华的《思想政治教育审美问题研究》，提出要从审美的角度和视野，以思想政治教育、现实的人和审美三者的关系为依托，揭示思想政治教育的"求真性"、"从善性"和"审美性"，旨在指出思想政治教育"审美化"的价值。周芳在《思想政治教育审美研究》中提出以思想政治教育所具有的审美价值以及审美价值关系为出发点，从教育主体、教育

① 赵伶俐：《美育：使人格完美和谐的教育》，《人民教育》2014 年第 21 期。
② 《朱光潜全集》，安徽教育出版社 1987 年版，第 6 页。

客体、教育过程和教育环境几个维度审视思想政治教育问题，为思想政治教育研究领域的拓宽提出了新思路。

第三节 研究重点难点及创新点

当前党和国家已从制度层面开始全面加强和改进学校美育工作，2020年10月中共中央办公厅、国务院办公厅印发了《关于全面加强和改进新时代学校美育工作的意见》，2023年12月教育部印发了《关于全面实施学校美育浸润行动的通知》，旨在以提高学生审美和人文素养为目标和弘扬中华美育精神，以美育人、以美化人、以美培人及把美育纳入各级各类学校人才培养全过程，同时通过学校教育来改变社会主义审美向度和审美风气。这为我们的研究提供了重要的思想引领和制度支持。

对学生审美倾向和审美现状的分析，有助于洞察学生审美观的价值取向，审美观实质是价值观和人生观的外显；对高校审美教育现状和思想政治教育现状的调查，有助于分析学生审美素养的形成及其影响因素，为高校思想政治教育该如何加强审美教育，以及通过审美教育的实施提升大学生思想政治教育的有效性提供思路和方法。因此，研究通过实证分析，了解当代大学生的审美倾向和审美现状、高校美育现状以及大学生对思想政治教育的评价，找到在思想政治教育的框架下，从学理层面和现状层面分析，如何通过多维度的审美教育落实学校美育浸润行动。研究在视角、方法和观点上都有一定的创新性。

1.研究视角方面。无论是在西方历史上还是中国历史上，审美教育作为"培根铸魂"的事业，在提高人的审美感受力、培育人的审美创造力和审美情趣、促进人格的完善方面具有重要作用。当今网络审丑的日趋增多，容易对大学生传统的审美观和价值观产生冲击和否定，也是造成现在"拜金主义、享乐主义"及低俗、媚俗事件频发的重要影响因素。在思想政治教育不断加强、日益深入人心的今天，以现实问题为观照，从审美与思政的视角出发，将审美教育的价值作用融入思想政治教育体系之中，为构建大学生和谐人格、为国家培养审美的人找到视角，无论是对加强大学生思想政治教育而言，还是对加强大学生审美教育而言，都是具有一定前瞻性的。

2.研究方法方面。单纯的理论研究只是在理论层面廓清问题的本质内容，我国的思想政治教育工作面对的是思想活跃、情感丰富、价值观不定的大学生群体，对大学生审美素养现状开展实证研究和理论研究，通过调研的方式，深入了解大学生目前的审美素养现状，了解大学生在审美知识、审美能力、审美意向方面的偏好和取向，对于提升审美教育的着力点、提高思想政治教育的效果都会起到潜在的提升作用。从实证和理论两个方面入手研究，更有利于把握问题的现状和成因，为路径的选择提供了重要依据。

3.研究观点方面。研究将大学生审美教育的价值目标、意义、路径等放在统一的思想政治教育体系下，紧紧围绕思想政治教育与审美教育的相通性和关联性，依托思想政治教育的理论框架和目标价值，构建认知路径、情感路径、行为路径三个维度的培养路径选择，为实现思想政治教育的"入脑""入心""入行"提供了可行性。

第二章　审美教育内涵及对思政教育的价值

第一节　审美教育内涵

审美教育是一种手段，更是一种目的，是以审美的方式开展的教育活动，同时也是以教育形式开展的一项审美活动。18 世纪席勒在《关于人的审美教育的书信》中以书信的形式构建了审美教育思想体系，理论主要意在培养完美的人和审美的人，即"由美的对象产生美，这就是美育的任务"[①]。尽管美育概念的创始人在德国，但中国的美育思想却源远流长。"美育"的提法在我国古代也出现过。在《中论·艺纪》中徐干写道："美育群材，其犹人之于艺乎？既修其质，且加其文；质文著然后体全，体全然后可登乎清庙，而可羞乎王公。故君子非仁不立，非义不行，非艺不治，非容不庄。四者无愆，而圣贤之器就矣。"[②]徐干认为，"艺"承

---

① ［英］席勒：《美育书简》，中国文联出版公司 1984 年版，第 93 页。
② （汉）徐干：《中论·艺纪》，中华书局 2014 年版。

担了"既修其质，且加其文"的全面美育功能，认识到艺术熏陶是美育的基本途径，他将德行修养的"仁""义"和艺术审美修养的"艺""容"理解为人生修养的全部内容，并且认识到美是"文"与"质"的统一体，这两个方面的修养都可以通过"艺"来实现。自周朝的贵族教育要求学生掌握六艺起，便开始创建中国所独有的礼乐文化，"礼"是指各种礼节规范，"乐"包括音乐和舞蹈。在"诗教"中，孔子和礼乐倡导的怨而不怒、温柔敦厚，正是中国传统的审美教育。1901年，蔡元培先生在其《哲学总论》中谈及"美育"一词，沿用至今。

审美教育的目的是培养人健康积极的审美观念以及发现美、创造美、欣赏美、感受美的能力，进而发展和健全人的审美心理结构，审美心理结构是健全人格结构不可缺少的部分，更是人的社会本质要求之一。审美教育的过程就是受教育者从悦耳、悦目这种感受和欣赏的形式出发，感受其所隐藏和消融在其中的真、善、美的内容的过程，所以审美教育具有较强的直观性。审美教育对人的影响效果不像智育、德育和体育那种更加外显和明确，甚至是无法直接看到效果，更无法度量和考核，但审美教育那种潜移默化、诉诸人内心的作用却实际更持久、更深刻。

因为在所有的审美活动中，审美教育是唯一一项通过审美的方式自然产生教育效果，并使人进行自觉的自我培养与提升的活动，从而美育在一定程度上发挥了连接现实和艺术审美的作用。审美教育过程中，无论是开展知识传授还是进行思想政治教育引领，都因经过审美情感的过滤而显现出很强的情感色彩，这是审美教育区别于其他教育最显著的特征，在这种教育方式下，对人的影响不是直接作用于理智和说教的，而是通过感官的刺激直接诉诸人的心灵和情感，通过人的感受和判断作用于人的理智，达到寓情于理、情理交融的目的。同时，因为审美教育能调动人的感官愉悦和满足，因而审美教育是具有娱乐性的，通过直接作用于人的情感领域，使受教育者的情感愉悦性得以满足，对传授的知识和进行的思想教育产生了自觉的主动接受情愫。虽然与理智相比，情感较为隐秘和空泛，难以把握，但是其影响效果却更深更实。

（一）审美教育是感性教育

感性教育往往是和理性教育相对立的一个概念。从认识论的角度来看，感性教育往往是从事物的"表面""现象""直观"的层面进行的一种教育方式，相对于理性教育这种更深刻的教育方式而言，显然是浅显的，不能体现出对真理的把握，因此具有鲜明的感性个体特征。从人学角度审视，感性是对人性和人格方面的思考，因此，可以说"感性教育"也是一种"个性教育"。人的生存状态本身就是具体的、个别的。人生价值的实现，归根结底都体现在每个个体之上，感性强调尊重个体，即阐释了作为个体的重要性。发展个体，充分发挥每一个个体的主观能动性，保护和提升每个个体原发性的生命活力，促进人的创造力的生成。

感性教育是可以激发每个个体活力的教育，随着社会的发展，物质生活的极大丰富所带来的是人的感性的萎缩和人的生命活力的逐渐丧失。实际上，个体生命力的活跃程度是人类创造力活跃程度的基础，更是人类文明发展的根基。对于每个生命体而言，生活和创造力的提升都是审美教育的原动力。审美教育最根本的含义是，一种感性的人格教育。可以说人格教育是从感性体验中获取的。就是通过发展人的感知敏锐性、情感丰富性和想象自由性等感性方面的能力，来发展人的创造力。[1]然而，无论是人格教育还是创造教育，审美都是建立在感性教育基础之上的，审美教育的本质是感性教育。席勒说"有促进健康的教育，有促进认识的教育，有促进道德的教育，还有促进鉴赏力和美的教育。这最后一种

---

[1]　杜卫：《情感体验：美育的根本特征——当代中国美育基础理论问题研究之四》，《美术研究》2020年第3期。

教育的目的在于，培养我们的感性和精神力量的整体达到尽可能和谐"。王国维在《论教育之宗旨》一文中也指出："美育即情育"，"使人之感情发达以达完美之域"①。

（二）审美教育是一种超功利的情感教育

情感在人的心理结构中占据着重要的地位，情感教育在教育中也占据着重要位置，是教育的灵魂所在。世间"一切真善美，假恶丑的东西都是由人的情感来表现的"。人的恐惧感、憎恶感、愉悦感、喜悦感都是人对待客观事物的个体的主观态度，这些美好的情感支撑着人的精神世界，情感的存在也是人类发展文明的标志。情感不仅反映着历史文明的进步程度，而且是人类行为的助推器。人的意志决定了人的行动，人的情感左右着人的意志，当然也深刻影响着人们的行为。人的一切行动都是由情感来推动的，如某人想做一件事，不仅对这件事有感性上的觉知、理性上的理解，而且必须有情感上的接纳。如果没有情感上的接纳，仅仅按照理性的影响被迫去完成，尽管事情依旧被完成，但因为是在被动的、压抑的状况下实施的，效果和效率肯定会受到影响。"没有这样那样的感情上的激励，我们什么也做不成——就好像没有时间经验，我们不能做甚至不能了解任何事情一样"②。

现代社会高速发展，竞争激烈，物质文明得到了极大的丰富，人们陷入了盲目追求物质生活的"满足——生长——再满足——再生长"的怪圈，不断逐利的背后是人们的精神世界的失重、虚无、迷茫和无所寄托，人们身处社会，内心却受到巨大的冲击。物质的富足者，有时却是精神的贫穷者，人的精神受到物质的奴役。一些物质的富翁就是精神的贫困者和践踏者，人的精神被物质所奴役着，人本身的价值低于物的价值。

---

① 《王国维全集》第 14 卷，广东教育出版社 2009 年版，第 10—11 页。
② ［日］大江精三：《时间瞬间性和自由》，《现代国外哲学社会科学文摘》1985 年第 7 期。

高级情感是能够左右理智并不断深化理智的，并在人类生活中占据支配地位。人类情感世界的丰富和发展，使得人们对生活以及生活的价值的认知、体验越来越深刻。在这种情形下，审美教育的情感教育功能显得尤为重要。审美教育所蕴含的内容和目的是多层次、多维度的，且将其与丰富的情感与形象相融合，使得人们能够愉悦且自觉自愿地接受它的熏陶和洗礼。通过审美教育的情感活动，人能够重新认识自己，坦诚地接纳自己，引导自己向着健康的方向发展，主动调节内心的矛盾，使内心回归到平和的状态。在心灵的满足与享受中得到精神的净化与升华，同时产生出有利于社会、有利于他人的行为。

蔡元培指出："美育毗于情感。"[①] 朱光潜也说过："美感教育是一种情感教育。"[②] 审美作为一种情感活动离不开情感的释放，审美的作用不在于向人们传授技能、知识，或者对人们的行为进行规范，而是通过审美向人们传递一种情感的定向，并在情感的传递中提升人的理性思维。审美情感作为一种情感教育，与其他教育的差异在于，审美教育是一种超功利性的情感体验。所谓超功利性，是指在审美教育的情感体验中，并不涉及功利性的目的，获得的是一种纯粹的情感愉悦。个体处在审美教育所创造的情感环境之中，在熏陶中潜移默化地提高个体的精神境界，人格在无形之中受到影响。审美教育可以通过情感的融入感化人、影响人，而不是单纯地通过理性的说教教化人，是将理融于情，而非将情融于理。

（三）审美教育是美感教育

美感是使人得到愉悦体验的一种高级情感，是关于事物符合自己的审美需要时所产生的一种情感体验。美感的本质问题始终是美学界一直在讨论的问题，根据马克思主义社会学说和实践学说，目前被普遍接受

---

① 《蔡元培全集》第2卷，浙江教育出版社1997年版，第13—14页。
② 《朱光潜全集》第4卷，安徽教育出版社1988年版，第145页。

的一个观点是:"美感的本质在于:美感是人在对象世界中直观自身(指欣赏者和人类)所获得的精神愉悦。"① 人在对象世界中从"直观"到"自身"的过程,就是人的精神愉悦产生的过程。② "直观"是指人们能够直观地看到并感受到,"自身"是指欣赏者和人类自己。我们无法准确地去定义"美"究竟是什么,是客观的存在还是主观的感觉、趣味、理念,抑或是主观和客观相统一的某种特性,但根据经验,不可否认的是,对于每个个体来说,当现实的客观形式在其个体的感觉中活了起来,并对个体的思维、观念、感受、情绪产生了一定的影响,作用于其心理活动的某种具有积极效应的特性的时候,我们才可以说是"美的",才会产生美感。美感是一种情感体验,这种情感体验来源于周围人的行为和思想符合审美的需要所产生的情感体验。③ 即美感是人们在审美欣赏中,以审美对象为中介而直观自身时带来的一种精神愉悦。美感的这种本质,使得美感与人的各种精神因素和心理因素都有了关联,这种关联性体现在人的智力、创造力、道德感等方方面面。人的一切积极主动的行为不仅需要理性和感性力量的推动,而且必须受到情感的支撑,因为只有人处在情感的体验中时,个体生理和心理的力量才能被充分调动起来。

美感是"人的本质力量"的体现,是审美知识、审美需要、审美价值观、审美能力以及一切人生价值观相互联系的基本点和纽带。④ "所谓人的本质力量,即涵盖了人的脑力、体力、思维、人格、情感等心理特征,是人的各种精神因素的总和。"⑤ 个体对于美感的判断是带有其主观性的,因为美感的产生来源于客观事物的刺激,这种刺激得以发生,要以

① 杨辛、甘霖、刘荣凯:《美学原理纲要》,北京大学出版社 1989 年版,第 271 页。

② 赵伶俐:《人生价值的弘扬——当代美育新论》,北京师范大学出版社 2016 年版,第 64 页。

③ 李仰飞、张坡:《家庭教育视域下生命情感教育探析》,《中学政治教学参考》2015 年第 21 期。

④ 赵伶俐:《人生价值的弘扬——当代美育新论》,北京师范大学出版社 2016 年版,第 64 页。

⑤ 杨辛、甘霖、刘荣凯:《美学原理纲要》,北京大学出版社 1989 年版,第 271 页。

人的自身精神力量的存在为前提，美感所产生的那种精神愉悦能够激发个体的感知力、记忆力、联想力、思维力。因此美感是与人的精神因素和心理因素相关联的，与人对自身价值的追求是相一致的。人们对美感的追求使得审美价值和审美需要在个体中留有一席之地。人们对美感的追求是激发人类前进的动力，与其说人是为追求自身本质力量的实现而努力，不如说人最终是为追求美感而奋斗的。古今中外，人们对个体外在美、内在精神美和社会美的追求从未停止过，一个个鲜活的艺术作品所展现出来的共产党人高贵的精神品质和行为，无一不散发出巨大的美感和道德感，这种美感使得青年人会怀着崇敬的心情去理解和接受共产党人的崇高价值感，进而产生对道德感的追求。人们通过对美感的追求，不但可以体验到客观真理的存在，更能体验到客观和他人的存在，从而提高人们的精神活动水平，积极宣扬人生美好的价值。所以说，美感是连接着审美教育和人生价值观的教育。

（四）审美教育是弘扬人文精神、协调社会和谐的重要方式

美育是自觉运用审美活动的规律，实现审美活动内在的人文价值的教育活动。[1] 审美教育中蕴含着大量的人文内涵。康德说："美是德性 – 善的象征"[2]。席勒则指出，人的认知和道德等人文素养是由审美状态提供直接基础的。[3] 席勒所说的审美状态是指感性和理性相和谐的审美心理过程。他说："通过审美的心境，理性的自动性可以在感性的领域中显示出来，感觉的力量在自身的界限内已经丧失，自然的人已经高尚化，以致现在只要按照自由的规律就能使自然的人发展为精神的人。因此，由审

---

① 杜卫:《情感体验：美育的根本特征——当代中国美育基础理论问题研究之四》,《美术研究》2020 年第 3 期。

② ［德］康德:《判断力批判》,邓晓芒译,人民出版社 2002 年版,第 201 页。

③ ［德］席勒:《美育书简》,中国文联出版公司 1984 年版,第 118 页。

美状态到逻辑和道德状态（即由美到真理和义务）与由自然状态到审美状态（即由单纯盲目的生命到形式）相比，其步骤要容易得多。……我们只要给他以重大的推动，就能使审美的人获得理智和高尚的情操。"①情感体验的过程，是审美教育实践中"以美育人""以文化人"的重要途径。在经济发展、社会繁荣、生活水平大幅度提升和改善的现代化多元化社会环境下，文化工业方兴未艾，大众文化蓬勃发展，从来没有哪个时代像今天这样提供给人们更加丰富的娱乐活动。在全球经济一体化的浪潮下，异质文化的交流满足着人们求新求异的审美要求，多元化的思维体系下，存在着美与非美的二律背反，人们在享受现代生活美化的同时会充斥着诸多非美现象。在工具理性主义、拜金主义、拜物主义盛行的影响下，越来越多的人存在心理问题，文化低俗现象举不胜举，这些表现的背后是人文精神的缺失，人文精神的缺失会导致一定程度的人的异化和物化，精神领域的荒漠化对于社会的和谐健康发展是极其危险的。人文精神是民族之魂，因此现代社会越来越需要人文精神的弘扬，需要人文精神给予人以心灵的慰藉，审美教育承载的人文价值应该发挥出应有的作用。

（五）审美教育是其他教育的基础

教育一般分为德育、智育、体育、美育、劳育五个部分，从教育应当培养人全面发展的个性的意义来看，德育、智育、体育和劳育都各有各的侧重点，各有各的分工，然而美育在其中发挥的不仅仅是单方教育的作用，还发挥着全面培育的作用。李泽厚先生提出的以美启真、以美储善、审美快乐的观点，认为审美教育是直接作用于人的心理上的，通过审美教育可以激发学生学习的兴趣，进而促进学生对知识的转化，即

---

① ［德］席勒:《美育书简》，中国文联出版公司1984年版，第118页。

转识成智的过程是不断修炼提升学生人格"真"的过程。苏霍姆林斯基认为美育是一切教育的基础，审美教育与人的审美和道德标准的形成都密不可分，没有诗意的熏陶，学生的智力就无法得到充分的发展，可以说没有美育的教育是不完整的教育，如果说教育激发的是人的各种潜能，使个体能够自由、充分、全面地得以发展，那么美育就以其潜能开发的直接性和全面性，在激发受教育者艺术创作灵感、提升审美能力的同时，潜移默化地塑造健全人格，为社会输送兼具人文情怀与创新精神的复合型人才。在整个教育系统中，美育为受教育者各种能力得以充分发挥和有效平衡发挥了重要作用。席勒说："审美教育的作用并非仅能促进某一心理功能的提升，它可以使内心达到审美状态而使得各种心理功能达到和谐。"① 按照席勒的观点，"零状态"即使不能直接提升道德修养，但可以为人的一切能力的发展创造可能，这一观点将人性的完整性和人的不同能力的发展有机地统一了起来，告诉我们人的各种能力得以充分发挥，要建立在个体的生命力和谐的状态下。人的感受力、想象力和情感等感性心理功能渗透在个体思维能力和意志力发展的全过程，个体的能动性和创造力在个体具有完整的生命力时才可以释放出来，审美教育以整个人为对象，在培养受教育者和谐的心理状态中发挥着至关重要的作用。德育、智育、体育中都可以渗透美育的因素，审美教育以其丰富的多样性促进学生高尚品格的形成，促进个体将外在的道德规范内化为人格的"善"；充斥在自然和社会的世间万物都是审美对象，美无处不在，人类生活的各个领域无一不贯穿着审美活动。这样就使得审美教育可以随时随地地发生，在个体欣赏美、鉴别美的过程中不断丰富内心的情感，培养人的感性特征。因此，审美教育就像一个纽带一样，把不同层次的教

---

① ［德］席勒：《美育书简》，中国文联出版公司 1984 年版，第 111—112 页。

育有机贯穿在一起，使之成为真正的人的教育。使得道德意志力、思维能力和体质技能的培养在美育的潜移默化下得到更好的发展，因此可以说美育在普通教育中发挥着基础性作用。

第二节　审美教育价值意蕴

一、培养审美意识，树立正确的审美观

审美观念是对审美对象本质的反映，也是对审美价值的规范性的观念的反映，因此审美观念也称为审美理想。人们的生活境遇、文化修养和生活经验的差异，造就了不同的审美观。同样的事物和现象，在不同的个体的视觉里呈现的美丑是不同的，作为独特价值观念的审美观念，是每个个体进行审美判断的主观依据。世界观中包含着审美观，且占据着重要的内容，分辨真与假、善与恶的同时要懂得分辨美与丑，因此可以说，正确的审美观有助于人们分辨真、善、美，形成健康、积极的审美观，建立科学健康的审美标准，都是审美教育的职责所在。

审美观是一种审美价值观的教育，审美观作为一种独特的人生价值观，体现的是一种独特的人生态度，是人们政治观、道德观、人生观在审美评价上的一种体现，即追求人生的内在价值，注重人生境界的提高。通过审美教育，人们不断提高审美需要水平，并自觉地理解这种需要的教育，构建正确的审美价值，形成符合社会发展趋势的审美态度。美丑的分界或审美标准都受到历史的、民族的、文化的、阶层的等多方面的影响和制约，不同历史时期，人们对美丑的评价标准有很大的差异。对于每个个体来说，处在同一历史时期的人，审美审丑的差异受到世界观

的影响与制约，现实生活中，审美观上出现的偏差，是完全无法通过讲大道理来改变的，反而容易让人产生抵触情绪。审美教育可以帮助人们提升分辨美丑的能力，在转变审美观偏差的过程中对不良思想进行纠偏。

审美观教育是人生观、价值观、世界观教育的重要组成部分，审美需要是一切健康个体内在的自发性需要，但绝非自觉意识。在社会环境和各种社会思潮的影响下，人们的人生观在荣华富贵、功名利禄和吃喝玩乐中发生着改变，这种改变在精神层面排斥和贬低了人生的精神价值，这种庸俗、腐朽的人生观不但影响着成年人的心态、审美情趣和审美态度，更腐蚀着青少年的心灵。培养正确的审美价值意识，可以引导人们在注重物质利益和精神价值中作出合理的选择，在功利色彩充斥的环境下，更加注重自身内在精神的发展和丰富，自觉发展个体审美价值意识。

二、促进德智体劳协同发展，塑造理想人格

理想的人格结构是真正具有美的形象的，所以说要想发现美和创造美，首先应该具有完整的人格。同时，审美的过程是人性得以解放的过程，审美教育在这一过程中，就发挥着促进人格完善的作用。因此不难推断出，审美活动与人格的建构是互为因果、互生互创的过程。

（一）"人格"本义与"理想人格"的要义

"人格"是个体心身系统的结构，这一结构是动态的，是个体通过思想、性格、能力、行为等所表现出来的人的个体尊严、道德、价值的总和。普通心理学认为，人格结构包含了一个人的兴趣、爱好、性格、能力、气质及信仰和世界观。即人格结构是由性格、情感、意志、能力以及智力等多方面因素构成的，能够反映个体在各方面的和谐的境界。马克思认为，人之所以是人而不是动物，不是因为人有自然属性，而是因为人有社会属性。可以说社会性是区别人与动物的根本特征。

人格是人的类本质和社会本质的统一。任何人都是现实的具体的人，都从事着一定的实践活动、生活在一定的社会关系之中，可以说人的本质就是其社会性。"主观性是主体的规定，人格是人的规定"①。人区别于其他自然属性的存在的关键在于人具有类本质。马克思指出社会性才是人格的根本特征。"人的本质不是单个人所固有的抽象物，在其现实性上，它是一切社会关系的总和"②。这是马克思对人的本质进行的重要的论述，深刻阐释了人的生存不是孤立和封闭的。每个个体都在与社会的辩证关系中，实现了人的价值和理想。

人格是按美的规律建构的。按照马克思的论述，"人可以按照任何尺度进行生产，而且会将内在的尺度运用于对象，因此，人可以按照美的规律来进行构造"。在长期的生产劳动中人产生了审美意识，在具体的生产实践中，作为实践主体的人在按照美的规律构造世界的过程中，也按照更好和更美的方向发展自己、提升自己、升华自己。在此过程中，人格作为人的类本质和社会本质也必然会按照美的规律构建自我、充盈自我，不断发展并逐步完善自我，最终实现人的自由全面的发展。

美是人格中的最高层次。哲学中将人的心理文化结构划分为知、意、情三个部分，知是对真理的探求，意是对善的表征，情对应的是人的审美，是最高阶段的人的心理文化结构，也是对善和真的升华。审美教育的发展与人类和个体的生存发展脉络息息相关，人格的养成也与其密不可分。"人格作为涵盖着人的心理文化结构的整体性表征，它的最高境界是融真、善、美于一体，它的最高本质是在审美中表达人的自由"③。由此可知，真、善、美的融合建构起了个体的理想人格，美的因素在其中不

---

① 《马克思恩格斯全集》第 3 卷，人民出版社 2002 年版，第 32 页。
② 《马克思恩格斯选集》第 1 卷，人民出版社 2012 年版，第 135 页。
③ 余潇枫：《哲学人格》，吉林教育出版社 1998 年版，第 82 页。

可或缺。在理想人格中，美所处的也是最高的层次，所追求的是人与自然、社会以及个体与本体之间的对抗的消解，最终实现自由审美的价值境界。

（二）审美活动与人格

审美活动促进人格理想样式和现实状态的和谐统一。人格具有理想样式和现实状态两种存在，理想样式是寓于现实之中的，现实状态是理想样式的具体展现，这种展现可能是本然的，也可能是异化的。对现实中的个体来说，受细密的社会分工的影响和现实生活的需要，人所呈现的人格总是某一面的，而不是完整的人格，当人的某一面的人格凸显的时候，个体就不能成为一个审美者，即不是一个纯粹的审美者。严格来讲，一个人不能永久地生活在审美的世界中，因为审美只是人掌握世界的其中一种方式，列夫·托尔斯泰曾说过，审美与人的幻想是息息相关的，但一直沉溺于幻想的人，因其社会化的改造不够完整，所显示出来的是与社会不协调的状态，这种不协调的状态会导致个体的精神出现问题，这也就是为什么那些沉溺于幻想中的艺术家阶层是具有较高审美能力的人，但是其患精神病的概率也较之常人要更高一些。由此可知，稳健地立足于现实，执着地追求理想并为之奋斗，才是正确的人生态度。审美对于人生的积极意义和引导意义主要是精神上的一种调节作用，审美教育也是希冀过分埋头于现实的人们和那些一心追求理想生活的人们，能信心百倍且乐于从事改造现实的社会实践活动。因此，审美的意义在于主张人们在精神上应该回归理想人格，并不断创造条件，使人的人格现状变成理想的人格形式。真正美的形象是能够体现人格结构的，从另一个角度讲，审美可以帮助人们解放人格的扭曲状态，使之归位。这样看来，促进人格的完善就成了审美教育的一项重要职责。可以说审美与人格是相互促进，相互生成的。

完整而自由的人格更易于发现美。马斯洛需求理论指出，人格与动机是密切相关的，人的动机也是按照从最低级到高级、从基本生理需要到高级自我实现发展的。这里自我实现就是人的价值的完美实现，自我实现的人就是具有完满人格的人。普洛丁说："如果眼睛还没有变得合乎太阳，他就看不见太阳；如果心灵还没有变得美，他就看不见美。"[①]具有完整的人格的主体才能形成丰满的美的形象，这样审美对象才能体现为完人的形象。但是完整的人格是没有绝对值的，不同历史时期理想的人格是不同的，人们在不断的修养过程中，使得完美的人格不断变得丰富，变得具象，使自己成为想成为的样子。

（三）审美教育促进大学生人格养成

人类生存和发展的过程中，首先面临的是获取生活资料的问题，即形成了"求真"；当满足了人类基本需求的时候，人类面临的是内部关系的立法问题，"持善"便由此产生。无论是"求真"还是"持善"都具有明显的现实针对性，是人类为了完成生存问题所进行的立法和建规。而人之所以为人，除了满足基本的生存之外，还要超越现实并面向未来的发展，借助现实的事物而呈现理想幻想，通过改变现实状况达到理想的境界，而这一追求理想境界的过程，就是"求美"的过程。从发展的角度来看，寻真、持善、求美是健全人格必不可少的三重维度，这三重维度落实在具体的教育工作中，就是智育、德育和美育。

审美活动是一种生命活动，也是一种生存方式。人格是一个动态的概念，具有历史性的特征，更不是单一构成的，而是多维度要素的集合。这就使得人格的构成需要多维度教育的美育，就是要培养完美的人格，使青年一代能够正确认识世界，并按照美的要求、美的规律改造客观的

---

① 《缪灵珠美学译文集》第 1 卷，中国人民大学出版社 1986 年版，第 249 页。

世界和主观世界，塑造完美人格，美化人自身。蔡元培先生曾说："教育者，养成人格之事业也。"人格养成即人通过各种方式促进人的个体的主动性，使得人按照"美的规律"进行自我构建，达到一种"美的状态"，这种"美的状态"即人的全面自由发展。人格的培养是一个系统的综合性的过程，德育、智育、体育、美育以及劳育都是教育的重要方面，美育虽然身处其中，却发挥着与众不同的特殊功能。"人的情感和精神都能在审美教育的激发下得以发展，进而发挥五育并举的整体效应。"① 可以看出，审美教育应该处在整个教育的首要地位。

以美育德。道德教育是用理性的说教来塑造个体，使个体具备社会所要求的行为规范和道德准则，是从理性层面塑造人和培养人的，而审美教育是通过对人的感性情感的释放来激发人的教育，审美教育侧重于发展人的感性和个性，强调通过人的感觉、情感、直觉和想象等一系列感性层面来启迪人，激发人自身的能动作用，促进人的感性与理性的和谐发展。美与善、艺与道的统一是美育能够与德育相结合的基础，美育可以通过"以美引善""以形悦目""以情感人""以美育人"等四个方面实现提高德育的效应。② 美育和德育虽然是不同的，但二者是可以相互促进发展的，因为无论是道德还是美德，都可以成为审美对象和审美内容，都可以通过美育的感性方式，将理性的德育内容更好地表达和阐释，在德育中引入美育的情感机制，使受教育者的自我道德感在情感的温润下不断增强，能够使自我道德内在需求与社会所需要的伦理道德要求相一致。以感性的方式传导道德方面的真、善、美，可以弱化道德说教的灌输性，与此同时，道德教育中可以引入审美教育的愉悦性，使得理论灌输具有情感体验价值而变得生动活泼。通过生动形象的方式增强道德

① 米学文：《试论美育对审美心理结构的建设功能》，《东北师范大学学报（哲学版）》1987 年第 8 期。
② 孟湘砥：《美育教程》，湖南文艺出版社 1986 年版，第 115—131 页。

教育的趣味性，使受教育者在潜移默化中明辨是非，接纳道德教育内涵，这样才能使道德教育焕发出新的朝气与活力。

以美养智。重视智育是时代发展、社会进步的必然要求，科学技术的迅猛发展、人类社会的快速进步都离不开智育，国家间、行业间的竞争归根结底是智育的竞争。智育偏重于知，美育偏重于情。从内容和目的而言，智育是一种通过以概念——逻辑为特征的知识传授，促进学生对科学文化知识的掌握。美育是为了培养人的审美能力，在感性和情感的交融中塑造完善人格。显然智育与受教育者的情感需求没有直接关系，而是能够满足人的生命发展的需要。智育呼唤人的理性思考，摒弃人的情感，美育则引导人进入一种想象的世界，引导人们用审美的眼光感受世界，虽然二者都有助于创造性思维的发展，但智育是通过引导人客观认识世界，分析、归纳和总结来培养人的创造性思维；而美育则更加注重人整体能力的培养，在教育过程中通过调动人的情感等心理因素，塑造一种在感性层面抓住事物主要矛盾、把握事物内在规律的思维能力，换言之美育发展的是个体思维的敏锐性、灵活性、独创性，激发和培养想象、直觉、灵感等创造性思维的能力。这种思维能力是激发人的创造热情的源泉。列宁曾说过："没有人的情感，就从来没有也不能有对于真理的追求。"许多著名的科学家取得的辉煌成绩和作出的巨大贡献，除了深厚的理论功底，也就是智育成果做基础外，其探求真理的激情、不可抑制的创造冲动，是他们从事科学研究的激情探索的强烈内驱动力，以美促健。健康的体魄同样是完整人格的必备内容。人的身体和心是无法决裂的。如果说德育和智育解决的是人的心的问题，那么体育解决的就是人身体的问题，只有身心健康发展的个体才是全面的个体，才是人格完整的个体。柏拉图认为，只有德、智、体、美相结合，人才能"身心既美且善"。体育和美育之间的关系，本质上是健康与美的关系，这里的健康不仅仅包括身体的健康，更重要的是心理的健康。虽然美育和体育在促进人的健康方面价值是相等的，但体育重在促进体魄的健康，而美育重在培育人心理健康，体育的终极目标不仅仅是为了促进身体的健康，更是为了促进健与美的结合，失去美的健是没有灵魂的。正如一个完整的、美的个体，如果没有文明的行为、没有社会理想、没有聪明的才智，仅有强壮的体魄，是无从谈美的。最美的境界应该是身心的和谐与统一。因此体育要按照"美的规律"进行发展。任何一种体育运动都包含着美的要求，动作、体态、节奏等无一例外。同时，美育可以促进人健美形体的塑造，用审美的视角对待体育运动的每个环节和动作，力与美高度结合不仅可以使身体活动符合人体全面发展的要求，更可以帮助人们提高体育运动的水平。同时，美育作为美感教育，可以帮助人们涵养心态、提高审美修养、稳定心理素质、增强和调节化解消极情绪的作用，这种积极的心理调节作用，是一项重要的素质，对于体育竞技比赛和运动技能的掌握都至关重要。美育和体育，一个打造身体，一个铸就精神，身体和精神的完美结合，是完美人格得以实现的重要基础。

以美促劳。劳动能够同时创造物质财富和精神财富，是人类社会发展进程中所拥有的基本生存方式。无论是什么样的劳动，都有一个基本的原则，即劳动是对劳动者（包括个人和集体）的肯定，对个人和群体的发展具有促进作用以及产生愉悦的情感作用。[①]马克思认为当劳动只是为了满足物质生存时，劳动就已经被异化，人的劳动一旦只是为了满足个体的生存活动，那么人也就丧失了人的类本质。"动物只是按照它所属的那个种的尺度和需要来构造，而人却懂得按照任何一个种的尺度来进行生产，并且懂得处处都把固有的尺度运用于对象；因此，人也按照美

---

① 陈理宣：《论知识教育、劳动教育与审美教育及其整合》，《教育学术月刊》2017 年第 3 期。

的规律来构造"。① 真正具有实践性质的符合人类发展的劳动则是一种基于物质生存的审美活动。② 因此作为本能的、生存性的劳动总是与人的生成和成长的劳动联系在一起的，按照马克思的观点，作为生存的劳动如果不能建立在人的生存和成长基础上，追求审美尺度的劳动，都是异化的劳动，这种异化的劳动停留在了动物生存活动的本质属性上。人的劳动应该"懂得处处把自己的尺度运用到对象上去"，还能够懂得按照"任何物种的尺度"去建造，因此，人也"按照美的规律来构造"③。

　　劳动所蕴含的美的价值使得劳动教育成为开展审美教育的有效途径。劳动教育作为五育的有机组成部分，绝非仅指体力劳动，劳动从形式上来说是体力劳动和脑力劳动的集合；从劳动领域来看，涵盖了生产领域和非生产领域。这种片面化理解严重制约着劳动教育的实施。在 2018 年的全国教育大会上，习近平总书记指出："要在学生中弘扬劳动精神，教育引导学生崇尚劳动、尊重劳动，懂得劳动最光荣、劳动最崇高、劳动最伟大、劳动最美丽的道理，长大后能够辛勤劳动、诚实劳动、创造性劳动。"从习近平总书记的讲话中，也可以知道劳动和美育是相互影响和促进的。二者都影响和促进着学生世界观、人生观和价值观的形成，发挥着育人铸魂的重要作用，帮助学生实现全面、整体和可持续的发展，对学生人格养成发挥着促进作用。马克思在《1844 年经济学哲学手稿》中提出："劳动创造了美。"④ 因此，应该全面理解劳动所带给人们的积极的价值和作用，辩证地理解美和劳动的关系，培养学生首先尊重劳动，并且热爱劳动，使他们在自我劳动的奋斗精神中追求幸福，这不仅是美

---

① 《马克思恩格斯选集》第 1 卷，人民出版社 2012 年版，第 89 页。
② 陈理宣：《论知识教育、劳动教育与审美教育及其整合》，《教育学术月刊》2017 年第 3 期。
③ 《马克思恩格斯全集》第 3 卷，人民出版社 2002 年版，第 274 页。
④ 《马克思恩格斯全集》第 42 卷，人民出版社 1979 年版，第 93 页。

育的重要环节，也是劳动教育的关键内容。长期以来，传统观念中"万般皆下品，唯有读书高"等消极观念影响着社会的教育观念，同时在市场经济下，在投机主义、享乐主义、拜金主义等思潮的冲击下，学生群体中好逸恶劳、鄙视劳动、不珍视劳动成果的现象比比皆是。审美教育与劳动教育都不是简单的说教，都要依靠实践活动发挥其育人的作用，因此将审美教育有效地贯穿于劳动教育之中，结合劳动的内容、形式、工具、方式来挖掘审美教育的价值，用美的理念重塑劳动教育，用美的观念来优化劳动过程、劳动环境、劳动形式，增强劳动的愉悦体验和美的感受，激发学生参与劳动、热爱劳动、主动劳动和享受劳动的热情，帮助学生从思想上、心灵上受到启迪和磨砺，培养他们坚毅的品质、艰苦奋斗的精神和自强自立的人格。这种审美教育和劳动教育的双向促进，彼此发展，以劳育美的同时以美育劳，符合新时期的教育规律，能够发挥事半功倍的效果。

综上，素质教育是德、智、体、美、劳全面发展的教育，不仅包括科学教育，而且包括人文教育和艺术教育。全面建设社会主义现代化国家，不是一个单纯的科学技术问题，也不是一个简单的物质问题，其中包含着文化层面、精神层面、价值层面的内容，这些都需要人文教育的补位。无论是经济的发展还是科技的发展都无法替代人文教育，人文教育的缺失会导致价值观偏离、精神空虚以及道德信仰迷失等一系列问题，精神上的危机往往对社会的安定和发展产生着更深刻、更严重的威胁和影响。

教育的最终目的是培养德、智、体、美、劳全面和谐发展的人，全面发展的人是兼具丰富知识、高尚道德、健康体魄与坚强意志的个体。美育作为一种独立的教育维度，对其他四育发挥着重要促进、渗透和协调的作用，离开美育的教育是不完整的教育。美育不是解决个体点的问题、局部的问题，而是培养全面发展的个性创造的问题，是一个面的问题和一个整体的问题，是培养一个全面发展的人的关键要素。美育在育德、启智、健体、辅劳、怡情、养性、促进创造力等方面，发挥着不可替代的综合、中介、协调的作用。教育如果离开了审美教育，违背美的规律开展德智美体劳培育活动，是无法培养出全面发展、具有完美人格的人的。美育对于人的情感、气质、趣味和格局的影响是多层次且无意识的，而这些是其他四育所不能给予的。通过审美教育，不断提升学生群体的格调和品位，引导学生在追求有价值的人生中提高自我的人生境界，这是时代的呼唤，是现代教育观念转变的呼唤，更是发展中的人内心的呼唤。

三、启迪心灵独创性，激发个体创造力

审美教育在促进感性自我成长的同时，还促进人格的协调发展，使生命个体充满活力和创造力。人的创造性分为两个层面，第一个层面是指具有发现问题、解决问题的创造性的思维能力，以及发明创造的一种实践能力；第二个层面也即更高层次的创造性，是指不断实现和更新着的生活活力，这是一个健康的个体生命具有的重要能力。马斯洛对创造性的理解偏重于"自我实现的创造性"，他指出："自我实现创造性的表现或存在的品质，而不是强调其解决问题或制造产品的性质。"[1] 所谓自我实现是指全面激发人的潜能，使之具有不竭的创造力、灵敏的创造意识。这些都是实践和思维得以发展的基础。

审美能力的发展实质就是创造力的发展，是一种有助于个体精神发展的力量。审美教育发展创造力的功能主要在于激发和丰富个体的生命。席勒认为，把人培养成审美的人，是使人从感性的人变成理性的人的唯一途径。[2] 近现代，王国维将人文性和审美教育的无功利性统一为"无用

---

① ［美］A. H. 马斯洛：《存在心理学探索》，李文湉译，云南人民出版社1987年版，第131—132页。
② ［德］席勒：《美育书简》，中国文联出版公司1984年版，第116页。

之用"，所谓"无用"即一种超功利的状态，而后的"用"是指能够帮助人们的情感成长，这个"用"是作用于情感和精神层面的，这与现在大多数追求急功近利的教育观是有本质差异的，这种教育带来的是深层次的潜移默化，具有"培根铸魂"的效果。

审美教育解放人的无意识性。审美教育过程中情感得到了解放，通过解放无意识，提升文化素养的同时缓解人的内心的压抑，激发人生命力的发展。人的创造性的高低取决于人的有意识层面和无意识层面的沟通程度，二者沟通得越好人的创造能力发挥得就越好，而审美教育恰恰能促进二者的转化。美育是鼓励独创性的教育，激发人的个性化的探索，启迪人心灵的独创性是审美教育的首要职责，作为一种个性教育，美育充分调动着人格中的个性因素。

审美教育帮助人们追求创造的人生、审美的人生。审美活动是一种创造活动，核心是创造一个意向世界，审美活动的特点是当下直接的感性，审美活动中人生活在现在、此刻。完全沉浸、陶醉、专注于现在的时刻，眼前的情景。极强的专注力是创造力发展的前提，在审美活动对人的创造力的激发下，个体会始终生活在充盈着生生不息的创造的追求之中。缺乏创造的人生是暗淡的、无意义的人生，只有创造的人生才能绚丽多彩。创造的人生彰显的是一种有价值的人生，呈现的是一种高尚的人生境界，因为追求审美的过程就是个体胸襟和涵养不断拓宽的过程，是人生境界得以不断提升的过程，最终实现真善美的统一。同样，追求审美的人生就是审美教育的最终目标，构建审美人生的过程，就是不断提升个体境界的过程，审美的人生是富有创造力的、是有爱的，更是有诗意的。党的十八大报告提出要建设文化强国，并进行了战略部署，建设文化强国，首先要推进文化创意，这对审美教育提出了更高的要求，培养出更具创造力的人，是审美教育的应有本义。

四、拓展精神空间，培养超越性人生境界

美的超越性决定了按照美的尺度和规律去构建人格也是具有超越性的。"文艺还把带有野蛮性的本能冲动和情感提到一个较高尚的较纯洁的境界中去的活动，所以有升华作用"①。何为人生境界，这始终是中国传统哲学和传统美学探讨的问题。在儒家思想中，强调人的精神生活应该高于人的物质生活，强调人应该保持一种愉悦的、和谐的精神境界，这样有助于保持个体内心的平衡。人生境界就是一个人的人生意义和人生价值，涵盖的是一个人的整个精神世界。个体的情感、追求、喜好、志向都属于人生境界的范畴。冯友兰先生曾说过："我们拥有的是同一个世界，同样的人生，但是每个人的人生意义则有可能是截然不同的"，处在同一个世界的人，因为每个人的价值追求不同，导致人生境界也不同，可以说不同的人所看到的世界是不同的。当代中国文化中感官化、商业化和形式化的现象比比皆是，中国千年沉淀的优秀文化中蕴含的历史感和内涵正因为现代化的到来而在一定程度上有所消解，这种消解会导致文化越来越流于形式，直接导致人的社会精神浅层化。

境界是在人们生活中所彰显出的人生的意义和价值。一个人的生存状态、实践活动无一不受到人生境界的影响和牵引，人生境界的高低决定着一个人的生活质量和生活追求。境界看似是一个看不见、摸不着的隐晦的概念，实则表现在一个人的言谈风貌、举止态度、生活方式之中，是一种真实的客观存在。朱光潜先生所提出的人生艺术化，即鼓励人们追求审美的人生，通过艺术教育引导学生追求一个审美的人生和诗意的人生。追求的过程就是不断自我提升、不断自我创造、不断自我完善的

---

① 《朱光潜美学文集》第 2 卷，上海文艺出版社 1982 年版，第 507 页。

过程，追求的过程要求我们不断跨越本我，用发展和审美的视角审视世界，品味人生所带来的趣味，用审美的豁达的心态面对人生的跌宕起伏和不如意。创造的人生就是充分发挥人的生命力和创造力，彰显人生的价值。只有拥有诗意和创造力的人生，才会充满爱，因为爱会使得他用开放和包容的心态面对人生。

审美教育是对现实的人在审美维度上的关切教育，审美教育不但能够陶冶人的心灵，给人带来精神的抚慰，同时能超越人对物质和现实的局限性满足，超越个体的孤独和精神的压抑，从"实是的人"转向"应是的人"的过程，就是人生境界得以不断升华的过程。美好的人生离不开"知、意、情"充分发展，接受审美教育的过程中，能够使人实现对物质世界的超越，使人追求自由的本性得以回归，伴随着人的精神空间的拓展，进而达到提升人生境界的目的。崇高和情感都是审美教育的重要内容，通过审美能够激发人的强大的精神力量，在对真善美的追求中，人能够实现自我精神层面的超越，获得让内心满足的人生意义和价值。审美情感不是简单的情感，其中包含着对个体的人生态度、人生理想以及人生境界，一个情感匮乏的个体是无法实现对幸福和美好的追求的，是无法释放强大的精神力量的，更是无法实现人生境界的超越的。

五、弘扬人生价值，促进人的全面发展

既然人的全面而自由的发展是高校人才培养的最终目标，那么如何实现人的全面发展毋庸置疑地成为亟待解决的问题。实现人的全面发展的方式有很多，在这里我们需要找到的是一条科学、有效和正确的发展之路。这就需要我们更深层次地理解人的全面发展的内涵，找到有效突破口。

（一）审美教育是人生价值观教育的有效途径

我国清末著名学者、诗人龚自珍在《阐告子》中指出："龚氏之言性也，则宗无善无不善而已矣，善恶皆后起者。"[①] 基于他的观点可总结为"我"的本质地位是基于人的本质论和认识论所确立的，伦理领域确立了"无善无不善"的人性本体，最后才能够在自由的美感境界中实现"完人"。从这一角度来看，人生价值的弘扬依托于美感。审美教育的主旨是用辩证唯物主义美学的观点及理论，培养人们审美理想、审美能力。即培养人们对自然美、社会美、艺术美的鉴赏力、感受力、欣赏力，进而激发创造力。世界观和人生观教育属于哲学的范畴，我们所倡导的审美教育是建立在马克思主义美学基础上的审美教育，因此审美观的问题归根结底是世界观的重要组成部分。哲学为审美教育提供了研究的理论基础，然而从审美教育的内涵和价值中可以知道，审美教育是依托于哲学又独立于哲学的独立学科，不能用人生观、世界观的教育来代替审美教育；反之，审美教育在人生观和世界观的教育中具有不可替代的价值意义。

审美教育能够培养人积极的心理素质，可以从人生目的、人生态度、人生手段等方面促进个体形成健康、乐观、积极、美好而富有创造力的方向发展，进而形成个体良好的价值观。人生的价值和意义只能从具体的、真实的生活感受中呈现出来，人生积极的价值观念、信仰、理想等也只有在具体和鲜活的生活中予以展现。基于此可知，积极的有益于社会发展的人生价值观只有个体通过生动的生活信息、丰富的情感体验、理性的教育才能感知到，个体在相互依存、相互支持、相互关怀、相互帮助中不断体验到愉快、互助、友善，并逐步培养和熏陶出有益于社会发展的人生价值观。审美教育的内容包括了艺术美、社会美、自然美以

---

① 樊克政编：《中国近代思想家文库（龚自珍卷）》，中国人民大学出版社2015年版，第69页。

及形式美等，这些信息无不直接或间接地对人生个体价值和社会价值进行着宣扬。

审美教育中的社会美直接传递着对美好的人和人生价值的肯定。那些具有崇高美的革命人物形象向人们充分展示着智慧和非凡的人格，在崇高的美学境界和道德境界中实现了人生价值的塑造，其人物本身所散发的美的品德和美的人生态度直接向受教育者进行着正向传输和引导；审美教育中的艺术美所展示的实际是艺术和人生观的交织融合。大量优秀的文学艺术品所呈现的不仅仅是作品本身，还是创作者才能、审美价值观、人生价值观的集合。因此可以说，社会美和艺术美本身就是有利于社会（即利他）的个人人生价值以及观念的展示（即利我），将这些内容作为审美教育的信息，会引导人们从利他和利我两个方面对人生价值进行审视和探求，构成让受教育者所容易接受的教育信息，这些教育信息生动而富有生命力，更具有教育的说服力。

审美教育中的信息所传递的内容，能够保证人生价值信息以一种形象、生动、情感和说理兼容并包的方式进行传递，使得产生传统的思想教育这种单向度灌输的传导方式转向双向度互动的传导方式，利用事物美的形象和感情，将受教育活动转化为审美的活动，使教育内容具有更深刻的感染力和影响力。同时，审美教育这种立体化信息的传导模式容易激起受教育者强烈的美感。美感的产生能够更容易促使个体人生态度的改变，也更能激活受教育者的道德感和理智感，使受教育者加强或转变原本的人生态度，全面接受新的信息所蕴含的人生价值观念。"我觉得艺术、诗和宗教的存在，其目的是辅助我们恢复新鲜的视觉，富于情感的吸引力和一种更健全的人生意义"[①]。按照"美的规律"去激发人们对于

---

① 林语堂：《生活的艺术》，北方文艺出版社 1987 年版，第 116 页。

生活的健康情趣与热情，追求美好人生，完善自我，进而实现自身价值和个体的全面发展。美感连接着审美教育和人生价值观教育，体现的是"人的本质力量"，是审美知识、审美需要、审美价值观、审美能力以及一切人生价值观所联系的纽带，因此可以说，美感教育的美育是弘扬人生价值观的教育。

（二）马克思主义关于"人的全面发展"的美育思想

在马克思主义的经典著作中，马克思关于人的全面发展理论与审美教育理论具有较为密切的关联，对审美教育理论的研究也具有重要意义。这也是我们确定教育方针、教育目的以及思想政治教育目标和任务的重要依据。马克思、恩格斯从《德意志意识形态》开始，就在一系列著作中，全面系统地阐释了"人的全面发展"学说。

个人全面发展是指每个个体在体力与智力诸方面都能和谐、自由地发展，这与人的片面发展是相对应的。"这就更加需要各方面都有能力的人，即能通晓整个生产系统的人"[1]。马克思和恩格斯主要是以社会分工的日益扩大而导致人的片面发展不断加剧的现实状况为发端，来探索人的全面发展问题的。

马克思首先分析了社会分工的问题，"第一次大分工，即城市和乡村的分离，立即使农村居民陷于数千年的愚昧状况，使城市居民受到各自的专门手艺的奴役。它破坏了农村居民的精神发展的基础和城市居民的肉体发展的基础"[2]。他提出："分工只是从物质劳动和精神劳动分离的时候才真正成为分工。"[3]物质劳动和精神劳动的相互分离具有历史发展的必然性，但是在物质劳动和精神劳动相分离的同时，所产生的负面影响也是

---

① 《马克思恩格斯全集》第 4 卷，人民出版社 1958 年版，第 370 页。
② 《马克思恩格斯选集》第 3 卷，人民出版社 2012 年版，第 679 页。
③ 《马克思恩格斯选集》第 1 卷，人民出版社 2012 年版，第 162 页。

不可估量的。从对历史的考察中不难发现，因为物质劳动和精神劳动分工，导致阶级分化、城乡分离，这一系列的分工、分离和分化，对人的发展造成了极大的影响。分工使得人的片面发展变成了社会发展的一种必然，"如果这个人的生活条件使他只能牺牲其他一切特性而单方面的发展某一种特性，如果生活条件只提供给他发展这一种特性的材料和时间，那么这个人就不能超出单方面的、畸形的发展"[①]。大多数劳动者的这种畸形发展并不是劳动者本身的能力和先天缺陷造成的，因为在分工中每个个体无法按照自己的天赋去发展自己，只能按照分工被迫地屈从于个人的特长和兴趣，久而久之使人陷入片面和畸形当中。同样，分工所带来的影响是对整个阶级的，而不仅是对每个劳动者的。分工对人性的摧残和影响是深刻的、广泛的，也是深远的。

面对机器化大生产和社会分工对人的扭曲和分裂，马克思深刻地分析了人的本质问题，进一步揭示了人的全面发展的重要性和必然性。马克思所理解的人的全面发展是，"人以一种全面的方式，也就是说，为了人并且通过人对人的本质和人的生命对象性的人和人的产品的感性的占有不应当仅仅被理解为直接的、片面的享受，不应当仅仅被理解为占有、拥有。人以一种全面的方式，也就是说，作为一个完整的人，占有自己全面的本质"[②]。马克思通过类、社会和个体三个层次对人的本质问题进行了分析，从类的角度看，人的本质是区别于动物的特性；从社会角度看，人的本质概括为"社会关系的总和"；从个体的角度看，人的本质是每个人区别于他人的特点，即人的个性。从三个角度概括人的本质问题，其实质却并无差距，而是相互联系的。人在不同的实践活动中与他人建立广泛的社会关系，人的自觉自由性、人的社会性，在实践中都是通过每

---

① 《马克思恩格斯全集》第 3 卷，人民出版社 1960 年版，第 295-296 页。
② 《马克思恩格斯全集》第 42 卷，人民出版社 1979 年版，第 123 页。

个个体呈现的。但是通过这三个维度对人的本质问题的区分，可以帮助我们更清晰地认识人的全面发展问题。分工和私有制社会制度导致了人的片面性，人的本质被扭曲，是指人的社会本质和个体本质两个方面被扭曲。因为"一个人的发展取决于和他直接或间接进行交往的其他一切人的发展"①。私有制导致人与人之间的不平衡和不平等，直接造成一切人的发展的片面化，影响了一切人的全面发展，一切人都受到了影响，那么每一个个体难以逃脱被影响的厄运，再加之社会分工导致的人的岗位和职业的固定化，人的个性一定会受到禁锢。因此可以清晰地知道，私有制基础上的旧式分工的出现，直接导致了人的片面性的发展，因此人的片面性发展和社会环境是息息相关的。衡量一个社会的人的全面发展，不是把不同的人的优点集于一身，而是通过每个个体所呈现的全面发展的状况。

马克思、恩格斯对人的全面发展的问题，是最符合人性要求的人的发展观问题，因为马克思、恩格斯所提倡的人的全面发展不是个体是否需要发展的问题，而是人应该如何发展为全面的人的问题，在这一发展过程中，社会对于人的全面发展提供这样的条件问题，这些都是人的发展问题的症结所在，否则人的发展问题就成了自说自话的空目标。实现每一个人的自由全面发展可以说是马克思主义的最高价值目标。

（三）教育在促进人的全面发展中的作用

人之所以有全面发展的内在需求，是因为每一个个体都有"许多需要"，而不是只有某一种或某几种需要，"他们的需要即他们的本性"②。人对自身的多方面的追求，在一定程度上体现的是人对自身全面发展的追求，追求全面的发展是人的本性。然而，究竟怎样的发展才算是全面的

---

① 《马克思恩格斯全集》第 3 卷，人民出版社 1960 年版，第 515 页。
② 《马克思恩格斯全集》第 3 卷，人民出版社 1960 年版，第 514 页。

发展，这个问题涉及对人的片面发展的分析判断，也涉及教育该如何促进人的全面发展。

我们面临的现实问题是，教育作为促进自由全面发展的根本力量，究竟是否发挥了积极的作用。我国长期以来的教育体制和教育机制存在的重要问题是，忽视个体自由，在教育工具价值的影响下，理性得到了充分的张扬，而感性始终处在被排挤和漠视的地位。以逐分为导向的机械化人才培养方式根深蒂固，从幼儿教育至高等教育，几乎都难以摆脱其影响。要想打破这种局面，就要从改革唯理性主义教育观念和模式开始，将感性教育提升到同理性教育同样的水平，平衡好理性教育和感性教育之间的关系，这样才有助于真正实现培养全面发展的当代新人的目标。

教育中应该注重的是理性和感性的协调推进，从感性和理性的协调角度来看教育问题，教育应该首先关注的是受教育者本身，即关注的是人的感性，将关注人的感性作为促进人的全面发展的重要部分来看待。教育改革重要的是将观念的更新和制度的推进协同进行，同时要注重教育方式的科学性。这里的科学的方式是在理性和感性中找到一个平衡点，在整体协调推进中促进人的全面自由发展。在寻找这样的路径过程中，不难发现审美的内涵中包含的人本性、体验性、自由性和超越性恰好同时兼具感性和理性特质。

培养全面发展的人始终是教育的根本目标所在。这就需要全面地培养人的智力、情感、品德、理想、情操和意志等方面。在长期理性主义主导的教育实践互动中，显而易见存在着教育偏离了培养人的全面发展的弊端。马克思在谈到环境对人的作用问题时就指出："有一种唯物主义学说，认为人是环境和教育的产物，因而认为改变了的人是另一种环境和改变了的教育的产物——这种学说忘记了：环境正是由人来改变的，而教育者本人一定是受教育的。"① 环境影响人，人同时改变环境，由人改变的环境又会进一步地影响人，因此可以说，人和环境间的这种影响是循环的、螺旋式上升的状态。人的发展的理想状态是"全面而自由的发展"，那么教育作为影响人的至关重要的因素，对人和社会的影响是深远的，不仅影响着现代人，还影响着未来人，甚至决定着社会的发展方向，正如马克思所说的："最先进的工人完全了解，他们阶级的未来，从而也是人类的未来，完全取决于正在成长的工人一代的教育。"② 这样看来，教育在促使人变成"全面而自由"的人方面必须承担起艰巨的使命，也应该是培育的根本目标所在。高校作为最高层次的教育组成部分，更应该将人的"全面而自由"的发展作为人才培养的根本目的。

精神教育的发展是人生价值弘扬的根本所在。基于人的全面发展的培养目标才是全面发展的教育，人的全面发展应该包括心理和生理两个方面的发展。心理的全面发展包含智力因素和非智力因素两个方面。"智力因素"包含了人的感知力、记忆力、想象力以及思维能力等脑力工作的能力，在大脑的支配下进行各种实际操作的能力；而"非智力因素"包含着人的思想品质、道德观念、价值观念、情感意志以及兴趣爱好等，这些品质和观念决定着一个人的精神风貌。如果教育的目的是培养全面发展的人，那么这个全面的教育就应该包括三个方面的内容：生理的全面发展（体格教育，即体育）、知识与技能的全面发展（智能教育，即智育和劳育）和精神的全面发展（精神教育，即德育和美育）。在三个方面的全面发展中，现代社会中精神教育最为重要。随着社会文明的不断发展，人们越来越感受到精神的发展才是人和人的价值弘扬的根本所在。一个意志消沉、趣味低下、情感冷漠、道德失位的人，即使拥有强

① 《马克思恩格斯选集》第1卷，人民出版社2012年版，第138页。
② 《马克思恩格斯全集》第16卷，人民出版社1964年版，第217页。

壮的体格、灵巧的双手、聪明的大脑、广博的知识，他对社会的建设性也是有限的。人这种具有精神特性的动物，如果忽视了人的精神方面的需求，那必将磨灭其人格、人性，其智育、体育、劳育也失去了存在的价值。

（四）审美教育在促进人的全面发展中的价值作用

马克思、恩格斯认为："每个人的自由发展是一切人的自由发展的条件。"[①] 这些都充分说明了人的全面发展始终是人们所追求的目标。在现行教育体制中总是把教育看作培养某种特定身份、某种特定职业、某种社会角色的人的教育，如果按照这样的培养思路，高等教育就等同于"职业教育"了，从而模糊了教育培养"人"的根本目标和根本功能。肯定了精神教育的价值和地位，就是肯定了审美教育的价值和地位。审美教育是通过具体的审美活动来陶冶人的性情的，在现代人的人格塑造中发挥着重要的补充和调节作用。在现代人格普遍畸形化的历史条件下，审美教育是克服人格畸形化的重要手段。

首先，一个沉浸在感性当中的个体，通过诸如诗歌、音乐、绘画等审美活动在获得知识的同时也可以净化人的心灵，进而将人的追求从感性上升到精神文化的高度；其次，审美活动中，个体能够恢复其自然的状态，使心灵变得丰富；最后，单纯依靠哲理的说教从而使人能够敞开心灵是不容易的，而当人们沉浸在优秀的艺术作品和优美的大自然中时，容易驱逐内心被遮蔽的阴霾，变得明朗且精神愉悦。

与德育、智育、体育和劳育所具有的功能相比较，可以说审美教育所具有的功能是最全面的。因为美育所具有的信息的多样化、丰富化和立体化，使得其可以产生多维度多方面的效果。美育可以联络其他各育

---

① 《马克思恩格斯选集》第 1 卷，人民出版社 2012 年版，第 422 页。

的信息，它"是集各育功能于一身，使人立身立业的桥梁"①。美育可以携带其他四育的信息，然而其他四育却无法携带美育的信息，其他各育中如果加入了美育的因素或者借助了美育的方法，效果就会明显增强。将美育融入德育中，会产生高尚之美；将美育融入智育之中，会增添理性美的光芒；将美育融入体育当中，会强化健壮之美；将美育融入劳育之中，会增加创造之美。当人们沉浸在美育之中时，是调动人的各个感官身心去接收信息，而非调动身心的某个局部去接收信息。丰富的信息能够使人的心理和个性充分发展，进而促进人的全面发展。可以说，将其他各类教育同审美教育相结合，就可以塑造集真善美于一体的完美的人。②可以看出，审美教育的目标就是塑造完整的人格。审美教育虽然属于感性教育，但是它不应该有一个特定的心灵领域，审美教育是对人的本质丰富性的全面激活。通过感性的方式，目的是培养全面发展的人的理想状态，通过审美教育，在人的精神层面使人生的欠缺之处得到了弥补，使人内心的压抑感得以释放，以塑造理想完整的人格为最终旨归。

第三节　思想政治教育内涵及价值功能

思想政治教育是教育实践活动，这项实践活动自人类阶级社会的诞生起就已经存在。"不同的国家，不同的历史阶段，不同的称谓都不影响它普遍存在的事实，是一种客观存在的事实"③。"思想政治教育"这一概

---

① 米学文:《试论美育对审美心理结构的建设功能》,《东北师范大学学报（哲学版）》1987 年第 8 期, 第 58 页。
② 黄济:《关于美育的几个问题》,《中国人民大学书报资料・教育学》1985 年第 5 期。
③ 张耀灿、郑永廷等:《现代思想政治教育学》,人民出版社 2001 年版, 第 6 页。

念的产生和发展是一个实践与认识相结合的历史过程，不同的时期有不同的提法和解说，但无论具有何种内涵界定，从价值功能来看，思想政治教育在实现阶级统治、维护社会秩序、提升人性、完善人的精神境界、促进人的全面发展方面发挥了积极的不可替代的作用。

一、思想政治教育内涵

伴随着无产阶级活动的发展，便应运而生出"思想政治教育"这一概念，一直以来，无产阶级政党都将思想政治教育工作作为其政党生存和发展的关键要素，并予以高度重视。马克思主义学说中并无思想政治教育这一明确的概念提出，但从其在革命实践中对政治、宣传工作的重视程度不难发现，其蕴含着深刻的思想政治教育内涵。在我国，中国共产党领导的无产阶级在长期的革命实践工作中，凝练总结出"思想政治教育"这一概念。从其概念的产生和发展过程来看，思想政治教育被蒙上了强烈的政治色彩和意识形态，但从思想政治教育的内涵来看，思想政治教育是在不同的文明时代，社会集体用社会文化成果对其统治的成员进行思想和精神的影响，使得群体成员接受适应社会发展的精神规范，包括思想层面、道德层面、心理层面以及价值层面等，因此可以说思想政治教育具有重要的文化属性。

（一）思想政治教育具有文化传播功能

思想政治教育是一种"政治观点"，也是一种"道德观念"，这两者都属于文化的范畴，是一种特殊的文化形式。浸润着文化色彩的思想政治教育不但具有意识形态的价值，同时也对社会文化结构及其组成部分产生着影响。从某种意义上讲，思想政治教育的过程，是政治和伦理文化的传播过程，以期通过教育实现个体的政治化和道德的社会化。文化是思想政治教育的重要载体，思想政治教育中文化内容的匮乏，导致思想政治教育的价值滞后。因为在思想政治教育过程中，一方面，社会传播思想政治教育的各类信息和主张的意识形态，使得人们自觉接受主流价值观，形成社会所期望的行为；另一方面，在思想道德的影响下，个体形成自己的政治观点、政治态度以及政治情感。可见思想政治教育永远不是单向传输的过程，而是一种双向互动，相互影响和促进的过程，即是一种同为信宿、同为信源的双向信息交流和情感互动的过程。因此在思想政治教育过程中，文化内容融合的质量，直接决定着在这样的双向互动中思想政治教育所能调动、激发、创造的人的精神物质力量的效果和质量。

（二）思想政治教育的目的中蕴含着文化理想

思想政治教育是发展人的精神素质的教育活动。精神素质是人的发展的重要内容，贯穿于人的发展的全过程，是塑造人的全面发展的核心要求。不同文化背景所赋予的思想政治教育的目的也不尽相同。不同文化造就不同的人文理想和人文环境，不同文化造就不同思想政治教育的个体。中国文化是一种倡导"仁、义、礼、智、信"的伦理型文化，在这种伦理型的文化背景下，每个个体都是从属于集体的，每个人的价值也只有在集体中才能得以彰显。然而，西方文化中人始终是个体的人，崇尚的是理智、勇敢、正义的个体，即使是集体也是为个人而存在的，个体在人们心中处于主导地位。从东西方的文化差异中不难发现，这种差异直接影响的是教育目的的差异。因此，中国人培养的是民族精神、为人民服务的精神，而西方文化培养的是利己的精神。对于思想政治教育的对象而言，无论是教育者还是受教育者，都浸润在这样的文化环境之中，被文化所塑造和陶冶着。思想政治教育的主体和客体的思维、知识结构、认知模式都具有文化性。

二、思想政治教育的个体价值功能

思想政治教育价值作为价值的一种，与物的价值是不同的。思想政治教育是通过教育手段作用于人的思想，使人的思想发生改变，从而引起行为的改变的过程，这种改变能够作用于具体的实践活动，产生一定的社会效应。思想政治教育价值不是单方面的，而是一种主客体的关系。思想政治教育正是通过其自身属性和功能来满足个体和社会发展的需要，同时个体和社会发展的需要也被思想政治教育所需要，在二者互被满足、互被需要的过程中，实现了思想政治教育的价值。从审美教育对个体思想道德改变的维度来看，这里思想政治教育价值主要体现在思想政治教育对个体的功能价值上。

（一）思想政治教育满足人的精神需求

马克思认为："一个种的整体特性，种的类特性就在于生命活动的性质。"[①] 一个物种存在的方式是通过其生命活动的形式来判断的。人与动物根本的生命活动差异在于人具有实践性，通过实践活动，人成为一种自我创造的主体性存在。同时，人作为一种实践的个体的存在，不但生活在物质世界当中，还生活在意义和精神世界中。马克思、恩格斯指出："人们为了能够'创造历史'，必须能够生活。但是为了生活，首先就需要吃喝住穿以及其他一些东西。因此第一个历史活动就是满足这些需要的资料，即生产物质生活本身。"[②] 人的内部规模是由两方面决定的，首先是人自身的需要，这种需要不是单一的，它包含了基本的生理层面的需要，也包括了高级层次的心理方面的需要。生理需要是心理需要的基础，没有健康的体魄，精神需要就失去了现实的物质前提，人类物质需

①　《马克思恩格斯选集》第 1 卷，人民出版社 2012 年版，第 56 页。
②　《马克思恩格斯选集》第 1 卷，人民出版社 2012 年版，第 158 页。

要的满足是人作为类本质的人性的要求，也是人实现全面发展的人的基础。人的本质是兼具自然属性和社会属性的，人对于物质的满足固然重要，但人更重要的是具有精神生活的追求的欲望。这是人作为人的本质的社会性的鲜明特征。因此，思想政治教育对人的需要的尊重，应该是精神层面的需求的满足，是要引导人们从功利的物质欲望的满足上升到对精神境界的追求，追求崇高的精神世界。人的存在和意义绝不仅限于自己"活着"或是"活动物质丰富一点"，人所追求的是超越了活着的意义或更深层次的意义，并以这样的意义为指导，约规自己的物质世界。

（二）思想政治教育明确人生价值，丰富人的精神世界

思想政治教育能够帮助人们自觉审视个体生存方式，观照自我的内心世界，构筑人的精神世界，满足人们对生命、人生意义的探寻。价值观教育是思想政治教育的重要内容，马克思说："有意识的生命活动把人同动物的生命活动直接区别开来。"[①]人不仅是自然的存在物，更是社会的存在物和精神的存在物。人不是简单地按照自然所规定的那样生活，而是要实现其有意义的人生，这是人对于自身完整性的追求，人的一生就是不断发展意义、生成意义并且实现意义的过程。在改革开放和全球化的影响下，个体的独立性不断增强，人的主体意识被唤醒了，但是在这个过程中，物质世界的丰富速度远远超过了个体精神世界的完善程度，受多元文化和多元价值观的影响，人们旧的价值体系受到了极大的冲击，出现了不同程度的信仰危机、价值迷惘和道德困惑；收入差距的影响引发人内心的不安，对个体产生了很大的心理冲击，在这种新旧价值体系的博弈过程中，人们，特别是青年群体需要厘正人生的意义。要引导和帮助青少年摆正自己的人生方位，正确认识个体与集体、社会、自然的关

---

① 《马克思恩格斯选集》第 1 卷，人民出版社 2012 年版，第 56 页。

系；引导他们正确对待奉献与索取、付出与回报、个人价值实现和社会价值实现的关系；引导他们正确认识物质需求与精神需求的关系，在物质需要得到基本满足的时候，追求更高尚的精神境界，在物质生活和精神生活的平衡中实现创造与享受的一致。

端正人生态度，消解生存焦虑。社会竞争、收入差距无时无刻不在打破个体内心的宁静，生存在这样一个急剧发展、无休无止追求物质的社会，每个鲜活的个体背后都隐藏着一颗烦躁不安且疲惫的内心，个体的心理状态影响和制约着社会的发展状况，良好的社会形态不仅要求社会的和谐发展，更需要每个个体拥有端正的人生态度。对个体的关心、尊重以及促进个体的发展是思想政治教育的根本要求，用辩证的观点，通过主体的教育手段，促进个体学会全面地、发展地、联系地看待社会发展中出现的不同程度的问题，帮助人们树立正确的金钱观、权力观、得失观和荣辱观，用积极健康的心态参与社会竞争、接受挑战，化解心态的失衡，慰藉心灵的苦闷，使人在奋斗中获得内心的宁静，在关注自身、关注个体内心世界中构筑起强大的精神家园，探寻生命和人生的意义。这是思想政治教育的题中之义。

（三）思想政治教育塑造健全人格，增强主体意识

人格是人的性格、品格及资格的总和，是人通过受教育和自我修养后所达到的文明的程度。在复杂性、竞争性、开放性不断深化的当代社会，个体只有不断提升自我的道德修养、提高自身素质、树立与时俱进的思想观念，才能不断适应社会的发展。21世纪对于人才素质提出的标准涵盖了专业知识、创新精神、道德品质、解决问题、终身学习、健康个性、协调交往七个方面的内容，在这些标准中，非智力因素的要求已占据了绝对优势，不难发现，非智力标准的要求同思想政治教育对人格的塑造息息相关。健全的人格是全面发展的人的内在要求，拥有健全人格的人才能积极

面对人生，主动迎接苦难，坚韧不拔地、创造性地把握人生。

健全的人格是在后天的教育和环境中熏陶和培养出来的，思想政治教育通过对人的教育和引导，能不断地增强主体意识，促进个体健康心理，自由发展个体个性，在改造客观世界的同时不断塑造个体主观世界。可以说，思想政治教育在人们适应社会发展的过程中，发挥着重要的人格塑造功能。思想政治教育能够使人形成崇高的思想境界和精神境界，养成健康的心理品质，引导人们认识自己在社会发展中的主体地位，认知自我的历史使命和责任担当，帮助人们树立远大的理想和人生追求，正确认识个体与社会的关系，认识社会、认识自己，帮助人们保持对生活的积极参与和主动创造的精神，这种唤起个体主体意识的过程，不但是个体自我成长、自我认可、自我激励的过程，更是通过每个个体向上的生命力的发展，造就社会整体的稳定和发展。由此可见，思想政治教育是一种特殊的能够促进个体自我发展与完善的精神力量，塑造个体人格的教育。

（四）思想政治教育有助于形成高尚的人生境界

思想政治教育能够使每个个体实现自己在精神层面的需要和愿望，通过完善和提高受教育者的道德品质，使其从中获得满足、快乐和幸福，个体的道德品质发展是社会整体道德品质发展的决定力量。从个体来说，道德品质的发展和完善可以帮助个体的精神需求得到满足，提升个体的自信心，从而有助于其学业、事业的发展。对于社会而言，道德品质的发展和完善可以促进人与人、人与群体、人与社会之间的和谐稳定的关系，构建一种协调发展平和的人际关系生态，有利于社会的稳定和发展。从这两个方面来看，个体思想品德的发展和完善，是个体内在的精神需求，也是社会进步的内在需求，通过思想政治教育可以实现这一需求。

思想政治对人生意境的提升是客观存在的，是根植于思想政治教育本质之中的，是思想政治教育有效性的必然效应。思想政治教育是以发展个体的道德品质为开端的，而人的良好的道德品质能够帮助人们把握世界。这种对世界的把握，不仅体现在对善和恶的分辨上，更体现在对自我本身以及社会他人的仁爱上，即表现为道德价值世界的建构上。[①] 马克思曾指出："历史把那些为共同目标工作因而自己变得高尚的人称为最伟大的人物；经验赞美那些为大多数人带来幸福的人是最幸福的人。"[②] 马克思的论述意在表达，一个没有德性的人，一个不能造福于他人的人，是无法体会真正幸福的，同时也谈不上享用幸福。人的道德养成的过程，也是个体道德品质外化的过程，在这样的对象化的过程中，人们在不断构建一个更善良更美好的世界，每个个体在参与建设的过程中、在被需要的过程中也得到了满足和幸福。当人的这种满足感和幸福感不断升华的时候，就可以使整个身心进入自我超越的状态，并从中体验到快乐的情愫，逐渐形成高尚的人生意境，身处这样的人生境界中，人们就可以以其审美的心态去体验人生，从中获得审美的愉悦。

三、思想政治教育有效性概念分析

（一）有效性

有效性中的"效"是指实践后的功效、效果或者结果。"有效"从本质上是指实践主体的活动与其需要之间的满足关系，是实践活动之预期后果与实际结果之间的比对关系。"有效"是相对于"无效"而言的，"有效"是实践活动的结果"能够实现预期的目的"，"无效"是指实践活动的结果不能够实现预期的目的。同样"有效性"相是对于"无效性"而言的，"有效性"是指实践活动"能够实现预期目的"的一种。然而，

---

① 陈万柏：《思想政治教育原理》，高等教育出版社 2007 年版，第 69 页。
② 《马克思恩格斯全集》第 1 卷，人民出版社 1995 年版，第 459 页。

"属性"一词自身就包含很多"属性",作为人的属性,有外在的身高、胖瘦等属性,也有个性、脾气、文化素养等内在属性,从这个角度来看,属性具有丰富的内容。以此类推,"有效性"虽不如"属性"一词这样纷繁复杂,但也可以从不同维度、不同视角、不同层面厘清该概念。所以在谈论"有效性"时,只能结合目前所谈及的问题的语境给予其"属性"的理解。"有效性"按其程度的不同分为"高效性"和"低效性","有效性"和"无效性"是一对相反互斥的概念,将思想政治教育实践活动的所有效果都归为"有效性"的问题,具有一定的偏颇。

对于有效性的认识要放在社会历史发展的不同场域中来认知。以前,人们对于"有效性"的认识是直观的,主要是"从结果回溯到原因,从而初步领悟活动与满足需要的结果之间的联系"①。今天,人们已不再简单地从实践活动的"投入"和"产出"看"有效性"的"效用性",在衡量有效性问题上认识到,"有效性"不是简单的结果和效用的问题,而要考虑到主体的需求,涉及实践活动的结果与主体需要及其程度的关系,涉及确立认识、评价和导致实践活动结果之效用性的种种手段和条件问题,涉及确立认识实践活动与其结果的效用性之间的因果关系问题,即实践活动之有效性的产生及规律问题。② 从这里可以看出,如果思想政治教育的基本理念不能与不断发展的思想政治教育环境和受教育主体的内在需求相契合,并且不能作出恰当的改变,思想政治教育有效性问题就难以得到真正的解决。可以说,只有满足主体需求的实践活动,才是有效性得以实现的内核。因此在探讨如何提升高校思想政治教育有效性问题时,将审美教育理念融入高校思想政治教育中,无疑是一条重要的路径。

---

① 夏甄陶:《认识发生论》,人民日报出版社 1992 年版,第 281 页。
② 沈壮海:《思想政治教育有效性研究》,武汉大学出版社 2008 年版,第 13 页。

（二）思想政治教育的"有效性"

有效性一直是思想政治教育实践的核心问题。提高思想政治教育有效性是重要的现实课题，思想政治教育作为人类自身一种特殊的实践性活动，人类一般性的实践活动的有效性规定，同样适用于思想政治教育有效性。思想政治教育有效性涵盖了思想政治要素的有效性、过程的有效性以及结果的有效性三重维度，这三重维度是紧密相连的。要素的有效性是前提和基础，过程的有效性是桥梁和中介，而结果的有效性是前两者的最终产物，这也是我们判断和评判思想政治教育有效性的重要依据。从美育的角度探寻思想政治教育的有效性，正是从结果的角度来衡量有效性，而不是质疑思想政治教育要素、思想政治教育过程的有效性，而是要以二者为基础，通过对审美教育的考察，最终实现结果的有效性。

思想政治教育的目的是培养学生形成优良的思想政治品德，实现其全面发展与思想政治教育的育人职责。[①] 思想政治教育的有效性主要是指思想政治的实践活动实现预期目的的一种可能性。思想政治教育如果不能产生实效，那么其价值、功能、地位都会受到动摇。清初启蒙思想家顾炎武提出思想教育要以"拯斯人于涂炭，为万世开太平"为己任，主张思想教育要在"经世致用"上下功夫。顾炎武对思想教育的社会效用的论述，其本质就是对思想教育的有效性提出了要求，这一论述对今天提高思想政治教育有效性具有不可忽视的启迪意义。

西方思想家关于思想教育有效性提出过需要鲜明的观点。按照亚里士多德的观点，思想教育只有将"习惯"和"理性"的教导融为一体协调发展时，才能创造最佳效果。这里所说的"习惯的教导"，是一种具有实践意义的教导方式，而"理性的教导"是理论性教导的方式，这样

---

① 郑琦：《大学生思想政治教育实效性初探》，《思想政治教育研究》2009 年第 4 期。

看来，亚里士多德所倡导的是只有坚持理论和实践相结合的教育方式才能产生良好的教育效果。可以说，这一关于思想教育有效性基本遵循的论述，对于提高思想政治教育有效性有着不可忽视的借鉴意义。面对教育对象的多元需求以及价值选择，思想政治教育工作应该遵循"美的规律"，按照美的教育方法和教育原则，使思想政治教育的主体对客体产生"审美"，在爱心和耐心的滋养下，促进受教育者情感上的接纳和思想上的共鸣，以期达到增强高校思想政治教育的有效性的目的。

第四节　审美教育对高校思想政治教育的作用

将审美价值转化成一种教育手段和资源，是审美教育区别于其他教育的特点。通过对审美教育以及思想政治教育的内涵价值的厘清，不难发现审美教育和思想政治教育虽然学科属性不同，但是二者在教育本质、教育内容、教育目标、教学方法、情感因素和发展趋向上却有着高度的一致性，这也为审美教育促进高校思想政治教育的有效性提升找到了可遵循的依据。美学作为一个学科范畴，能与教育有机地结合在一起。

一、深化高校思想政治教育的人格塑造功能

审美教育不仅仅是艺术知识和技能的教育，更是一种情操教育和心灵教育，在审美素养提升的过程中，人的情感、气质、胸怀、格局也受到了影响。审美教育的定义有着不同的维度，但是无论何种定义，都认为只有通过审美的教育才能称为完全的教育，同样没有接受过审美教育的人也是不完整的人。席勒曾提出："唯有在审美状态中，我们才能感到

我们好像挣脱了时间；我们的人性才纯洁而完整地表现出来。"① 大学阶段是人的三观形成的最关键阶段，这一阶段个体的审美意识也得以发展，审美教育能使学生从内心自愿接受美的熏陶，在知识获取的过程中，分辨美丑善恶，自觉抵制不良思想的影响，维护和完善自身尊严和人格。在审美教育过程中，学生将知识转化为人格，促进高尚品格的形成，达到以美启真、启善的目的，同时将外化的道德观念转化为内在的"善"；美还可以激发人的创造力，丰富人的情感性。可以说审美教育像一条纽带一样，融入教育的各个环节、各个层次，发挥出潜移默化育人的作用。审美活动所创造的精神愉悦，是超越了生理层面和功利关系的精神愉悦，在这种愉悦情绪的引领下，个体进入审美的高层次境界，达到内心的和谐，在感性和理性的平衡中，人格得以发展和完善，从而构建和谐人格结构。

思想政治教育作为自我完善和自我发展的一种特殊精神力量，通过对人的教育、引导、启发等工作，增强人们的主体意识，促进人们的心理和谐，帮助健全人们的人格，使人们在改造客观世界的同时改造主观世界，提升自我发展水平。思想政治教育关注着人的发展，思想政治教育的过程是一个不断增强个体的主体意识的过程。增强主体意识是人格塑造的内在要求，也是人的全面发展的根基。主体意识的增强可以帮助人们正确认识自我与外在的关系，实现认识自我和认识世界的统一，对价值、尊严进行自觉选择和维护；引导人们正确认识自我需要、能力和价值，正确认识自己和外部事物之间的关系，明确自己的历史方位；能够帮助人们克服自我意识，由自律走向他律，克服人的狭隘性和保守性，激发自身和追求崇高的自觉性，以积极的人生态度追求完满的人生，成

---

① ［德］席勒：《审美教育书简》，张玉能译，译林出版社 2006 年版，第 67 页。

为自己人生自由自觉的主宰。思想政治教育关注人的内心世界，通过心理健康教育和心理训练，帮助学生排解心理困扰，正确面对挫折和压力，锻炼心理品质，学会自我调节情绪，保持一个积极向上的心理状态，内心的和谐稳定是生成主体意识的基础。

可以看出，审美教育与思想政治教育在对人格的塑造上发挥着同样的作用，二者究其本质是相通的，只是方式方法和手段上有所差异。

二、拓展高校思想政治教育内容

内容是教育的一个要素，是教育过程中目标和任务的具体化，关系到教育目标的实现，无论是审美教育还是思想政治教育都是指向人的教育，其出发点和落脚点都是人本身。审美教育与思想政治教育都是大学生素质教育的重要内容，审美教育作为素质教育的重要组成部分，与思想政治教育在内容上有着高度的共通性。主要从人生观、社会主义核心价值观和中华优秀传统文化三个维度进行教育。

（一）人生观教育是审美教育和思想政治教育的共同旨归

人生观是指对人生生存目的、价值和意义的看法。人生观决定着人生道路的选择和发展方向。审美教育和思想政治教育的最终归宿都是人生价值的弘扬，因此其教育内容上必定包含着对人生理想、价值观和对待人生态度的教育。美与社会及人生、审美价值观与整个人生价值观、审美教育与人生价值观教育之间原本就是一种本质的密不可分的关系。"美是主体和客体的统一"。面对美，人们"能够审视到人自身力量、才能、智慧与理想的实现，能够体会创造所带来的喜悦"[①]。审美教育中所包含的艺术美、社会美、自然美、形式美的内容，都是直接或者间接地

---

① 杨章、甘霖、刘荣凯:《美学原理纲要》，北京大学出版社1986年版，第154页。

宣扬人与人生的个体价值以及社会价值，因为这些美本身就是通过一个个活生生的现实鼓励人们从利他和利己两个角度进行人生价值的反思与求索，使人能够在自然景象和形态美中看到自身和整个社会的精神存在与价值。通过对美的审视，良好的审美心理素养得以培育，构建起积极健康的人生态度和正确价值观。思想政治教育的内容中涵盖的理想信念教育、人生价值观教育、成才教育和人生态度教育都是人生观教育的核心内容。思想政治教育就是要用无产阶级的人生观贯穿教育始终，帮助人们明确工作和生活的方向，形成健康向上的生活态度，振奋精神，鼓舞和激励学生明确人生的终极目标是为人民服务，明晰自己的社会责任，明确人生价值目标，在实践中形成稳定的心理倾向。

（二）社会主义核心价值观教育是审美教育和思想政治教育的有效内容载体

社会主义核心价值观是兴国之魂，是引领社会全面进步的一种价值共识，是中国特色社会主义意识形态的本质要求。审美教育"通过自然美、艺术美与社会美的途径，在潜移默化中对广大人民，特别是青年一代进行情感的陶冶、健康审美力的培养与健全人格的塑造"。[1]审美教育包含了两个层面，分别是理论教育层面和实践教育层面，理论教育层面是以美学理论为主，实践教育层面是以艺术实践为主。但是一直以来审美教育都被人罩上了神秘的外衣，给人的直观感受是离现实生活较远，是一种精英教育。这就需要以社会主义核心价值观为引领，构建大美育课程，即构建一种除美学理论教育外的涵盖艺术、思想政治、人文科学、校园环境、文化产品等的多学科、多角度、多主体的教育格局，社会主义核心价值观教育内容的融入有利于推动高校审美教育的一种政治转向，

---

[1]　曾繁仁:《美育十五讲》，北京大学出版社 2012 年版，第 10 页。

为青少年审美价值观的构建提供正确的导向。同时为审美教育的内容和课程输入新的时代元素，使大学生的审美教育中自然而然融入社会主义核心价值观的话语体系，且在受教育的过程中得到善的引导和熏陶，使审美教育从精神层面转化为生活实践层面，使大学生的审美观符合社会主义发展的方向，促进社会和谐。

思想政治教育以社会主义核心价值观教育为依托，教育学生将"明大德、守公德、严私德"结合起来，引导学生将个人的发展融于国家的发展之中，从更高的层次理解和感悟社会主义核心价值观，并引导好、践行好。社会主义核心价值观的内容使得思想政治教育内容更为具体和直观，将思想政治教育中隐含的内在价值具体地表征了出来，使受教育者清晰地明白思想政治教育的目的，明确我国思想政治教育所应具有的思想特质和精神内涵，给学生以明确的人生价值坐标和生命指引，社会主义核心价值观内化的过程，就是"以人为本"的思想政治教育内容得以实现的过程。

（三）中华优秀传统文化是审美教育和思想政治教育共同的教育资源

习近平总书记强调："中国传统文化博大精深，学习和掌握其中的各种思想精华，对树立正确的世界观、人生观、价值观很有益处。"[1]审美教育不是简单的艺术教育，从审美教育的发展历程来看，审美教育是与人文教育紧密相连的，中华优秀传统文化中所蕴含的丰富资源，是高校开展人文教育的重要资源，同样也是审美教育的有效资源。首先，中华优秀传统文化诸如诗歌、书法、戏曲等内容中包含着丰富的艺术形式和技艺传承，这些都是高校审美教育提升学生审美能力和艺术鉴赏力的丰富资源；其次，中华优秀传统文化中蕴含的哲学思想、道德理念、宗法制

---

① 《习近平谈治国理政》，外文出版社 2014 年版，第 405 页。

度、人文精神和传统美德相互支撑，浑然一体，无一不涵盖高校审美教育的内容，使得高校审美教育内容更加多元化、丰富化。各种优秀的传统文化在滋养大学生审美能力的同时，可以帮助他们拓展文化视野、建立文化自信、增强文化认同，促进大学生积极的中华民族认同感。

思想政治所传递的价值观一定是蕴含在一定的文化之中，中华优秀传统文化为思想政治教育的发展提供重要的涵养，是思想政治教育内容的载体。思想政治教育作为一种实践活动，离不开对文化的关注，中华优秀传统文化的教育是思想政治教育内容的载体之一。因为中国优秀的传统文化不仅仅是一种单一的文化形式，更是中国人千百年来流淌的精神命脉，是中国人生命存在的一部分。提高中华优秀传统文化教育，有利于增强大学生的民族自信、文化自信、道德自信，有利于增强民族凝聚力。在互联网高速发展的时代，来自世界不同地域、不同民族的文化可以自然地进行交流，文化交流的过程必然伴随着对学生社会主义核心价值体系的审视。中华优秀传统文化是具有传承性的，早已融入了中国人的精神之中，体现在我们的生命活动中。思想政治教育中也只有尊重传承下来的文化传统、行为方式、思维方式以及价值取向等，才能实现马克思主义真正的中国化。思想政治教育一直是以政治性为基本导向的，文化性并未全面落实，这也使得思想政治教育的形式较为呆板，对学生的吸引力不强，教学效果受到挑战。优秀的传统文化是一种崇德的文化，有效性的提升，必然伴随着思想政治教育文化性的提升，以文化人，以文育德，思想政治教育中融入优秀传统文化的教育，是其创新发展的内在要求，更是优秀传统文化发挥自身价值的有效路径。

三、促进高校思想政治教育的情感教育功能实现

思想政治教育方法，是以马克思主义世界观为指导，为丰富人的精

神世界、塑造完整人格，在培养全面的人的过程中所应用的手段、方法和程序的总和，是实现教育主体和客体双向互动的唯一渠道，是教育内容和教育目标之间的桥梁。"好的教法可以增强学生的效能，甚至加速他们的精神成长而无所损害。"① 思想政治教育方法的有效性直接决定着思想政治教育的效果，教育方法只有调动教育对象自身能够自觉、主动地接受时才会对教育产生效用，即导向教育自我强迫。② 思想政治教育较为侧重于理性和科学性的教导，教学中更加注重理论性、科学性和严谨性。同时，长期以来思想政治教育多采用理论教育法开展，理论教育是思想政治教育的主导方式，对于学生道德修养的培养发挥着重要作用。随着互联网的发展，虽然思想政治教育的方法在创新与发展上取得了可喜成绩，但由于依然没有摆脱理论教育的枷锁，教育方法过于形式化和理性化，没有从受教育者主体需求出发，没有从学生实际发展情况出发，而导致过多的理论化教学容易让学生产生厌烦情绪，灌输的理念不易被学生接受，效果受到制约。

作为审美情感的教育，美育具有一系列与德育、智育、体育不同的特征，这种特征表现在，侧重于心灵的塑造、侧重于自由、侧重于愉悦、侧重于个性的发展。审美教育的情感教育张力弥补思想政治教育的理性思维灌输。美总是和人的情感联系在一起的，美的体验能唤起人们内心的情感体验，情之所钟，就会激发人内心的执着和追求。列宁曾说："没有'人的感情'，就从来没有也不可能有人对于真理的追求。"③ 感情虽然不能给人们带来看得见摸得着的实际物质利益，却能够帮助人们点燃心

---

① 华东师范大学教育系、杭州大学教育系：《现代西方资产阶级教育思想流派论著选》，人民教育出版社 2012 年版，第 12 页。
② ［德］雅斯贝尔斯：《什么是教育》，生活·读书·新知三联书店 1991 年版，第 5 页。
③ 《列宁全集》第 25 卷，人民出版社 2017 年版，第 117 页。

中的火花，在潜移默化中将人推向一个更高的人生境界。审美教育就是通过培养人对于美的热爱来激发人们高尚的情趣，使人们不断在懂得美、喜爱美、追求美、向往美的过程中，陶冶和锻炼情感。情感生活激发人的自我意识和生存自觉。在休谟的观念中，情感是人的一种心理能量，"由于它产生快感或痛感，因而造就幸福或者苦痛成为行动的动力"。[①]美感在形式上看虽是静态的，但在其性质层面却是实践的，呈现出的是道德感，而非理智感。所以说，个体的道德行为实际是在情感的驱动下开展和实现的，并非出于理性的持续的告诫。

审美情感教育激发人的主体道德责任意识，消解思想政治教育理论灌输的机械性。一个发展的全面的人一定是将个体性和社会性相统一的个体，个体不能仅仅作为群体力量的一个部分，让其个性被社会性所吞噬，并最终消散在社会性中。马克思、恩格斯指出："全部人类历史的第一个前提无疑是有生命的人的存在。"[②]一切的人类活动都是由个体完成的，个体虽存在于社会之中，如果一味地强调社会性，就会将人本身虚无化了，当个体的活动只能依赖群体力量时，就无法让个体确认自身价值并确立主体责任意识，因为在群体中，个人的作用被弱化了，个体责任意识淡化，这种责任意识是无法通过思想政治教育的灌输而实现的。所以要想激发个体的道德意识，最根本的是要激发个体的自我意识和责任意识，而在这里审美教育就发挥了其巨大的优势。正如席勒曾说："美育的目的不是单独的发展某一项心理功能，而是通过在内心中达到感性和理性和谐的审美心境。"[③]席勒将所说的这种心境称作零状态，在他的观点中，审美的心境虽不直接作用于人的道德和人的认知体系，却是一

---

① ［英］休谟:《论人的知解力》，商务印书馆 1980 年版，第 111 页。

② 《马克思恩格斯选集》第 1 卷，人民出版社 2012 年版，第 146 页。

③ ［德］席勒:《美育书简》，中国文联出版社 1984 年版，第 111—112 页。

切能力得以充分发展的基础性力量。高尚的道德观的形成源于审美趣味的健康程度，即高尚的道德素养与正确的审美观是具有同一性的。因此，只有经过情感教育和体验，只有通过审美教育的自我教育过程，才会有自由的意志和独立人格的社会人，才能有效发挥思想政治教育的德育功能，才能使得枯燥的灌输经过自我认可和自我确认后，有效转化为内在的自觉意识，提升思想政治教育的有效性。

审美情感有助于对思想政治教育价值传输的认同。审美情感教育是审美教育的最基本的性质。情感教育的实施会有效促进素质教育的实现，良好的情感教育能够激发学生的学习兴趣，增强求知欲。思想政治教育中，理论知识需要同情感教育相结合，才可以使其方法得以创新。这就需要在思政课程教学中，根据学生发展特点，通过在课堂实践环节以情感因素的影响为导向，与学生积极互动，建立良好的师生关系。亲其师才能信其道，通过师生情感的构建，将枯燥的理论说教融入愉悦的课堂教学环节，在和谐的教学气氛中充分发挥情感教育润物细无声的作用，激发学生对理论学习的热情，在情感的牵引下使学生自觉接受教师灌输的马克思主义价值观。同时，在思想政治教育过程中，教育者通过对先进典型、模范代表、英雄人物等这些审美客体的观照，充分展示出情与美的生动结合，触动学生内心情感的力量，使之产生情感的共鸣。在审美情感的调节和推动过程中，学生的意识观念、道德标准、政治理想都会趋于认同，并不自然转化为认知和信念。重视审美教育的情感因素，挖掘和实现其中的审美价值，才能激发学生对求真、求善、求美的信心和力量，从而有效地达到思想政治教育的目的。

思想政治教育的情感教育功能可以在审美教育的推动下得以实现。情感作为人的心理活动的重要方面，对人的思维方式和行为方式都起到关键作用。蔡元培先生曾说，"人都有情感，而并非都有伟大而高尚的行为，这是由于情感推动的薄弱。要转弱为强、转薄为厚，有待陶养"①。由此可知，人的行为是有赖于情感力量的推动的。审美教育可以提高受教育者对美的鉴别力、对美的事物的感受力，这些都可以通过情感陶冶的方式来达到实效。在受教育过程中，受教育者可以在优美的环境、温润的情感中接受熏陶和影响。苏霍姆林斯基曾说，美是心灵的体操，能够使那些内心的空虚、污垢的追求得以纠偏，进而确立崇高的理想，培育美好的品德，升华精神世界。这样看来，在正确的审美观的指引下所萌发的对美的感受力，符合思想政治教育情感教育的目的。情感教育不但丰富了思想政治教育的形式，通过动之以情、晓之以理的方式和在优美的环境下，将使受教育者内心的情绪和意愿都被牵引出来，自觉调节和控制个体心理和行为，使得受教育者自发产生对思想政治教育所传递的价值观和人生观的认同，使外显的教育引导转化为个体内在自觉的自我教育，达到事半功倍的效果。所以说，思想政治教育、情感教育功能的实现是可以通过审美教育得以促进的。

四、带动高校思想政治教育的审美渗透

马克思在《1844 年经济学哲学手稿》中曾经指出："人是按照美的规律建造的。"即人无论是改造客观事物还是改造主观精神世界，都是应该运用美的规律的，应该使主客体都迈向"真、善、美"的相统一。这和思想政治对人的培养目标是一致的，因此将审美教育理论引入思想政治教育之中，挖掘思想政治教育本身具有的审美价值，并按照美的规律来建构思想政治教育的内容和方法，从而改变思想政治教育本身，用审美的生动性催生学生的积极性和主动性，以达到提高学生人生境界的目的。

---

① 《蔡元培美学文选》，北京大学出版社 1983 年版，第 220 页。

（一）审美教育在思想品德形成中发挥着承上启下的重要作用

思想政治教育过程与思想品德的形成过程是有差异的。一个属于教育范畴，一个则属于发展范畴。思想品德的发展过程是人的思想、道德、情感和行为由低级向高级、由量变到质变、由简单到复杂的运动的发展过程。人的思想品德并无法天然习得，而是要在主体实践的过程中，通过主客体的相互作用而形成。虽然外部环境会无时无刻不影响着个体品德的形成，然而作为受教育者也并非消极地被外部环境所影响，而是能动地、选择性地与外部环境互动，接受其影响。所以说在一个人思想品德的形成中，受教育者自身的主体因素远远要大于外部环境所带来的影响，客体总是在主体的作用之下，只有反复进行选择、消化、吸收才能有效转化为自身需求，因此，个体的思想品德是在主体同客体相互促进、相互协调的辩证统一中形成的。人的思想品德包含知、情、意、行四个要素，每一个要素都在思想品德的形成过程中发挥着重要的作用，思想品德形成、发展、转化的过程就是四个要素辩证统一发展的过程。知是四要素的起点，知的过程就是传授基本思想观点、道德规范，是思想政治教育的重要一环，这也是思想道德情感基础和内在动力，没有知的过程，后面的要素的实现都变成了无源之水、无本之木。

"知、情、意"构成人的主体精神，美学之父鲍姆嘉通一开始就将其中的"情"作为研究对象，他将美学称为"以情感为核心感性的科学"。"情"即情感，情感对于学生思想道德形成与发展发挥着承前启后的作用。而审美教育恰恰就是情感教育的重要载体，情感是一种特殊的反应，这种特殊的反应源于人对客观现实的反应，是个体自我需求与客观事物符合程度的一种态度上的体验。它既是一种心理行为，也是一种心理能力，与人的认知能力、意志能力并驾齐驱，构成了知、情、意三位一体的心理结构，情感是意志的源泉，情感也以意志为导向。这种情感不是无理性、无意识的低级情绪，而是一种理性化的、社会化的高级情感，这种理性不是外显的，而是潜移默化地深入人的思想体系中，给人带来理性的思考和启迪。思想政治教育的"情"并不是一项智力因素，这种非智力因素恰恰是认知得以迅速、有效转换的催化剂。一般来说，人的行为发展和人的情感状况息息相关，情感力量作用于人的行为和发展方向，对学生思想道德的形成具有催化和强化的作用。因此在思想政治教育中强调情感教育，让这一承前启后的要素尽可能发挥其激励作用，无论是对知的强化还是对意的升华，都有其独特的价值意蕴和内涵。因此，对学生道德情感的培养是重要且必要的。

（二）以美引善是思想政治教育审美渗透的重要发展趋向

大学生思想政治教育是系统地对大学生进行政治、理想、道德、文化等全面教育的过程，思想政治教育的终极目标是对真、善、美的追求，这与审美教育的目标是一致的，都是旨在提高大学生正确分辨真、善、美，抵制假、恶、丑的能力。因此，思想政治教育在发挥教育引导作用中，自然承担着真理传播、道德说教和审美构建的作用，与此同时，思想政治教育者也理应成为真理的传播者、道德说教的执行者和审美欣赏的传递者。在思想政治教育的德育内容中充实审美教育内容，使抽象的德育理性内容在美感的充盈下变得更加形象、生动、富有感染力，让受教育者的心灵在美的滋养中得到净化，无论是道德的审美化还是审美的道德化，都能在这种净化中得以实现。因此美的最高境界和层次，一定是美与善的统一。所谓思想政治教育审美化就是教育主体与客体在一定场景下互相沟通，通过审美意识的融合而达到思想道德品质教育的目的。这就需要思想政治教育无论是教育主体、教育载体、教育过程、教育手段等各个方面都要具备一定的审美条件。

思想政治教育的最终目的就是要实现真、善、美的统一，即人的自由而全面的发展。同时，思想政治教育的内容是传播真和善的教育，通过教育对受教育者的人生社会理想、社会道德、公德文明等方面产生影响，然而这些也正是审美教育所达到的价值取向，不同的是审美教育传播的方式角度更灵活多样，形式载体更丰富、更贴近人的需求，更易于让受教育者接受。因此要借助美的力量来感人、化人、育人，审美教育就是思想政治教育有力的措施。思想政治教育审美化就是追求审美自由，最终实现其功利性欲求被精神的愉悦性所取代和超越。

（三）以学生为本是审美教育和思想政治教育的共同旨归

思想政治教育作为一门新兴学科，在 40 多年的发展历程中，学科的概念、方法、功能和价值的研究都进入了一个新的阶段，也已经形成了一个相对完整的理论体系。无论是审美教育还是思想政治教育，在不断地深入研究和融合过程中，除了研究学科本身，还要从人的现实需求出发去发展和研究。否则，没有人的现实需求与社会需求的匹配，思想政治教育就丧失了完美人格培养的功能，仅仅是培养了一个个理性的个体，或是一个个道德的标准，这样培养的人会脱离国家和社会的期望。随着社会主义市场经济的不断发展，人们在政治、文化、经济方面的交流越来越频繁，其视野也越来越开阔。随着社会交往的发展，人们的主体意识不断增强，现代高校思想政治教育理应结合时代发展的要求，吸取传统思想政治教育的经验和教训，尊重学生的主体性，将促进学生的发展、满足大学生日益增强的精神文化需求放在重要的位置，这就不得不提到"以学生为本"。

"本"是带有浓厚的目的价值取向的，这是看待和解决问题的逻辑起点，其目的就是要在人们丰富的物质生活中营造一个与之匹配的精神生活世界，倡导人们在追求物质利益的同时构建自己的精神家园，这种价值引导同时为促进人的全面发展理念带来了可能。促进人的全面发展是思想政治教育的本质所在，思想政治教育是一种情感性、能动性、创造性的活动，这就必然要着眼于人的内在需求。树立以人为本的教育理念，对于高校来说，就是要"以学生为本"，这是高校思想政治教育的落脚点，就是要将为了学生、尊重学生、理解学生、关心学生、解放学生和塑造学生的理念贯穿到思想政治教育的各个环节，落到实处，这就要将思想政治教育的规律与教育的目的结合起来，而且一定要将思想政治教育的目的与受教育者自身的发展需要结合起来。什么是大学生的本？什么是大学生的本质需求？是审美。美是教育的本质，是教育的核心，是教育的灵魂与出发点。

第三章　高校审美教育现状及其现实表征

　　著名教育学家蔡元培将美育定义为:"美育者,应用美学理论于教育,以陶养感情为目的的教育也,美育应是审美与教育结合的产物,它的本质特征就是情感性。"① 因此可以说审美教育就是把审美和教育联系在一起的教育。教育的终极目的是通过教育引导使人求真、求善、向善、达美,重视每个个体的价值,尊重每个个体的尊严,最终提高人的素质。审美教育对于每个个体来说,不仅仅是德、智、体、美、劳教育中的某个教育维度,其作用价值也不仅仅是培养人的审美意识,提高人们发现美、创造美、感悟美、鉴赏美的一种教育活动,而是一种在教育的过程中培养人的审美世界观,用审美的态度去审视周围的生活,从而成就一个审美的人生,来成就人性的完整,促使人的全面、和谐的发展。因此对于当代大学生来说,审美教育的作用不是片面的,而是全面深刻地渗入个体思维体系、理想观念、价值取向、行为习惯方方面面的一种教育活动,其所倡导的审美价值和审美意识,是这个新时代对大学生的基本要求,

---

① 蔡元培:《教育大辞典》,商务印书馆 1930 年版,第 174 页。

也是人们对美好生活向往的内生动力。因此了解这个时代大学生的审美素养和审美价值现状，进而采用有效的方法培养和塑造大学生更积极的审美素养，不但能提高大学生的人生境界，改变他们的生活学习习惯和方式，更有助于提高他们的思想境界，助力他们创造和谐美好人生，进而顺其自然地实现思想政治教育的最终目的。基于此，本章在对大学生审美素养的内涵和价值进行阐述的基础上，对当代大学生的审美素养现状和大学生对审美教育与思想政治教育关联性认知进行考察，以分析当代大学生思想政治教育审美化的现实表征和存在的问题。

第一节　高校审美教育现状

审美教育促进人的全面自由的发展，在整个教育环节和审美活动中都具有毋庸置疑的价值，是大学生全面发展教育中的必要环节。一直以来审美教育的重视程度与其所蕴含的教育价值并未形成正相关的态势，对审美教育促进学生审美素养的形成，乃至提升个体的精神道德境界的价值认识不足，与学生对审美教育的需求供给不足。通过对高校审美教育建设情况、学生对审美教育的认知情况以及高校思想政治教育审美化维度建设情况的调查，能够帮助我们在提升审美教育水平，了解学生在思想政治教育的审美化需求方面提供更多的有益的参考。对厘清高校审美教育存在的困境，谋求高校美育发展的路径等方面具有重要的意义。

一、高校审美教育现状调研

（一）高校美育教育建设情况

在调查学生是否切实感受到学校美育的问题时，有 25% 的学生能感受到学校审美教育，有 34.2% 的学生认为能感受到学校开设的部分相关课程，有 40.8% 的学生不能感受到学校美育或者对相关情况不了解。总体来看，学校审美教育建设情况不容乐观，有很大的提升空间（见图 3-1）。

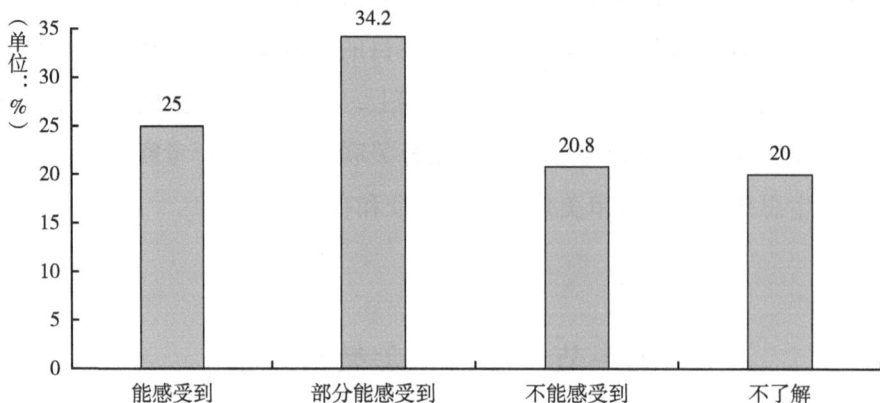

图 3-1　受访者对高校美育教育建设的感知情况

（二）审美教育课程情况

调查大学生认为他们所在的大学在审美教育课程中存在的最主要的问题，并按照问题的严重程度进行排序（见图 3-2），排在第一顺位的是"内容陈旧"，占 33.4%；排在第二顺位的是"教学手段死板"，占 35.8%；排在第三顺位比例最高的是"课程量太少"，占 26.7%。这一调查结果和高校目前的美育课程建设情况基本是一致的。

（三）审美教育实践活动的开展现状

根据将不同学校类型组织开展审美教育实践活动的频率进行交叉统计，由图 3-3 统计结果可以发现，不同类型的高校在"经常"和"有时"开展审美教育实践活动的频率都较低，都未超过 40%，而"很少"和"从来没有"的选择比例平均高达 64.7%，其中高职院校该项比例最高，达到 76.1%，双一流大学该项比例也超过 70%。由此可以看出，即

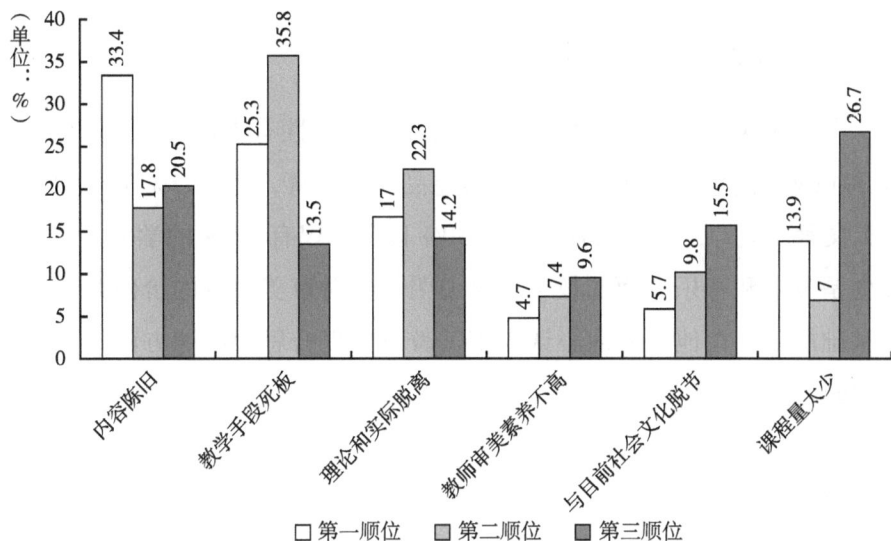

图 3-2　受访者对审美教育课程存在问题的回答

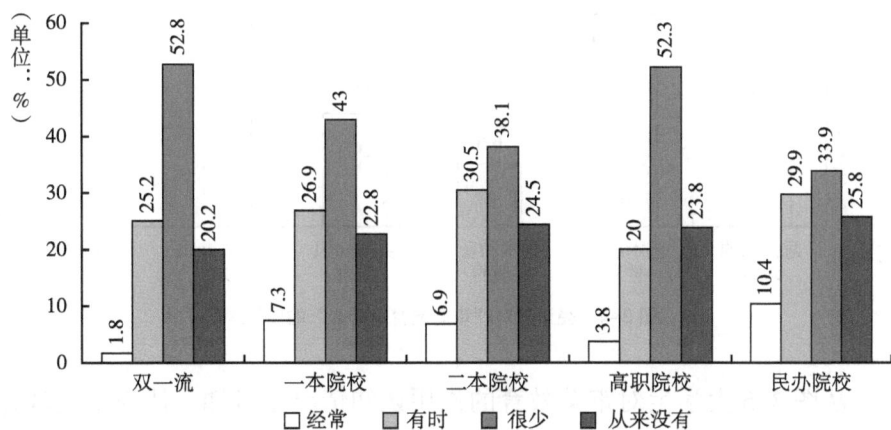

图 3-3　学校类型与组织学生开展审美实践活动的频率交叉统计

使高校层次和类型有差异，但也都较为不重视审美教育实践活动的开展，高职院校更注重技能的培训，因此在审美教育实践活动的开展上显得更加薄弱一些。

二、大学生对审美教育认知现状

由图 3-4 可知，大学生对审美教育的重要性有着较为深刻的认知，有 30.09% 的学生认为审美教育是思想品德的教育，有 28.5% 的学生认为是人文素质教育，以上两者占到了 50% 以上，仅有 6.6% 的学生认为审美教育是美术和音乐方面的教育，这说明学生对审美教育的价值并未停留在基础层面，在他们的内心认为审美教育对提升思想品德方面是有重要作用的。

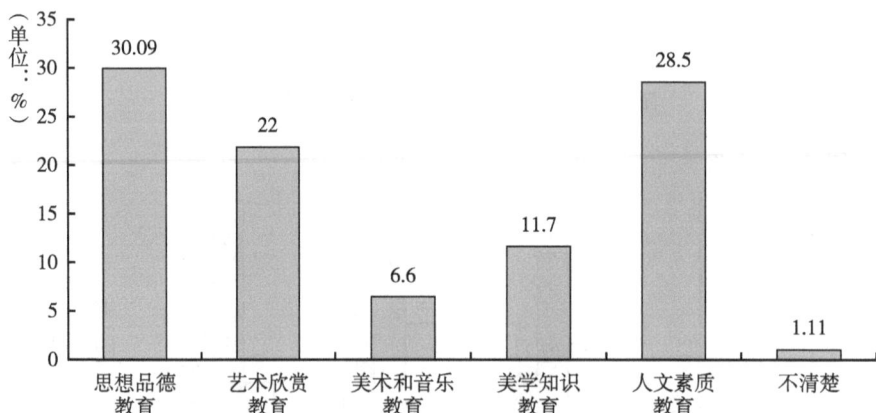

图3-4 受访者对"审美教育是什么"的回答

从图 3-5 大学生对审美教育的作用认知情况也可知，认为审美教育是帮助"提升唱歌绘画能力"的比例仅占 5.9%，认为审美教育可以帮助"塑造良好社会道德风范"和"提升思想道德素养"的合计占到了 30.9%，说明大学生对审美教育的认知并没有停留在简单的审美教育基础功能的认知上，学生普遍认为的审美教育是对人心灵有启迪作用、对社会思想道德的进步有提升作用的。

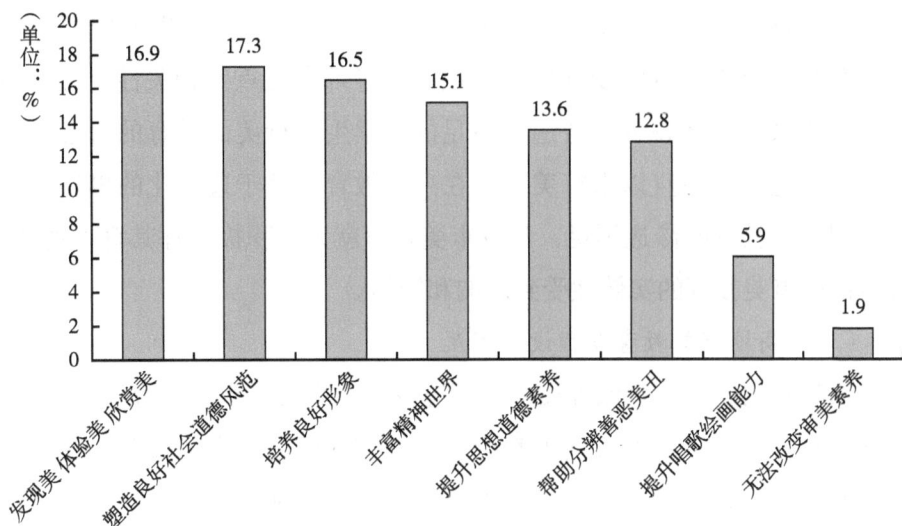

图 3-5 受访者对"审美教育的作用"的回答

三、高校审美教育现状存在的问题

（一）高校对审美教育重视程度普遍不够，学生的感受度不强

学生对是否能切实感受到审美教育的问题中，有近一半的学生认为没有相关课程或不了解，认为部分专业开设相关课程的也占有 34.2%，我们开展问卷调查的几所高校都有艺术类专业，调查中学生所认为的部分专业将其认定为艺术类专业存在一定的可能性。因此总体来看，学生对高校审美教育的感受度是不够强的。

按照审美教育的途径来看，学校开展审美教育一般会通过以下形式：一是进行艺术类专业课程；二是开设人文社会类选修课程；三是开展各类审美教育学术讲座；四是开展丰富多彩的校园文化活动；五是将审美教育渗透到各类课程教育之中；六是在优秀的校园文化环境中让学生感受到美。从途径来看，无论是哪一种方式都与学生的生活学习息息相关，学生应该具有强烈的感知力。从调查结果分析，学生之所以感受度不高，与实际相关审美教育活动开展的数量和质量都存在重要相关性，说明高校对审美教育的重视程度普遍是不足的，学生进行美的教育的机会和途径较少，这也与一直以来审美教育在高等教育中处于边缘化的事实相吻合。因审美教育的渗透不足，学校审美教育就无法积极发挥其育人功能，导致高校审美教育的实效性受到影响和制约。

（二）高校审美教育课程设置不足

通过查阅高校美育课程设置的情况发现，高校在审美教育课程设置、课程目标和内容、课程方向上都存在着一定的问题。审美教育课程的目标不是单一的，其第一目标是，通过学生对美学基础知识的学习，以及参与各类审美实践活动来培养审美力；第二目标是，通过审美活动的开展达到对审美人格塑造，促进学生全面发展的作用。调查发现课程学习、社团活动、文化艺术节、社会实践是高校审美教育开展的主要途径。然而这两层目标在现有的人才培养方案和教学计划中却鲜有显现，也并未列入学分中。从结果来看，一是美育类专业课程和通识类课程都开设不足，调查的几所高校中对非艺术类学生主要是以"通识美育课程"进行美育知识的普及，因为课程量较少，作为受众的学生有限，无法满足更多大学生对审美教育课程的需求。二是大学生普遍不满意美育课程，在调查中发现，学生们较为共识地认为学校的美育课程存在内容陈旧，不能引起兴趣，教学手段死板没有创新，课程量太少，覆盖面小的情况。而且受一直以来灌输式教育的影响，美育课程在教学方法和教学形式上也无异于其他专业课程，使美育课程失去了本身灵动的色彩，降低了学生对美育课程的兴趣，制约了美育理论和实践的联系度，更降低了美育课程的实用性。三是高校对审美教育还存在一定的误区和片面化认知，将审美观念的教育等同于美学知识的教育，甚至从属于道德教育、等同于道德教育。事实上，审美教育要想达到应有的效果，离不开对审美趣味和审美观念的灌输，这为开展审美教育的方法提供了一定的思路。

（三）审美教育实践活动形式单一，开展频率低，校园文化的审美教育功能发挥不够

审美教育实践活动，包含社会实践活动和校园文化活动两部分内容，这两部分内容都是实施高校审美教育的重要途径，是提升学生的审美素养的重要载体，通过调查发现：第一，审美教育实践活动单一，频率较低。将不同类型学校的审美教育实践活动进行交叉分析后发现，上至双一流院校，下至高职院校，"经常"和"有时"开展审美教育实践活动的频率都较低，基本都有 20%—25% 的学生认为从来都没有开展过审美教育方面的实践活动。第二，有一半的学生认为学校社团活动流于形式，对个体审美素养提升促进作用不足。审美教育的感受更多的是来源于学校组织的校园文化活动和社会实践活动，但目前的调研结果显示学生对学校校园文化活动的满意度还不够高，校园文化活动的审美教育功能发挥得还不够。

第二节　大学生审美素养及其现状

审美素养是全面素质教育的重要组成部分，与人的审美心理和审美能力具有高度关联性。在 2017 年颁布的《中国学生发展核心素养》中指出：培养学生的最终目标是培养全面发展的人。为此，制定了六大要素、十八个基本要点为中国学生发展的核心素养，人文底蕴中的审美情趣就是其中之一。而培养学生积极的审美情趣需要有良好的审美素养为支撑。因此，了解大学生审美素养的现状，了解他们的审美常识和审美

意识的现状，对于有的放矢地开展审美教育工作，找准新时代思想政治教育工作和审美教育工作的重点和关键点都具有重要的意义。审美素养的高低决定了大学生的活力与状态，创造性和可塑性，更是思想政治教育工作得以有效开展的基础。大学生步入社会后，他们就代表着整个国民的审美水平，他们的审美价值观会影响未来整个社会的审美偏好。一直以来我们的教育对学生的审美素养关注度并不高，关注大学生的审美素养状况，了解大学生在审美知识、审美能力、审美意向方面的偏好和取向，对于找到审美教育的着力点，提高思想政治教育的效果都会起到积极作用。

一、审美素养及其育人价值

（一）审美素养基本释义

在探讨审美素养问题前，需要明确两个概念，即何为审美？何为素养？

一是审美。日常生活中当提及"美"这一概念时，我们认为美是一种客观的事物，美的确是一种客观的存在，但是这种客观的存在不意味着它是离开、独立于每个生命个体存在的，即使美是客观的，"美"也只有通过人们"审"的过程中才能真正彰显出其价值。"世界上没有离开人而独立存在的纯粹的客观的美，没有人去'审'美，就不会有审美现象"[①]。所以人们日常所说的"美"，实际应该是一种"审美"，如果把"美"仅仅当作一种客观现象的存在，而忽视了主体对其审视的过程，是片面的，也是有偏差的。对美的本质属性的理解过程，是主体不断在审美活动中完成和升华的过程，美仅仅是审美主体和审美客体在审美关系

---

① 朱立元：《美学》，高等教育出版社 2006 年版，第 5 页。

建立的过程中的一个桥梁或纽带,在这一纽带的牵引下产生了审美活动。人们也只有通过审美活动,才能不断地感受美、挖掘美、欣赏美进而创造美,在体悟、理解、创造美的过程中,个体构建起理想的人生境界,在这种构建过程中,人生观、世界观和价值观随之构建并激发出个体改变自我人生理想的愿景。这样看来,审美活动对人的成长和发展发挥了重要的隐性影响作用。美和人的实践活动是紧密相关的,没有人和人的实践活动,美就无从谈起,同样离开美,人生的实践活动也失去了其应有的光芒和价值。"审美是从自然和人、物质和精神、客体和主体的相互作用中产生出来的一种状态"①,这种审美主体对审美客体的态度源自一种价值,存在于一种关系之中。美是一种存在的形式,从审美对象来看,只有通过一定的审美心理活动,审美对象才能展现出其存在的现实性,而这种现实性表现的程度,是取决于审美主体的审美能力的,即审美主体的审美素养。从审美主体的角度来看,审美的过程要求审美主体需要具有一定的欣赏力和鉴别力,这种能力的高低,决定了审美效果,这种能力也正是一个人审美素养的具体体现。

二是素养。素养二字出自《汉书·李寻传》:"马不伏历,不可以趋道,士不素养,不可以重国",即一个人的修养,一种日常行为方式的偏好的体现,这种道德修养能力是可以通过日常的实践和修炼而得以提升的。目前,学界对审美素养概念的界定研究并不多,杜卫认为"审美素养是个体在审美经验基础上积累起来的审美素质涵养,主要由审美知识、审美能力和审美意识三要素组成"②。易晓明等认为审美素养是"先天的审美倾向和后天的文化学习相互持续融合生长的结果,在不断的审美实践

---

① 吴家跃、吴虹:《审美的价值属性》,四川大学出版社 2009 年版,第 11 页。
② 杜卫:《论审美素养及其培养》,《教育研究》2014 年第 11 期。

和学习中，所形成的一种审美观念、审美创造力和审美感受力"①。无论是哪种定义，我们能得出关于审美素养的基本内涵，即审美素养并不是与生俱来的，和素养一样，是可以通过后天的学习和实践习得的，这种审美能力的培养，能形成一定的审美观念。

审美素养属于人文素养中的组成部分，因此应该具有人文素养所具备的基本属性。"人文素质是人类种族和个体在发展中，积淀的关于真善美、文史哲等基本知识、行为品德、价值观等的总和。个体在一定发展进程中所积淀的关于文、史、哲、真、善、美的基本常识，意识价值观和行为品格的总和，涵盖了文化、法律、道德、审美、环保、文史哲六个方面的素质"。② 可以清晰洞见，审美素质是其中的一项重要素质。也正如杜卫所说："审美素养是个体在审美经验基础上积累起来的审美素质涵养，主要由审美知识、审美能力和审美意识三要素组成，其中审美知识是审美素养的基础，审美能力是审美素养的核心，审美意识是审美素养的灵魂。"③ 据此也可以说，审美素养涵盖了审美常识、审美行为、审美价值观和审美意识四个重要部分，是人们对美的事物的认可和欣赏美的能力，进而能够转化为人们对审美文化的鉴别和创造。审美常识、审美意识对审美素质的提升有着重要的影响。审美常识是对美学、美育、审美等学科概念的一般的普遍的知识。④ 审美意识是对审美对象的一种能动的表达，属于社会意识的一种，是人在审美实践活动中所表现出的思想、意志和情感。审美意识可以影响人的精神世界，并能动地作用于人们对

---

① 易晓明、杜丽姣:《当前我国国民审美素养的现状、影响因素及教育建议》,《美育学刊》2015 年第 4 期。
② 石亚军、赵伶俐等:《人文素质教育概论》,中国人民大学出版社 2009 年版,第 196 页。
③ 杜卫:《论审美素养及其培养》,《教育研究》2014 年第 11 期。
④ 《辞海》,上海辞书出版社 1999 年版,第 2739—2740 页。

客观世界的改造。^①

（二）审美在大学育人中的价值意蕴

人类在发展中，一直按照美的规律在改造着主客观的世界，用美的规律在创造着物质和精神产品，人本身在用美的规律进行塑造。审美作为人的一种普遍而现实的需要，在人的生成和现实的生命活动中，具有高层次的意义和作用。从审美的价值意义中也不难看出审美在高校育人中所彰显的重要价值。

1. 审美促进高校对完美人性的教育

雅斯贝尔斯认为："所谓教育，不过是人对人的主体间的，涵盖了知识传授、行为规范、生命内涵领悟的灵肉交流活动。并通过文化传递的方式，将文化遗产传递给下一代，促进他们自由生长，启迪他们自由的天性。"^② 教育归根结底是塑造人的工作，就本质而言其价值是为了实现人性。教育的过程就是一个帮助人们不断实践的过程，是把人类意义学上的实践过程转化为教育学意义上的实践过程。随着教育的复杂化和专门化，教育的这种人性化价值集中通过学校教育来完成，高等教育作为教育中的最高级载体，其所担负的人性教育使命，理应通过更高层级的教育形式来彰显。如果说基础教育还难以避免地担负着部分工具主义育人的任务和责任，而高等教育这样一个最高层次的教育所担负的更多不是工具主义育人价值，而是塑造当代社会人性楷模的使命。因此，育人性就成为高等学校的根本品质所在。审美是对人性力量的自我意识，美的教化的过程是个体心灵滋养的过程，是人性不断升华和完整的过程。如何实现完美人性的教育，审视审美所具有的人性内涵奠定了审美教育在大学教育中的意义和地位。

---

① 赵伶俐:《大美育实验研究》，西南师范大学出版社 1996 年版，第 93 页。
② ［德］雅斯贝尔斯:《什么是教育》，生活·读书·新知三联书店 1991 年版，第 7 页。

2. 审美促进高校树立人的全面发展教育理念

教育是以人为对象的活动，但是在社会、学校以及家庭诸因素的影响下，在就业驱动因素的影响下，高校人才培养的目标难以避免地趋向现实性的功利目标。从表面上看现代教育是在满足人的需求，而实质上这种满足是片面化的，这种满足仅仅满足了人的理性发展的需求而忽视了人感性发展的需求。大学专业课程的学习，大多偏重于逻辑、抽象以及分析，是一种理性教育，发展的是人的理性，仅仅把"技能""训练""创业""就业"摆在首位的教育，忽视了个体的人文精神、创新精神以及理想信念的品质塑造，失去了教育特别是高等教育所应有的价值。在理性教育为主的高等教育人才培养方式下，学生的思想道德水准、人文素养以及创新精神难免会发生异化，影响着社会主义精神文明建设。

培养全面发展的人一直是高等教育人才培养的目标，然而现实的实践中，这种抽象性的口号却未真正落地。大学教育只有协同推进人的感性发展和理性发展，才能真正实现人的全面发展的诉求。将人视为感性和理性的统一整体，尊重人的感性需求，充分肯定每个人是具体的存在而非抽象的存在，关心每个受教育的人的身心发展状况，而非仅关心学业发展状况，只有这样才能自觉落实人才培养"全人"目标的实现。如果说教育的目标是启迪人的精神，那么涵养着审美精神的教育，才能更好地昭示出对人的最本真、最完整、最深刻的教育启迪意义。审美追求的是人性的完美，能够昭示人回归自我本真的状态，具有审美能力的人才能发展和体味人生的乐趣，审美能力的高低决定了个体精神生活的丰富程度。因此审美只有在启迪教育者后才能启迪受教育者，使教育在功利化的驱动下回归其本真的状态，在尊重和呵护个体的人的完整性的基础上，帮助促进学生的全面发展。

3. 审美的人本性有助于显化高校人才培养的根本目的

审美所具有的以人的发展为根本目的的特性是审美的人本性所在。审美"以对主体存在的充分肯定为前提，以对人的价值的高扬为旨趣，它所创造的是一个个性丰满、生命充盈的人的世界"[1]。美是通过人与对象间的相互作用而创造出来的，因此最能体现人的本质力量，是人本质力量的对象化。没有人就没有审美活动，任何审美对象一旦脱离了与人的审美关系，就无所谓审美。人类所有的实践活动的根本目的都应该是以人为目的的，差异体现在活动的内容、结果以及以人为目的的活动方式上。审美的人本性是指审美自始至终都是为了培养人为其根本目的。在诸多的人类实践活动中，很多实践活动以人为目的都被环境和社会所遮蔽了。"审美发生于人与世界的感性交往"[2]。"感性交往"是一种主体与对象都以感性存在为前提，并通过感性形式与情感激发而发生相互联系和交往的活动。审美活动起源于感性，通过感性的关注和激发，引导和提升每个审美个体，使得人成为感性和理性的和谐统一的人。审美活动通过特定的情境，将人引入实践活动之中，领悟人生真谛、体验人生价值、激发人创造诗意的人生、追求个体的自由。在这些活动中，人的心理结构得到了优化，完美的人性得到了铸造，从而在潜移默化中提高了人的人生境界，促进一个全面的、自由的人的发展。正如席勒所说："正是通过美，人们才可以走向自由。"[3] 这正是肯定了审美的人本性。

审美的过程中，通过对感性的关注，个体的感性生命力得到了升华，同时融合于人的理性活动，这样的融合过程中，人的本质力量得到了释放和展现，人不断走向理性与感性的统一，人的世界也不断成为完整的

---

① 朱立元:《美学》，高等教育出版社 2006 年版，第 68 页。

② 朱立元:《美学》，高等教育出版社 2006 年版，第 107 页。

③ ［德］席勒:《审美教育书简》，冯至、范大灿译，上海人民出版社 2003 年版，第 21 页。

而富有意义的世界。因此可以说审美活动过程，就是关注个体自身发展的过程，审美活动则自始至终都关注人这一本身。从中可以看出，审美活动以感性为起点，通过激发和升华，使得人的理性在感性的影响下得到了更好的发展，最终为人的全面发展贡献出特殊的价值。可以说审美是最能体现人的本质活动的社会实践，审美是能最充分地表现人的本质力量活动，也只有审美能够使人成为完整意义上的人，才能让人感受到作为个体应有的价值和尊严。审美这种遵从于人的本质的实践活动对于高校人才培养的方式方法具有重要的启迪作用。

长期以来，在高校人才培养的活动中，受功利主义、工具主义、形式主义等影响，培养完整的人的教育理念和目标总是被忽视。在过去，我国高度重视发挥人的主观能动作用，在管理中过度重视思想政治作用，而忽视了管理的制度化和规范化，而在人的培养过程中能够发挥重要作用的人的情感化、思想教育等方式丧失了应有的地位和作用，因为其作用的务虚性而被嗤之以鼻。反思我们的人才培养方式，在高校的人才培养中如何坚持以人为本，如何发挥个体的主观能动性和自主意识，是十分重要且必要的课题。我们反对功利主义、工具主义、形式主义的管理方式，不意味着我们忽视人才培养的社会价值和工具本身的理性价值，如果那样的话，就意味着回到了我们所否定的那种极端上去，人才培养活动的管理不可能真正发挥意义。突出审美的人本性，充分肯定审美的人本性，才能纠正传统审美实践推崇理性主义的片面性，才能在高校的人才培养目标上找到落脚点，才能真正将人的全面发展作为高校人才培养的最终旨归，才能不被现实的功利主义所左右和牵引，才能真正发挥审美促进人全面自由发展的育人功能，最终彰显出新时代人才培养的根本目的。

（三）审美素养对大学生的重要作用

马克思曾指出：社会的进步，是人类对美的追求的结晶。[①]美国心理学家马斯洛将人的审美需要放在其需要层次结构的最高一级，他认为："人对美的需要属于最后的也是最高的层次。"[②]随着经济的迅猛发展，人们生活水平得到了显著的改善，物质生活的改善带来的是精神生活更高层次的需求，中国人的生存状态随着物质生活的改善也发生着转变和转型，因此审美在人们的生活中的地位也越来越高了，随着新媒体和自媒体的蓬勃发展，我们不难发现，商品所具有的审美价值逐渐变成了主导价值，甚至超过了其经济价值。商品的品位和格调已经成为影响商品生产和销售的关键因素，这说明审美因素的价值已不断深入人心。同时，人们对美好生活的向往也体现了整个国家和民族对美的一种真切的需要，人们对和谐社会的追求归根结底是人们对"美"的追求。大学生群体，作为国家未来美好生活的创造者和建设者，作为和谐社会的推动者，作为高知识的群体，良好的审美素养将会极大地影响以上目标的实现。因此大学生的审美需要和审美素养对大学生的重要作用，是高校研究审美教育的应有课题。

1. 审美素养是大学生内在的精神需求

审美是人类认识世界的一种特殊形式，是一种无功利的情感状态。主体的审美素养的高低决定了审美功能的实现效果。马斯洛曾认为，人对审美的需要同人对钙质的需要是具有同等作用的，审美素养的提升对于个体健康体魄的意义重大。恩格斯也将人的需要分为生存、享受和发展三个层次，他指出："在人人都必须劳动的条件下，人人也都将同等地、

---

① 转引自姜学敏主编：《山东企业文化建设：现代企业铸魂塑形工程》，人民出版社1998年版，第279页。

② ［美］A. H. 马斯洛：《人类激励理论》，《心理学周报》1943年第50期。

愈益丰富地得到生活资料、享受资料、发展和表现一切体力和智力所需的资料。"[1] 在这里，审美需要是人类在发展历程中所衍生出的一种精神需要，应该归属于恩格斯所说的发展创造的需要层次。在多年基础教育的应试教育引导下，大学生一直以来都在把追逐分数作为奋斗的目标，这种追逐分数的过程中构建着自我的意识形态，在长期理性教育的驱动下，缺乏感性教育的引导，越来越多的大学生变成了精致的利己主义者，然而追求自身利益最大化的同时，大学生心理健康却越来越受到威胁，各种极端现象层出不穷，各种粗鄙的语言在网络泛化，在利益的追求下丧失的是学生内心的平静与和谐，这是审美教育缺失下学生审美素养不高的外在表现。

人需要审美，是因为现实生活中各种纷繁复杂的事物和现象，需要去按照自我的需求去发现、去取舍，审美的过程中，人可以不断获得内心的自由与和谐，克服狭隘进而摆脱低级趣味。人们能够按照审美的态度择善、择美、择真，实现自我的改善和自我超越。这是始终贯穿于一个人成长发展全过程的，大学生好奇心强，容易捕捉到社会发展中更多的新鲜事物，这种选择能力更是这一群体成长成才过程中需要时刻面临的，这种能力的培养只有通过提升学生的审美素养才能予以实现。审美素养的提高，有助于大学生感性能力的自我成长。马尔库塞曾指出："表现在感性中的需求与需要……不仅是一种认识上的需求与需要……它们决定着人的整个存在：他们是人的本质的本体论范畴。"[2] 学生审美素质的形成和提高是三观形成的重要基础，良好的审美素养是促进学生自觉抵制不良诱惑、促进自身不被低级趣味所左右、避免舆论媒体的错误观念诱导、更有主见和自制力、形成个人积极乐观的生活态度的重要基石。

---

① 《马克思恩格斯选集》第 1 卷，人民出版社 2012 年版，第 326 页。
② ［美］赫伯特·马尔库塞：《审美之维》，李小兵译，广西师范大学出版社 2001 年版，第 13 页。

2. 审美素养是构建大学生审美观念的根基

审美观又称为审美理想，是对审美对象本质的集中的反映，是一个人审美情趣和审美理想的集中表现，是一种自由而有序的情感状态，也是审美主体的真与善相统一的一方面。"作为一种观念的最高范本、鉴赏的原型"，"更适宜于被称之为美的理想"。因为"观念本来意味着一个理性概念，而理想本来意味着一个符合观念的个体的表象"。①这种具有理性内容的个别和感性于具体审美过程中，产生的审美意向是康德认为的审美观念。个体的审美素养造就了人的审美趣味，而审美趣味的不断积累、沉淀、改造、综合就逐渐形成了人的审美观念。审美观念虽产生于审美活动之中，但是审美观念的这种概括性和普遍性，其实是一种社会关系和社会意识形态的反映。审美观念从审美的角度看待所处的世界和所处的环境，在一定程度上可以说，审美观念是人的道德观、人生观、政治观在审美判断上的一种综合的体现。它是感性与理性、个性与一般、模糊性与规范性的有机的内在的统一。"美的价值基础就是人性价值。"②进步和保守、高尚和庸俗、先进与落后，不同的审美观念所展现的是人们在一定的社会意识形态影响下所外显出来的一种审美判断和审美评价。不同的时代、不同的社会文化环境、不同的社会阶层的人有着不同的审美观念，这种观念随着社会进步程度、社会潮流和社会整体观念下对美的追求程度的改变而改变，虽然呈现出复杂性和多样性，但是审美观念实际呈现的是一种独特的人生价值观念，关乎着审美对象的世界观和价值观。

正确的审美观念对大学生人生活动和审美活动都会产生积极的影响，帮助大学生主动地接受美、欣赏美、热爱美，健康积极的审美观念是健

---

① ［德］康德:《判断力批判》上卷，宗白华译，商务印书馆 1964 年版，第 70—71 页。

② 李青春:《美学与人学——马克思对德国古典美学的继承与超越》，法律出版社 1991 年版，第 97 页。

康、乐观、积极人生态度的体现。健康、稳定、积极的审美观念有助于大学生形成崇高的理想信念，构建高尚和谐的人格。大学生的思想意识、政治素养、价值理念的集合会通过学生的审美观予以展现。在正确审美观念的协同下，大学生的想象力、感受力、创造力和鉴赏力不断相互统一。审美观的偏差是人价值观偏差的外在表现，很难想象一个拥有庸俗、狭隘、粗鄙审美观念的人有着高尚的道德情操和人格修养，大学生群体是未来社会主义事业的接班人，是社会发展的潜在力量，他们对美的感受力、领悟力和鉴别力是其他审美态度、审美标准和审美理想的集中反映，极大地影响着未来的社会审美风尚、社会精神取向和价值观念，也会影响整个中国审美的走向。因此要通过培养大学生高尚、健康的审美素养，帮助大学生构建向真、向善、向美的审美观念，摆脱庸俗、狭隘、邪恶、丑陋的观念，这不仅仅是大学生发展创造性思维、正视人生、追求美的精神、树立正确审美价值取向、构建和谐人格的内在需求，更是社会主义事业健康、稳定、积极发展的必然保证。

3. 审美素养是塑造大学生理想人格，促进精神追求的重要方式

"主观性是主体的规定，人格是人的规定"[1]。追求人格的自由、全面是人格发展的目标和最终趋向。"真、善、美的高度融合是人格的最高境界，审美中表达人的自由是人格的最高本质"[2]。理想人格所追求的是那种人与人、人与社会、人与自我之间的和谐统一，这种和谐统一是人的存在与本质、对象与自我、自由与必然、个体与类之间抗争的和解。正如黑格尔所言："审美带有令人解放的性质。"[3]审美是在自由状态下所呈现出的一种愉悦情愫的表达，不带有强势性和灌输性，因此审美的过程个

---

① 《马克思恩格斯全集》第 3 卷，人民出版社 2002 年版，第 32 页。

② 余潇枫：《哲学人格》，吉林教育出版社 1998 年版，第 82 页。

③ ［德］黑格尔：《美学》，商务印书馆 1979 年版，第 147 页。

体是自由且不设防的，在审美中人的焦虑、无奈、烦恼都会得以释放和超越，个体的情感会得到充分疏解和表达。

当今大学生，在学业和就业压力驱使下，他们越来越多地关注眼前的利益和对名利、金钱的追求，在年纪青青却往往身心疲惫、郁郁寡欢、患得患失甚至失去斗志，审美的过程就是帮助学生寻找精神家园的过程，在内心的平和中追求自身人生价值的过程就是人格不断丰满的过程。也正如海德格尔所说："充满才德的人类，诗意地栖居在这大地上。"[1] 大学生人格养成是高等教育的根本旨归，也是大学生自我发展、全面发展的最终目标。审美素养的提升过程就是追求审美的过程，追求审美的过程就是人格不断完善和充盈的过程。席勒说："美可以成为一种手段，把人从质料引向法则，从一个受限制的存在引向一个绝对的存在。"[2] 也只有有一定审美素养的人，才能按照美的规律不断理解和感悟生命，理解生活和生命的意义，明确人的存在价值和精神追求。同时，通过审美素养的提升，可以帮助学生提升生活的幸福感，抑制人性中丑恶的因素，发扬美、善的一面，审美素养的培育可以帮助引导大学生从一个自然的人发展成为一个精神的人，以达到精神追求的最高境界，真正践行自我的人生价值。

4. 审美素养的培养是大学生创新品质发展的重要基础

创新是人类社会发展的不竭动力，是一个民族能够长盛不衰的内在驱动因素，也是个体发展保持生命力的根基。在经济全球化和一体化的今天，学生创新精神、创新思维的培养已成为高校人才培养的一个重要目标，也是国家发展对人才的必然要求。然而随着科技的进步，精细化程度越来越高的现代社会，人们必须按照职业的发展来从事专门化的工

---

① ［德］海德格尔:《海德格尔选集》，生活·读书·新知三联书店1996年版，第310页。

② ［德］席勒:《审美教育书简》，张玉能译，译林出版社2009年版，第58页。

作，职业发展的过程也将人们塑造成了具有专业技能的特殊人才，这是社会发展的必然要求。然而从个体发展的角度来说，专门的分工弱化，甚至抹杀了个体对创造性的追求，这种生命状态下，每个人必将成为一个"数字化的存在"，失去了灵性和对生命的感受力。人类对美的追求不断促进社会的进步，对美的憧憬和向往，推动着人类不断探索和超越自我，在对真理的追求过程中，不断推进科技的进步，从而促进人类和社会的发展和繁荣。

审美素养的培育过程，是提升大学生审美创造力的过程，是完善每个生命个体感性能力的过程，通过感性情感的培育，可以发展每个人善良、同情、感恩等积极的情感状态，促使每个生命个体都更加具有活力和创造力。在审美素养的提升过程中，需要审美主体不断在审美活动中发挥个体的创造性。这些力量能发挥"以美怡情"的作用，激发个体生命，涌现出更多的创造欲望与动力，建构出创造性的人格。这种创造性的人格会不断为学生提供高水平的创造能力和创新意识，具有审美素养的主体在获得审美经验后，新的审美对象的能力会通过美的规律继续得以创造。这种创造能力和创新意识会衍生到学生成长发展的各个环节和阶段，带来的是审美素养的不断生成，学生感性能力和理性能力的不断提高、想象力和感情的充分融合，最终实现自我、本我、超我及自我理想的融合①。试想，没有审美素养和审美情趣的个体，学生的思维空间和精神世界都容易受到制约和限制，使自己的情感陷入匮乏的状态，一方面不利于学业的发展，另一方面影响个体的生命活力，使自我的创造精神、探索精神、求真意识受到制约，从而影响个体生命持续健康的发展。

---

① ［美］马斯洛：《自我实现的人》，许金声、刘锋等译，生活·读书·新知三联书店 1987 年版，第 314 页。

二、大学生审美素养现状

(一)大学生审美素养总体情况

由图 3-6 大学生自我评价数据可知,37.8% 的大学生认为当代大学生的审美素养比较好,总体看学生们对大学生群体的审美素养是认可的,但是有 29.7% 的学生表示说不上,有 24.2% 的学生认为一般,说明被调查者对当代大学生的审美素养总体上认知较为模糊,对何为审美素养、审美素养的表现形式可能存在模棱两可的理解情况,同时大学生中仍有 3.2% 的人对大学生审美素养不够认可。

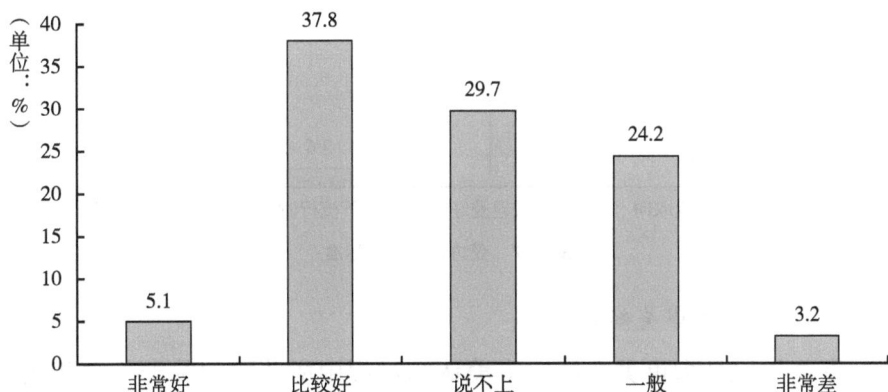

图 3-6 受访者对大学生审美素养现状的认知

通过调查学生判断美丑的标准问题可知,有 64.8% 的大学生对美丑的认知主要来源于自己的兴趣爱好,对社会倡导的主流取向仅占 18.9%,大学生对美丑的认知主要来源于自我认知,这就说明通过加强学生的审美教育,有助于学生审美素养提高。根据图 3-7 可知大学生对审美素养存在认知模糊的情况,从一个侧面说明目前的审美教育在一定程度上是不足的,无法满足大学生对审美知识的渴求,如果对审美教育加以强化,注重引导学生的兴趣爱好，是有助于提升学生对美丑的认知的。

同时有 18.9% 的学生认为社会倡导的主流取向影响到自我的美丑判断，从而说明社会需要大力倡导符合社会主义核心价值观的各类美的表现，思想政治教育工作中加大对思想美、崇高美、人物美的宣传，大力弘扬中华传统文化中美的基因，对帮助大学生建立积极的美丑判断、提升审美素养大有裨益。

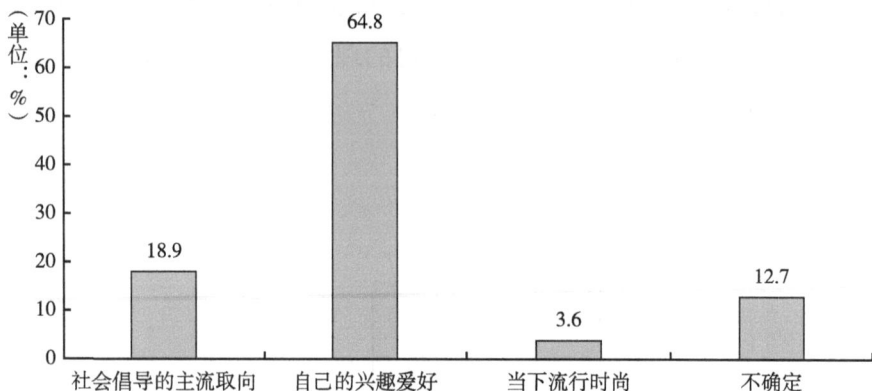

图 3-7　受访者的审美标准

（二）大学生审美知识状况

审美知识是指审美主体在审美认知过程中所获取的关于美学和艺术学的基本常识。在审美理性因素中，审美知识是重要的方面，审美知识的培育，能够帮助人们在审美中感悟美的真谛和深层意蕴，得到更高层次的美感体验。

审美知识是审美需要、审美理想的理论基础。正如朱光潜先生所说："遇见一个作品，我们只说'我觉得它好'还不够，我们还应说出何以觉得它好的道理。"[1] 这就需要学生掌握一定的美学知识，它直接影响和映射

----

① 朱光潜:《谈美谈文学》，人民文学出版社 1988 年版，第 54 页。

了学生对美的理解的层次，离开审美知识的审美活动必定是低端和盲目的。了解学生的审美知识的状况主要可以从三个方面来考察：一是学校审美教育课程开设的情况；二是学生对美及美育基本情况的认知和理解；三是青少年时期接受过艺术熏陶的情况。并对以上三个方面及相互关联度进行分析，为将来审美教育及其实施提供科学的依据。

（三）大学生对审美教育课程感受情况

美育课程是学生在校期间获取美学知识和艺术知识的重要途径，也是最直接的途径，美育课程的开设情况在一定程度上决定了学生美育知识的获取途径。从能够感受到学校美育课程的开设情况可知，能感受到学校开设了美育课程的人数仅占 25%，有 34.2% 的学生认为学校仅有部分专业有美育课程，这是因为所调研的学校都有艺术类专业，而艺术类专业的美育课程是必修课。有 40.8% 的学生感受不到和不了解学校的美育课程，这部分群体所占比重较大，说明所调研的几所学校中美育课程的全面开设是不足的，对美育课程整体的重视程度也有待提升（见图3-8）。

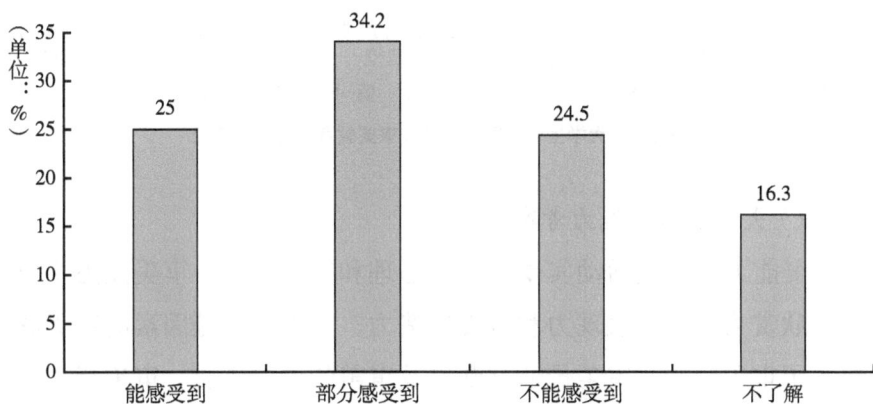

图3-8　大学生对审美教育课程感受情况

结合图 3-8 和图 3-9 的统计结果，对样本中不同层次学校在美育课程建设上学生的感受度做综合分析，发现在"不能感受到学校美育"的选项中，兰州大学作为双一流本科院校，学生认为学校没有开设美育课程的比例最低，一本、二本和民办院校基本持平，然而高职院校学生有 47.2% 的认为"不能感受到"。从比例的差异可知，在美育课程建设上，双一流院校相对会更好，而高职院校因为更注重职业技能的训练，在美育课程的建设上仍有很大的提升空间，结合不同类院校在美育课程设置上的比较，能为美育课程设置的路径和方式找到可借鉴和比较的空间。

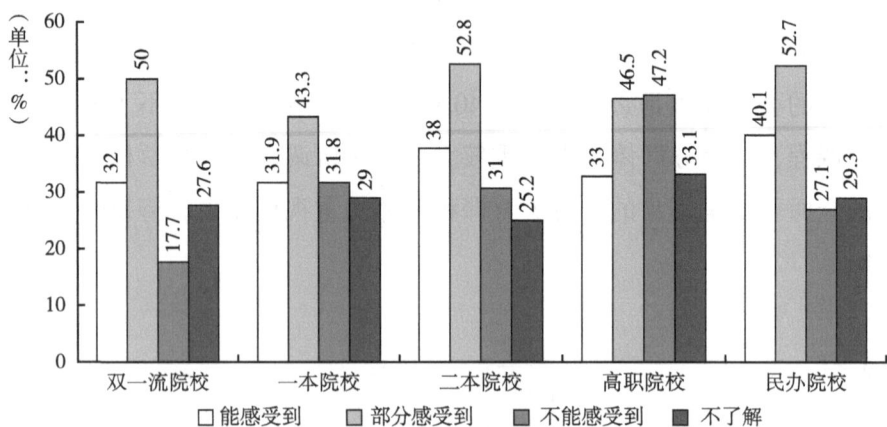

图 3-9　大学生对不同类型学校审美教育课程感受情况

（四）大学生审美能力考察

审美能力是审美活动实现的一种心理和行为品质，审美能力主要涵盖审美欣赏力、审美表现力和审美创造力。其中起关键因素的审美欣赏力包含了审美认知、审美价值判断以及审美的情感体验。审美能力是一项多维度的综合指标，是感性和理性的综合考量，其中情感的体验在审美能力结构中是居于中心地位的。[①] 审美能力的体现不是一种机械地模仿客观世界的表现，而是具有很强的主观加工性和个体能动的选择，是看待审美对象的方式和态度，无法用单一的描述去衡量和认定。下面就根据个别问题的调查结果去审视大学生审美能力的表现。

1. 学生整体审美认知

对于整体审美认知情况，在本书调查问卷中并没有进行详细的问题设置，参考相关文献中的现状分析，针对大学生整体审美能力状况进行简要分析。

贺文凯在《大学生审美素养研究》一文中，对审美能力所涵盖的内容进行了调研和分析，将理论均值和均值进行比较可以看出（见图 3-10），大学生审美能力的均值 2.95 略高出该项理论均值 2.92，总体上看，大学生是具有一定审美能力的，具体分析其中每一项的差异可以发现，大学生的审美感知 3.25 和审美欣赏 3.08 的均值都高于这两项的理论均值，而审美表现与创造的均值 2.53 低于理论均值 3.75。[②] 保罗·哈克指出："审美活动所呈现出的个性化和创造性的特点，使得广泛参与美育活动对促进学生个性意识和创新意识非常重要。"[③] 由此可知审美教育对于发展学生审美创造力具有重要功效，大学生审美表现与创造能力均值低出理论均值 1.22，在学生审美表现与创造力的不足问题上，为今后大学生审美能力的提升找到了突破的途径。

2. 大学生审美价值判断方面

从大学生看待"穿越"剧、流行的"抖音神曲"、"土味"视频、吃播视频等现象的调查显示（见图 3-11），学生选择"娱乐大众的可以理

---

① 杜卫:《美育论》，教育科学出版社 2014 年版，第 172 页。

② 贺文凯:《大学生审美素养研究》，西南大学 2017 年硕士学位论文。

③ ［英］保罗·哈克:《走向功能音乐教育》，《人民音乐》2002 年第 11 期。

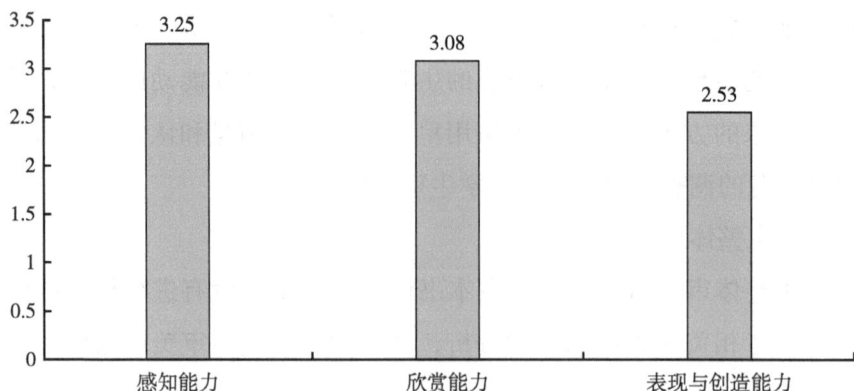

图 3-10　大学生审美能力得分的平均数

解"的占 38.4%，认为"存在即合理"的占 31.5%，认为其"应该限制"的仅仅占 13.1%，由此可知大学生对这些现象是持有包容和理解的态度的。这是学生审美价值判断的一种表现形式，是审美能力的构成部分。虽然说"土味"视频、"抖音神曲"、吃播视频这些内容仅仅是一种小众化潮流，但是学生对这些内容的接受度，恰恰说明了学生对追求自娱自乐、渴望自我表达的心理需求的认可程度，短视频的巨大推动和引导作用，使得审丑现象盛行，这些内容传播的审美价值是与传统审美观相背

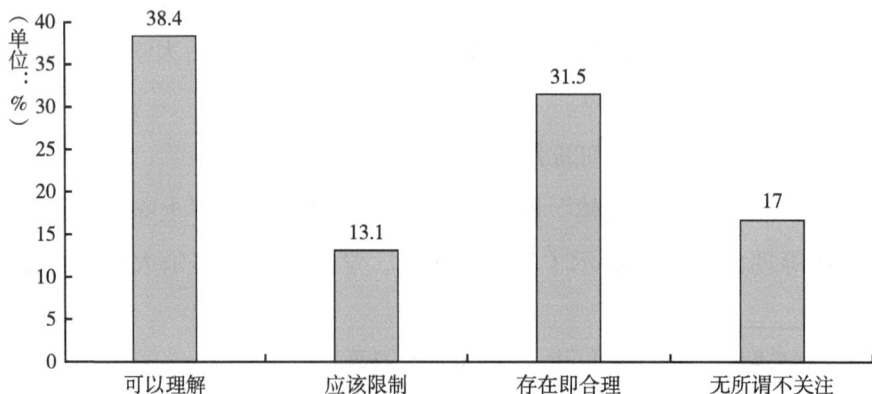

图 3-11　受访者对"穿越"剧、流行的"抖音神曲"、"土味"视频、吃播视频等现象的看法

离的，虽然在一定程度上会缓解传统审美的疲劳感，但是对学生构建积极的审美观有巨大影响，对大众审美和主流价值观文化具有一定的冲击作用。

大学期间是人恋爱观建立的关键时期，择偶观在一定程度上折射出学生的审美价值判断。从表3-1大学生在选择男女朋友时所注重的四个方面来看，涉及的12个选项中，大学生将"职业"作为第一顺位的占到了35.4%，远远高于其他项目的比例；"责任心"在第二顺位和第三顺位都位居第一，分别是18.5%和19.1%；第四顺位中排首位的是"性格脾气"，占18.0%。四个顺位中"性格脾气"都占有较大的比例。从总和与第一顺位情况来看，"职业"选项都占有绝对性优势的比重。"职业"不但是一种身份的象征，更是一种保障的象征，这么高的比例在一定程度上说明大学生在选择男女朋友的问题上，价值判断越来越理性和务实，不能完全将"职业"等同于功利性，但是在这个问题的追求上不乏有一定功利性的程度影响了学生的价值判断。从总体情况来看，选择男女朋友时对"相貌"的选择高于对"人品"的选择，反映了部分学生的审美认知仍停留在肤浅的直观性认知上。

表 3-1　受访者对选择男女朋友不同标准的注重程度（%）

	第一顺位	第二顺位	第三顺位	第四顺位	合计
身材	7.6	3.6	3.3	4.4	18.9
相貌	9.0	10.5	8.5	11.8	39.8
年龄	1.8	2.5	4.1	2.6	11.0
人品	14.0	7.6	5.2	5.6	32.4
职业	35.4	11.1	8.5	4.9	59.9
收入	1.0	1.3	1.9	4.0	8.2
家庭背景	0.9	2.6	2.5	4.6	10.6
能力才干	3.7	13.3	12.7	12.6	42.3
生活习惯	2.0	10.6	11.4	13.6	37.6

续表

	第一顺位	第二顺位	第三顺位	第四顺位	合计
文化程度	1.9	3.0	5.3	5.8	16.0
责任心	9.4	18.5	19.1	12.1	59.1
性格脾气	13.3	15.4	17.5	18.0	64.2
合计	100	100	100	100	400

（五）大学生审美意识考察

审美意识是规范和评价审美过程的，是审美价值观念形态的表现[1]，是审美方面的人生意趣和人生理想的表达。审美意识包含审美趣味和审美观念两个部分，审美趣味是个体的一种心理定式，是以喜爱或者不喜爱为情感的一种评价方式，决定了个体的取舍，而审美观念也可以说是审美理想，是个体审美需要的一种观念上的表现，同时一个人的审美观念是一个人的道德观、人生观的综合体现。

1. 大学生审美观念分析

关于认为最能体现"美"的前三项的调查中（见表 3-2），在"幸福、漂亮、财富、真理、权利、善良、时尚、真诚、奇特、智慧"10 个选项中，"幸福""善良"和"智慧"分别排在了前三个顺位，分别占 35.9%、26.3% 和 22.3%。说明大学生把"幸福、善良和智慧"作为审美理想的比较多。但从合计数来看，对"漂亮"和"财富"选择分别为 20.9% 和 23%，都高于对"真理"的选择。总体看来，学生的审美观念是积极向上的，但是把"真理"作为审美理想从每一个顺位来看，都比较少。大学正是求真的年龄段，但是大学生对真理的追求程度却显现出较低的水平。同时部分学生对审美的认知还停留在表面的直观性上，对美的内涵和深层次的认知是较为肤浅的。

---

[1] 杜卫:《论审美素养及其培养》,《教育研究》2014 年第 11 期。

表 3-2　受访者对美的内容的注重程度（%）

	第一顺位	第二顺位	第三顺位	合计
幸福	35.9	10.5	15.1	61.5
漂亮	4.5	6.7	9.7	20.9
财富	3.4	8.3	11.3	23
真理	4.1	4.9	4.9	13.9
权利	0.7	1.8	2.5	5
善良	26.8	26.3	12.4	65.5
时尚	0.6	1.6	3.1	5.3
真诚	9.6	23.4	17.7	50.7
奇特	0.3	0.7	1.1	2.1
智慧	14.1	15.8	22.3	52.2
合计	100	100	100	300

关于一些人靠丑闻博出的现象，调查大学生的观点看法时，虽有 67.4% 的学生对丑闻博出现象是持否定态度的，但是仍有 32.6% 的学生对这类现象是持有中立态度的，认为很正常或无须指责（见图 3-12）。在他们看来，丑闻的不断出现是一种个人欲望的表现，甚至是一种生活方式的体现，虽然这并不代表大多数学生的观点，但是这一群体的观点仍

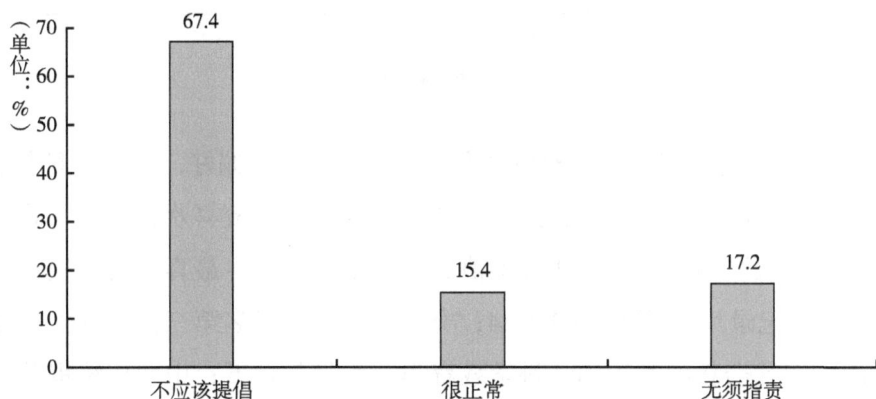

图 3-12　受访者对靠丑闻博出现象的态度

然不可小觑，说明面对审丑现象、面对脱离主流价值观的情形发生时，仍然有一部分群体表现出冷漠的态度。

2. 大学生审美趣味分析

调查大学生判断美丑的标准可以从一个侧面了解学生审美兴趣的来源情况。图 3-13 显示，有 64.8% 的学生对美丑的判断是来自自己的兴趣爱好，还有 12.7% 的学生对美丑的判断没有确定的标准。美丑的判断来源与个人的兴趣爱好本身在一定程度上是相契合的，然而如果学生本身的审美兴趣爱好受限，学生自我的审美价值标准和价值观就会出现偏离，这对审美判断是有严重影响的。

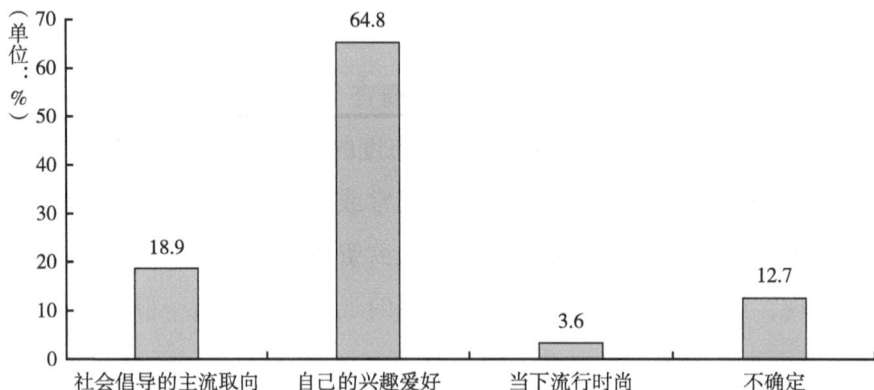

图 3-13 受访者判断美丑的标准

图 3-14 分析了大学生对电影和电视节目的喜爱偏好，以此来洞察学生的审美趣味。每一类型分别设置"非常喜欢、比较喜欢、不太喜欢和非常不喜欢"四个维度，通过均值分析可知，大学生最喜爱的电视节目类型为"纪录片"，均值为 3.0124；"娱乐综艺类"排名第三，均值 2.9112；政治经济社会新闻类"和"科学教育类"均值都偏低；中国传统审美艺术中的"戏剧和曲艺类"均值 2.5897，排名倒数第二。

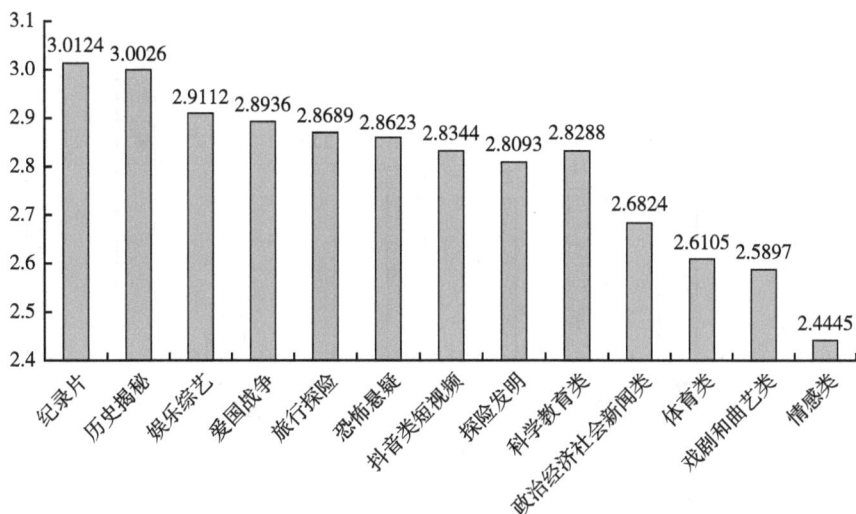

图 3-14　受访者对电影、电视节目的偏好

音乐一直都是最受大学生喜爱的艺术形式，也是和大学生生活关联度最高的艺术形式。大学生对音乐类型的喜好，也能在很大程度上反映学生的审美兴趣。每种音乐形式分别设置"非常喜欢、比较喜欢、不太喜欢和非常不喜欢"四个维度，图 3-15 的调查均值显示，学生对"流行音乐或流行音乐或歌曲"的喜好最高，均值为 3.26，比排名倒数第二位的"红歌"的均值 2.64 高出 0.62；学生对"流行音乐或歌曲"的喜爱程度也高出了对"抖音网红歌曲"的喜爱程度，而对"古典音乐"的喜好标准偏差较大，说明大学生群体喜欢的极端差异性较大；对"流行音乐或歌曲"的标准偏差最小，说明大学生群体对这类音乐形式接受度是比较高的。

3. 大学生审美需要分析

需求是供给的重要影响因素，没有需求的供给是无效供给，不了解需求偏好的无目的性的供给是低端供给。在物质条件极度丰富的现代社会，人们在选择商品时，对其审美性的注重有时超过了其使用价值，甚

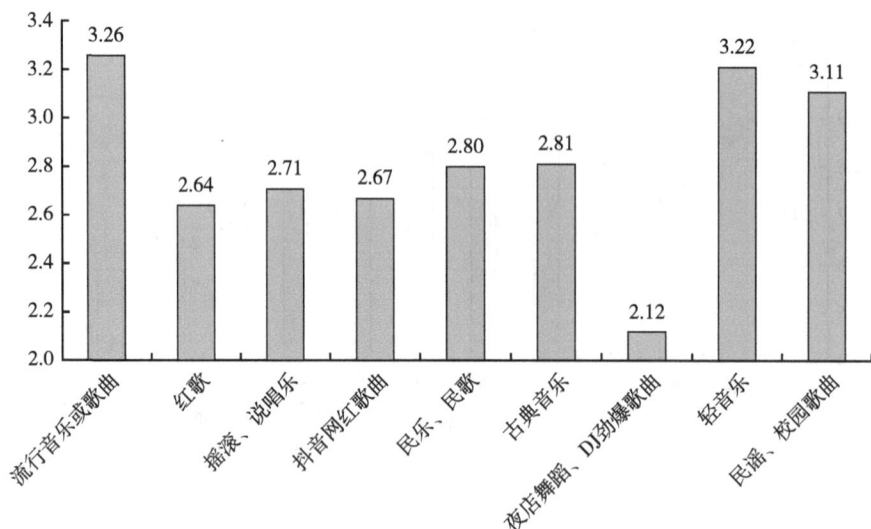

图 3-15 受访者对音乐和歌曲类型的偏好

至占据了主导地位。了解大学生对审美的需要情况以及不同性别水平的人的需求差异，会对高校审美教育有诸多启迪。

图 3-16 调查表明，大学生审美需要的总体水平较高，在题目的三个选项中，在"做事或者购物的时候是否考虑美的因素"中"总是考虑"的群体占 36.2%，"有时考虑"的占 54.9%，而"不太考虑"的仅占 8.9%。

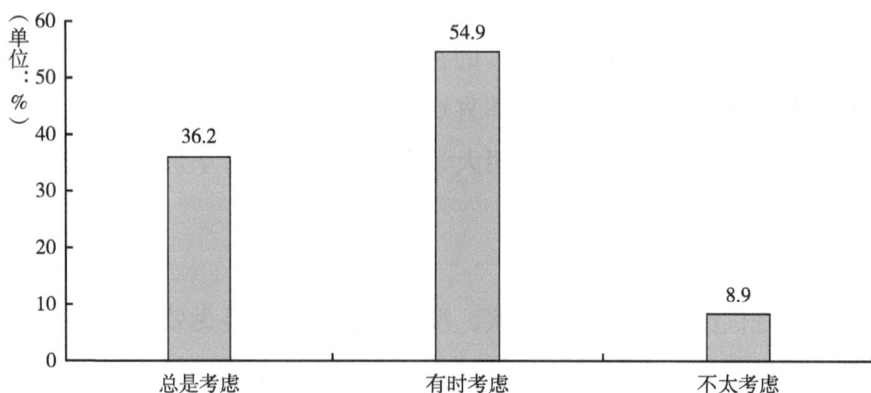

图 3-16 大学生的审美需要水平

这说明，较大比例的大学生有比较高的审美需要水平，在他们的日常生活中，审美因素占有较高的地位。

持妆上课对于现在的女大学生来说已经是一件习以为常的事情，面对这一现象，将对女大学生上课化妆的态度问题与性别进行交叉统计，可以在一定程度上了解大学生的审美兴趣。从图 3-17 的调查结果看，女生认可持妆上课的占 59.2%，可以说女生普遍是持肯定态度的，也反映了女生对美的追求。从性别维度来审视，男生对持妆上课的认可度明显要低于女生，男生对自然美的认可度为 7.1%，比女生对自然美的认可度1.9% 高出了 5.2 个百分点。而且有 32.2% 的男生是不支持上课化妆行为的。从调查中也反映出男生和女生在审美兴趣上的偏差程度。

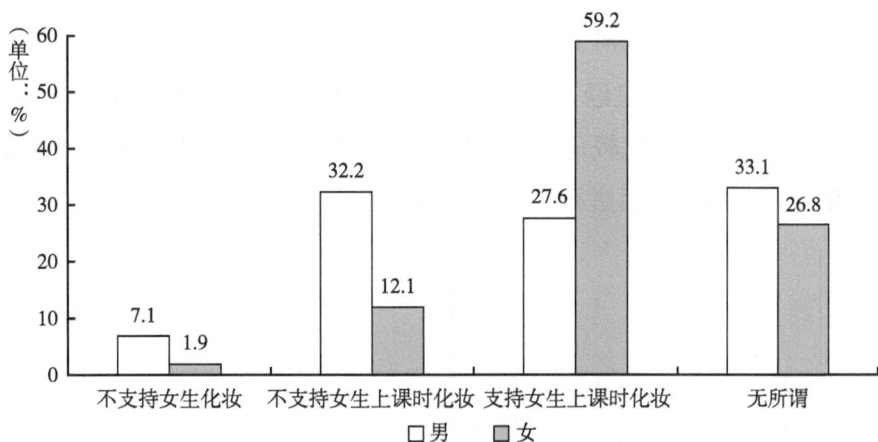

图 3-17　受访者对女生上课化妆的态度

4. 大学生审美价值观和闲暇价值观的比较分析

随着社会的转型与和谐社会的构建，每个个体的价值观与社会的价值观呈现出多样化的发展趋势，价值观上的冲突和变革是当代人类文明进程中的突出表现。审美价值观简单地说就是一种美丑观，人们喜爱什么、厌恶什么都通过审美价值观来表现。而闲暇价值观是人们在心灵自由的状况下所表现出的一种价值取向，拉格内森认为："一个民族的个性和效率可以通过改变这个民族的闲暇品性得以实现。"闲暇时刻是人们心灵最自由的时刻，此时的行为表现和偏好是个体最真实的表达，其喜好也在闲暇时间有机会得到充分的发展，因此闲暇时个体的选择，很大程度上反映了个体的一种审美价值观的偏好。通过调查学生闲暇兴趣点也可以从一个侧面反映出学生的审美价值观有怎样的表现。大学生闲暇时间的安排作为大学生日常生活中的一项审美行为，反映的是大学生审美活动的频率。

从图 3-18 调查的结果中可以发现，大学生闲暇时一般从事文娱活动，其中"看娱乐影视节目"的占 33.3%，位居第一，"看抖音等短视频"和"玩游戏"的群体共占到了 19.7%，这三类都属于娱乐项目。可见闲暇活动时，进行娱乐活动已经占了学生闲暇时光的 53%，"阅读文学作品"仅占 22.1%，这是一个比较危险的信号。对大学生喜欢阅读的书籍和平时喜欢看的电影、电视节目进行更为详细的分析。

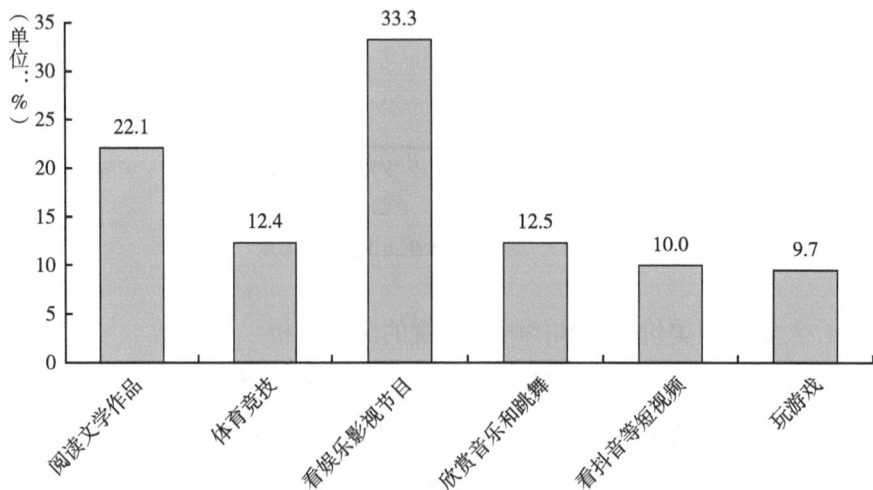

图 3-18　受访者闲暇时间的娱乐偏好

图 3-19 显示的是受访者对不同类型书籍的偏好程度，在调查学生平时在阅读方面的偏好时，设置了 13 个方面的内容，将 13 项内容分为奇幻类、情感娱乐类、人文社科类和学科技术类。根据平均值和标准偏差两个维度的统计结果可以发现，受访者对奇幻类书籍有最大的偏好，平均值为 2.90，其次是学科技术类和人文社科类，偏好最低的是情感娱乐类书籍。从四类偏好得分的标准差可以发现，受访者对不同类型书籍的偏好表现出不同的学识水平，情感娱乐类和奇幻类书籍得分的标准差较高，而学科技术类和人文社科类书籍得分的标准差较低，这说明受访者对情感娱乐类和奇幻类书籍的偏好表现出了较低的一致性（或较大的差异性），而对人文社科类和学科技术类书籍的偏好表现出了较高的一致性。

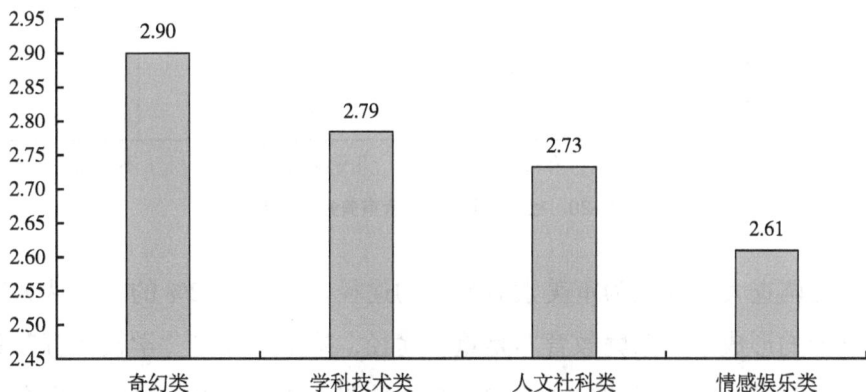

图 3-19 受访者对不同类型书籍的偏好程度

5. 大学生对审美素养认知现状

调查当下网络上各种视觉文化充斥的社会环境对其审美素养的影响程度，从图 3-20 调查结果来看，认为有影响的占到了 66.4%，认为几乎没有影响的仅占 4.4%，还有 29.2% 的学生对其持模棱两可的态度。其中认为"影响非常大"的占到了44.6%。可以看出，在学生的认知中，网络上各种视觉文化的充斥以及社会环境对他们的审美素养是具有一定影响的，并且影响程度在他们看来也是比较大的。每个个体都处在社会环境之中，不同的社会环境塑造了不同人的行为方式，社会环境在不同人生阶段对人的行为影响程度也不尽相同。同时，网络作为社会环境的重要组成部分和现代人的生活形影不离，决定了对个体审美素养和价值观念的影响，这也为找到改变审美素养的方式提供了重要思路。

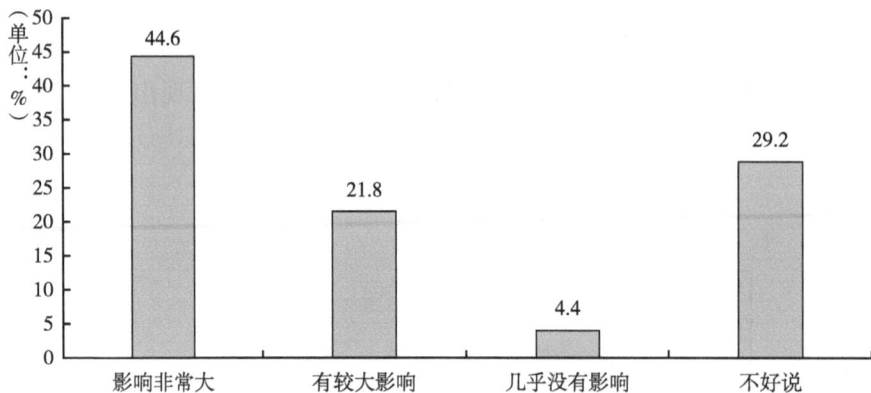

图3-20　社会环境对受访者审美素养的影响

在调查大学生认为审美素养形成的途径中，有30.2%的学生认为审美素养的形成中"家庭教育"是重要途径，接下来才是"学校教育"和"社会实践"，分别占27.2%和27.0%（见图3-21）。说明家庭教育在学生心目中占有重要的地位。紧接着调查对学生审美素养因素影响程度较高的前三位。

在调查影响大学生审美素养的几个方面中，按照影响程度的高低，学生第一位选择的是"父母家人对自己的关爱"，占到了43.0%，远远超出其他6个方面。在影响程度第二位中有26.1%的学生选择了"朋友间

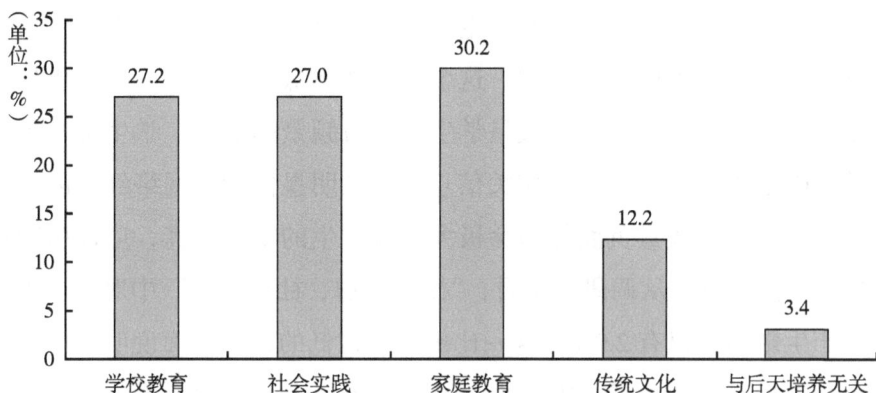

图 3-21　受访者对审美素养形成途径的判断

的行为、言语、活动"，占有较高比重；影响程度第三位中仍有 23.4% 的
学生选择了"朋友间的行为、言语、活动"（见图 3-22）。

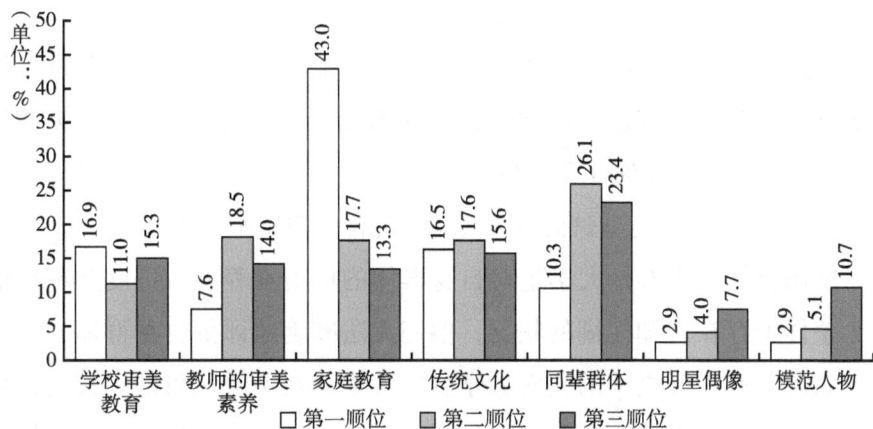

图 3-22　受访者对审美素养影响因素重要性的判断

　　从调查结果来看，学生认为影响他们审美素养的因素中，"父母家
人对自己的关爱"和"朋友间的行为、言语、活动"都占了较高的比
重，其中学生对父母、对自己的关爱程度需求的更多。但是同样也能发

现，三个顺位中共有 14.6% 的学生认为"明星偶像、网络红人"对他们的审美素养有较大的影响作用。这个比重并不低，对于这一比例仍然不可小觑。明星偶像、网络红人是学生接触最频繁的群体，学生会在网络上随时随地主动获取他们的相关信息，现在明星偶像、网络红人的丑闻事件频发，这种大量负面行为会极大影响学生的审美素养，应该引起社会的关注。同时，从调研结果看，"模范人物、社会名人"中对学生审美素养产生影响的仅有 2.9%，这一比例是非常低的，一方面说明榜样美并未充分发挥其价值，另一方面也可能是因为社会对于模范人物和社会名人的宣传力度还不够大，学生了解模范人物事迹的渠道和形式还不够广，他们的优秀事迹所展现出的崇高美还没能在社会中起到主流价值影响的作用。

三、大学生审美素养的主要特征和存在的问题

通过实证研究，可以总体掌握当代大学生审美素养现状，分析总结审美素养现状所呈现出来的问题，并挖掘形成问题的原因，最终为大学生审美素养的提升找到合理的路径。

（一）大学生审美知识储备不足，审美价值判断水平不高

从调查结果来看，大学生对自身群体的审美素养的认可度并不是很高，整体上存在认知模糊的状况，他们无法准确地评价自身群体的审美素养状况，有三分之一的人对大学生审美素养是不够认可的。首先，从审美知识的情况来看，虽然大学生群体对审美教育的基本内涵和价值是有一定认知度的，但是调查显示高校普遍存在审美教育课程开设不足的现状，而且审美教育课程大多数停留在理论层面。学生认为审美教育存在内容陈旧、教学方式死板、课程量不足的情况，这都会极大地制约学生审美知识的储备，从学生日常喜欢阅读的书目可以发现，在学校审美

教育课程设置不足的现状下，学生自我获取审美知识的主动性也是不足的，学生对奇幻类书籍表现出了更高的兴趣。奇幻类书籍更多的呈现的是一种虚拟的世界，从这一点可以看出，学生在排解学业和就业带来的压力的时候，更喜欢通过奇幻类的故事所创设的虚拟世界来释压，艺术所应该给人带来心灵栖息的作用并未充分发挥。一方面是因为理论性的审美教育较为晦涩，学生获取的审美教育不足，审美教育实践活动开展的形式和内容也较为单一，没有激发起学生主动获取审美知识的动力；另一方面也体现了学生审美知识的储备不足导致审美素养和审美活动在一定程度上受到了限制。其次，大学生虽具有一定的审美判断力，但仍存在一定的偏差，缺乏相应的认知深度。大学生对一些当下流行的、与传统审美价值观相背离的审丑短视频有一定的接受度，说明大学生的审美价值判断水平并不高，面对一些审美现象并不具备深层次的分析能力，没有明确清晰的价值判断。而且通过大学生在选择男女朋友的问题的偏好上，可以看出大学生的审美价值判断趋于功利性和务实性。

（二）部分大学生认知较为肤浅，自觉批判和抵制不良审美活动的能力匮乏

审美认知是审美能力的重要组成部分，从调查结果来看，虽然学生对"美"的认识有其积极的一面，但是从总和的百分比情况来看，仍有近一半的同学对美的认知还处在直观性和功利性的层面，认为漂亮的就是美的，认为财富就是美的。而将"真理"作为美的认知比例较低。大学生从美的内涵、美的本质和美的价值角度去判断美、理解美还显得不足。大学生对"美"的浅显的直观性的认知会直接影响学生的审美欣赏能力，学生容易以事物肤浅的感知情况来判定审美，对审美的认知更多地停留在感性层面，缺乏对事物本质意义的理解和认知，缺少理性的判断，这些情形都会影响大学生在审美活动中的表现，影响审美对象的审

美批判力。面对当下一些与主流审美背离的审丑现象，仅有 13.1% 的群体是持抵制态度的，其他都持有接受包容或者无所谓的态度，一方面说明大学生的审美判断力是匮乏的；另一方面也说明大学生的审美鉴别力较弱，无法有效认知和抵制不良审美活动。每个审美主体都会依据自我的主观意识和认知来对"美"进行选择和甄别，审美认知的感性化会影响大学生对美和审美的分析判断、选择吸收和抵御能力。审美判断力的匮乏等都会制约大学生审美素养的提升，制约审美活动中审美效果和学生审美境界的提升。

（三）大学生审美价值观念遵循真善美的价值，但也有部分学生的审美理想存在偏差

审美观念与人生观是息息相关的，是人的一种人生态度的体现。从调查结果可以看出，大学生普遍的审美对"美"的认知中将幸福、善良和智慧放在了前几位，说明大学生普遍具有较为积极向上的审美态度，但是把"真理"作为审美理想的学生较少，在求知阶段的大学生并没有把对真理的追求作为自我对美的认知，学生审美情趣发展的不平衡性，在一定程度上影响了学生对"真善美"追求的协同性。同时，大学生在打发闲暇时间的方式上，多以看娱乐影视节目为主，虽然大学生的审美态度表现得较为积极，但是实际的行为更偏重于进行娱乐活动，加之学校在审美实践活动中组织参观博物馆和艺术馆的频率较低，这些都限制了闲暇时光学生的自我审美发展。同时，调查中还发现，面对社会一些不良的、消极的、庸俗的、肤浅的审丑现象，大学生并非完全地抵制和排斥，而是有近 20% 的学生表现出接受的态度，这些审美现象是一些团体利用了人们的好奇心理，通过扭曲的价值观来吸引他人的注意，从而实现自身利益，而这种肤浅的审美现象却有部分学生是接受的。这说明在社会文化环境的影响下，虽然大多数学生面对社会审丑现象有较为理

性的看法和态度，但仍有部分大学生的审美观念受到了一定的影响，影响群体虽并不大，但这仍是一个较为危险的信号。审丑文化宣传的拜金主义、恶俗精神会混淆大学生对"真善美"的追求，对好逸恶劳的过度炒作宣传会消磨大学生的意志、销蚀大学生的上进心，这些都是不容小觑的。造成审丑文化泛滥和被不同群体所接受，一方面有社会环境的影响，另一方面也说明全民审美价值还未得到一定的提升，因此需要加以重视和关注。可以通过思想政治教育和其他形式的教育，培育和引导社会群体形成正确积极的审美价值观念，抵制社会上美丑不分，以丑为美；好恶难辨，以恶为善；真假模糊，以假为美的错误的、扭曲的审美价值观，防止小群体错误审美价值观的蔓延。

（四）大学生有较高的审美需要，审美趣味具有丰富性和差异性，中国传统审美文化"失位"

大学生作为社会主义的建设者和接班人，理应具有较高的审美需求，其审美需求也会成为教育审美供给的重要依据。调查结果表明，大学生群体的审美需要总体是比较高的，而且审美需求在性别上具有一定的差异性，整体来看，女生的审美需求水平高于男生，这为我们进行适宜的审美引导提供了启迪。面对已经具有较高审美需要的大学生群体，高校在积极开展审美知识教育的基础上，应该多渠道、多举措丰富大学生的审美活动，倡导审美创造力，培养审美鉴别力。审美活动中，审美趣味的高低，总是以无意识的状态自然地作用于人的审美判断。从大学生对美丑的判断标准可以看出，他们的审美趣味更多地来源于个体的主观喜好，社会所倡导的主流取向对其影响并不大。从调查结果来看，大学生对不同类型的电影、电视节目以及不同类型的音乐都表现出较高兴趣与爱好，但是喜欢的程度还是有一定的区别。总的看来，学生对纪录类、历史揭秘类和娱乐综艺类表现出较高的偏好，而对科学教育类、政治新闻类表现出较低的偏好，对我国传统的戏剧以及曲艺喜好排在倒数第二位，表现出较低的偏好兴趣。戏剧和曲艺属于中国传统审美文化的重要组成部分，学生对其的喜好程度，在一定程度上说明我国传统审美文化存在"失位"状况。特别是近代中西方文化方面的冲突日益明显，伴随着互联网的迅速和长足发展，西方审美文化在大学生的审美观念中占据了重要位置，中国很多传统审美文化出现了沉寂的现象。

通过对学生喜好的音乐类型调查可以发现，学生对流行音乐认可喜爱程度高于对古典音乐，更是远远高于对红歌的喜爱程度。音乐是审美趣味表现的重要方面，也必然受生活、文化和社会环境的影响。音乐本身对任何个体都具有强大的吸引力，会满足人们的审美愉悦，人们的情感会在音乐中得以释放和宣泄，因此大学生群体对音乐的喜爱程度高也是毋庸置疑的。作为音乐形式的流行音乐占据了首位，一方面说明大众传播媒介对流行音乐的传播频率和传播方式更广泛，也更容易让学生获取；另一方面也是因为流行音乐较为通俗易懂，学生在欣赏的过程中不需要具有高深的音乐审美素养，也无须进行理性的分析、了解创作者的思想内涵，因此容易接受。古典高雅音乐被学生接受的程度不高也从一个侧面反映出学生对音乐欣赏的审美素养是不高的，对音乐类型追求的程度其实是个体审美价值观和审美趣味高低的体现。红歌的接受度排在最后一位，说明红色文化作为一种独特的重要的文化形式，传播的力度和广度都有待提升，如能让红歌在更多的场合和环境下占据和刺激学生的听觉空间，定会发挥音乐"润物细无声"的思想引领和教育作用。

第三节　审美教育与高校思政教育融合现状

一、思想政治教育现状

图 3-23 的结果显示，学生上思想政治课的状态并不理想，仅有 28.3% 的学生认为"精神很好"，"有时候疲惫"和"经常感到疲惫"的学生占到 62.9%，有 8.8% 的学生处于"没有感觉"的状态。从中可以发现，尽管各高校在思想政治课上作了大量的改革与探索，教学方法上进行了诸多的优化，然而学生在思想政治课上的状态仍然不够理想，在课堂上感到疲惫的仍占有较高的比例，这说明思想政治课内容和方法的改革仍有很大的提升空间。

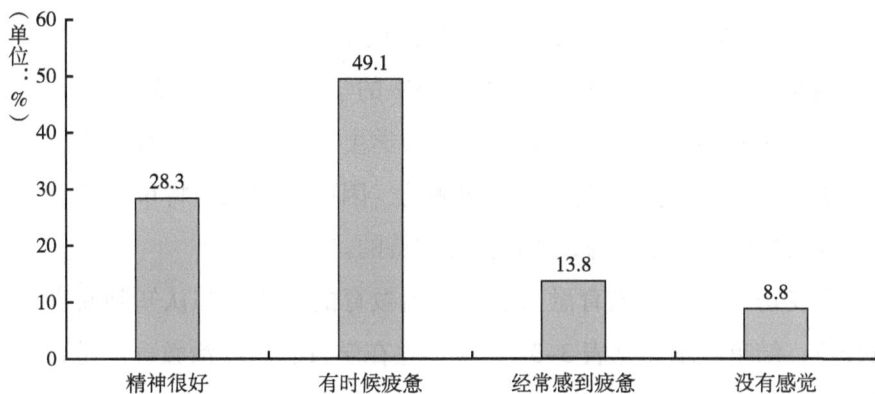

图 3-23　受访者上思想政治课的状态

二、审美教育融入思想政治教育现状

在调查学生认为是否有必要将"美育教育"融入"思想政治教育"

中时（见图 3-24），认为"非常有必要"和"有必要"的占到 88.3%，认为"没必要"的仅占 5.1%，说明学生对将审美教育融入思想政治教育持非常赞成的态度，也给予了很大的期望。

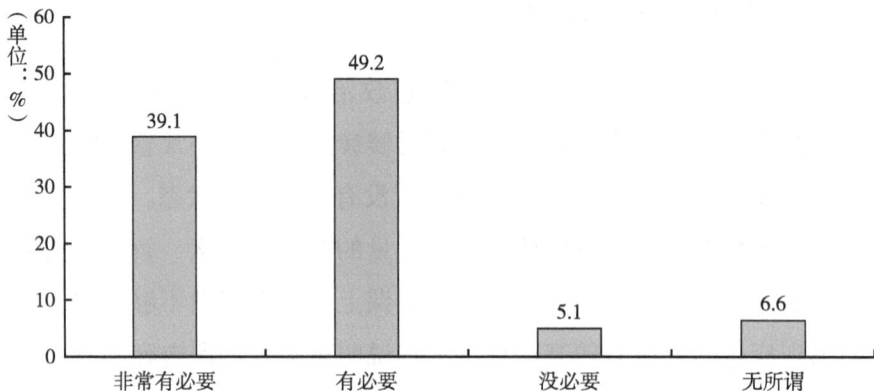

图 3-24 受访者对审美教育融入思想政治教育必要性的认识

从图 3-25 调查发现，在目前的思想政治教育中有 26.6% 的学生"经常能感受到崇高美和榜样美"，有 56.6% 的学生"偶尔能感受到"。结合表 3-3 的调查结果，可以了解到，因为学生在思想政治教育中能感受到榜样美和崇高美，并产生了一定的触动，因此学生认为将审美教育融入思想政治教育是有必要的，也是值得期待的。

将受访者对审美教育融入思想政治教育的必要性和认知判断进行交叉分析，结果显示（见表 3-3），大学生在学校思想政治教育中是否感受到了美的体验与其对审美教育融入思想政治教育的认知判断有非常显著的关联，"经常感受到"美的受访者有超过 95.0% 的人认为"有必要"（包括"非常有必要"和"有必要"）将审美教育融入到思想政治教育，仅有 2.8% 的人认为"没必要"，而"从没感受到"美的受访者仅有 74.0% 的人认为"有必要"（包括"非常有必要"和"有必要"）将审美教育融入

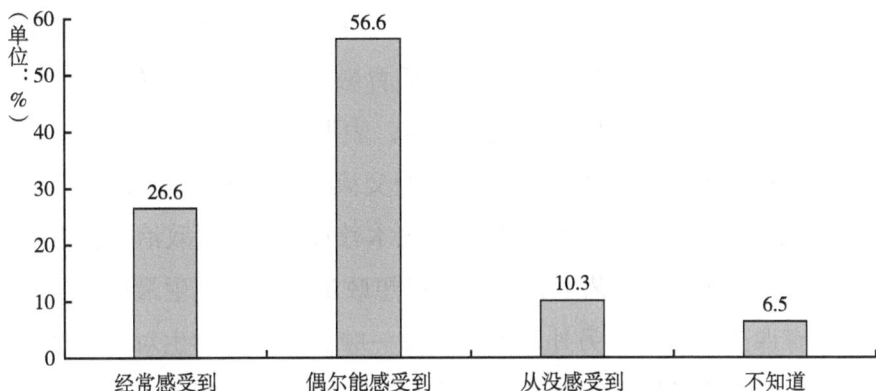

图 3-25 受访者对审美教育融入思想政治教育的认知判断

思想政治教育中，而有 14% 的人认为"没必要"。由此来看，越是在思政教育中体验到美的大学生，越认同审美教育融入思政教育的必要性，两者之间有非常明显的正相关关系。这为在思想政治教育中提高美的感受的重要性提供了支撑，但同时，在思政教育中"从没感受到"和"不知道"美的体验的受访者分别占 12.1% 和 37.2%，对审美教育融入思政教育持"无所谓"态度，两者比例接近 50%，这是一个非常值得关注的问题，表明这两类学生对思政教育融入美育教育持观望乃至漠然处之的态度，这不得不引起学术界和思想教育工作者的关注。

表 3-3 受访者对审美教育融入思想政治教育必要性和认知判断关系的分析（%）

		你觉得高校审美教育融入思想政治教育有必要吗？			
		非常有必要	有必要	没必要	无所谓
你在学校的思想政治教育中是否感受到了崇高美和榜样美	经常感受到	64.6	30.6	2.8	2.0
	偶尔感受到	31.5	60.2	4.0	4.3
	从没感受到	25.1	48.9	14.0	12.1
	不知道	23.1	30.2	9.5	37.2

表3-4调查哪三种方法更能激发学生对思想政治课的兴趣，调查结果显示，排在第一顺位的是"将艺术教育融入思想政治教育之中"，占25.4%，其次是"课堂上让学生多发言，表明自己的观点"；在第二顺位中排在首位的是"教师增进和学生的交流沟通，进行情感教育"，占26.6%；排在第三顺位首位的仍是"将艺术教育融入思想政治教育之中"，占22.1%。可以看出将艺术教育融入思想政治教育是学生最期待的思想政治教育课改革方向。另外，无论从哪一顺位上看，学生对教师情感教育的投入都给予了较高的期望。同时"课堂上多举一些励志的、感人的、爱国的例子"在不同顺位上也占有相对较高的比例，这些内容都是崇高美和榜样美的体现，无论是艺术教育、情感教育，还是崇高美，都是审美教育的重要构成方面。这同时说明，审美教育融入高校思想政治教育不但是必要的，更是与学生期待相一致的，是激发学生对待思政课兴趣的重要手段。

表3-4　受访者对思想政治课教学方法的选择偏好（%）

	第一顺位	第二顺位	第三顺位
课堂上让学生多发言，表明自己的观点	23.5	5.4	9.0
教师增进和学生的交流沟通，进行情感教育	21.0	26.6	15.4
将艺术教育融入思想政治教育之中	25.4	22.6	22.1
在课堂上多举一些励志的、感人的、爱国的例子	15.7	23.3	18.9
教师应该采用多媒体形式教学	4.1	9.0	12.8
将理论和实际相结合	10.2	13.2	21.8

表3-5列出8种认为可能影响思想政治教育有效性的问题，调查结果显示，排在第一顺位占比最高的为"内容是否枯燥"，占47.1%；在第二顺位中占首位的为"是否缺乏美感"，占27.5%；在第三顺位中，"是否能有效传递真善美"和"教师对学生情感教育的关注和投入"所占比重较

高，分别为 19.9% 和 19.6%；第四顺位中"是否能有效传递真善美"占学生认为思想政治教育有效性发挥的首位，占 22.3%。

表 3-5　受访者对思想政治教育有效性发挥影响因素的认知（%）

	第一顺位	第二顺位	第三顺位	第四顺位
内容是否枯燥	47.1	9.8	9.0	8.0
是否缺乏美感	11.0	27.5	10.3	9.4
教师对学生情感教育的关注和投入	14.2	17.3	19.6	9.8
是否能有效传递真善美	10.4	16.6	19.9	22.3
对自己有无帮助、对生活有无指导	6.0	12.3	14.6	13.3
教师的教育态度和水平	3.0	5.6	9.0	11.0
教师的教育方式是否有吸引力	5.1	8.2	12.8	16.5
社会风气	3.7	2.7	4.7	9.7

从表 3-5 中可以看出，影响思想政治教育有效性发挥的因素虽然是多方面的，然而在学生心目中，更加关注的是"内容是否枯燥""是否缺乏美感""教师对学生情感教育的关注和投入""是否能有效传递真善美"这四个方面，而对于教师本身能力、态度、水平的关注程度并没有像平时认为的那么高，反而比例都未超过 11%。这四个高度关注的点，都是与审美教育息息相关的，说明学生对加强审美教育的关注度和期待都较高，这也为我们开展思想政治教育工作、提升工作的有效性找到了好的突破口。

三、审美教育融入高校思想政治教育现状分析

（一）融入现状的调查问卷分析综述

学生对审美教育功能的认知和认可度是较高的，近 60% 的学生能够将对审美教育的认知提升到思想品德教育和人文素质教育的层面，并

且超过 90% 的学生认为审美教育对他们在审美观的塑造、高雅情趣的培养、思想道德素质和爱国主义的提升、综合素质的提升方面是有帮助的，可以看出学生对审美教育价值是有所认可和期待的。当了解大学生思想政治教育现状时，超过 60% 的学生在思想政治教育课堂中感到疲惫，近90% 的学生认为审美教育融入思想政治教育是有必要的，通过交叉分析发现，大学生是否感受到美与对思政教育融入美育教育的认知有密切的关联度，这说明提升大学生思想政治教育中美的体验非常重要。同时，学生认可的提升他们对思想政治课兴趣的方法中，加强艺术教育的融入度和教师情感的给予度占比都较高，这些都说明审美教育融入思想政治教育是学生所期待的。然而在现实中，思想政治教育重说教、重理论的现象依然占据主导，这些直接制约和影响着思想政治教育的有效性，审美教育融入的缺位和滞后等问题需要进一步厘清和匡正，进而提升思想政治教育的教育教学效果。

结合思想政治教育有效性的影响因素的分析，可以清晰地了解到，思想政治教育内容枯燥、美感不足、教师情感的投入以及"真善美"的有效传达都是学生认为的制约思想政治教育有效性发挥的重要因素，这一调查结果为我们开展思想政治教育、找到提升思想政治教育有效性的的措施方法提供了可突破的思路和路径，也为我们的研究提供了价值支撑。

（二）审美教育融入思想政治教育现状分析

1. 以美育人的观念尚未充分树立

思想是行动的先导，思想观念引领行为方式。一直以来，审美教育在我国教育领域发展都处在相对滞后的状态，思想政治教育工作中以美育人的观念尚处于探索阶段，各层次的思想政治教育工作者对以美育人的理解和认知都存在一定的偏差。审美教育融入教育教学的模式建构需要投入的不是大量资金抑或是豪华的教学设备，而是教育者价值理念的更新，是素质教育理念的深刻确立，是育人氛围的改变。审美教育因其教育效果的隐蔽性，导致高校思想政治教育工作者往往将其放在模棱两可的地位，使其处于说起来重要、做起来次要的尴尬地位。这种地位的呈现，无论是从教育教学管理工作的宏观到微观，从上层管理到一线教师，从课程的设置到考核机制的改变，还是从观念的确立到行为的落实，都未得以充分的树立。很多高校将以美育人的实践常作为"面子课程"来完成，流于形式的现象屡见不鲜，这种环境中，势必会自上至下地影响整个学校所确立的以美育人的正确观念的厘正。

2.思政教育者审美意识淡薄限制审美教育融入

一是教育观念陈旧。审美教育融入课堂教学应是主渠道，教师审美精神直接影响着审美教育实践的发挥。高校教师中普遍存在将教育和育人二者割裂开来的现象，在这部分教师的价值理念中，学生学习成绩的好坏完全由学生本人的学习态度来决定，高校教师更多将精力投入教学和科研之中，而不会过多地关注学生精神层面的需求和心理健康，其认为教学课堂的"满堂灌"乃正常现象，是教学规律所决定的，将先进的多媒体当作立体化、全方位的"灌输"工具，思想政治教育因其教学内容的特殊性，在很大程度上影响着教育方式方法的灌输度。二是将以美育人仅作为思想政治教育的手段实施。在一部分具有审美教育理念的思政教师的看来，以美育人的价值理念的实践更多地流于对方法艺术的追求、对教学手段的艺术化展现，而忽视了审美教育对于人格塑造的根本价值意义，因此在具体的教学环节，对阐释中国共产党为什么能、马克思主义为什么行、中国特色社会主义为什么好的理论传达上还不够充分。三是思政教育自身审美知识的匮乏影响了审美教育的发挥，美学学科具有很强的理论性和实践性，对于思想政治教育工作者而言，如果不专门涉猎美学知识，就会用美学的生活常识来代替学科知识，将审美教育简单地理解为艺术教育，仅将审美教育的融入理解为增加音乐、美术、电影赏析这种形式上的层面，因此厘正思政教师的审美教育理念，正确认识以美育人的价值意蕴，提升他们的美学理论功底，将审美教育全方位全过程地置于思想政治教育的环节和内容中至关重要。

3. 思政教育者对学生精神需求关注不足

从调查问卷中不难发现，学生对思想政治教育融入审美教育的价值作用是持肯定态度的，也是期待的。学生认为在思想政治教育中感受到崇高美和榜样美的必要性达到了 64.6%，学生期望将艺术教育融入思想政治教育之中占到了 25.4%，处在首位，但是在具体的思想政治教育中学生对审美教育的感受度却比较低，这就说明在高校思想政治教育的供给与需求之间存在着一定的偏差。作为完整人性之一的精神属性，决定着人的一种超越性的存在，人也是因为这种超越性的存在才从一种动物性的存在上升到人性的存在，人生境界才得以不断提升。这种精神属性的存在，使得个体不再满足于现状而是追求更好更卓越的生活，不断提升德性修养。审视思想政治教育工作，高校思想政治教育中对人的研究不够，出现了"人学"空场。在具体的思想政治教育工作中，注重人的整体性研究，而忽视了个体的特点；重视人的群体性，而忽视了个体心理状态和人的真正需要。正是由于高校思想政治教育对"人学"研究的忽视，对学生的精神需求的忽视，没有以学生需求为导向来进行思想政治教育的供给，使得对思想政治教育的效果产生了影响。马克思曾指出：社会的进步是人类追求美的结晶。在马斯洛需求理论中审美的需要也是需要层次中最高的一级，随着社会物质生活的极大丰富，商品的审美因素越来越受到重视，有时候商品的审美价值甚至超过了经济价值而成为主导价值，高品位和高格调成为商品价值的重要体现。和谐社会的建设也体现出整个国家和民族对美的追求和需要，处在新时代的大学生群体对美的追求也达到了前所未有的高度，这一方面是学生对审美的需求的不断提升，另一方面是思想政治教育工作在教育形式和教育内容方面对于美的融入的匮乏，这种供给和需求之间的差异，这种忽视主体需求的供给内容，直接影响学生对思想政治教育美的评价和认可，制约着思想政治教育的效果。

4. 思政教育内容审美趣味挖掘不足

思想政治教育内容是思政教育的关键因素和关键环节，思想政治教育专业 40 年的发展历程使得思想政治教育的内容已不断呈现出科学化、系统化的特点，涵盖了大量专业理论知识和国家政策方针，因学科本身专业内容的限制，教育内容较为抽象，学生对教育内容的充分理解需建立在教师自身的信息传输方式和方法上。大多数情况下，思政教育者本身对教育教学内容理解的深刻程度不足，决定了他们很难用审美的方式对知识进行重组和整合，这样就无法让受教育者充分理解和吸收。面对高深和高大的理论精华，受教育者的理解更多地停留在表层概念性知识体制上，无法实现对内容的认同。而且长期以来，思想政治教育的内容偏重从社会层面的需求给予观照，而对教育对象的需求关注度滞后，思政教育内容和案例的选择时代性不强，与青年学生生活的契合度不高，缺乏审美趣味很难引起青年学生的情感共鸣。思政教师如果将抽象的内容用亲切的、优美的话语体系展示出来，会使受教育者获得一种美的体验，从而产生情感共鸣和激励；而在实际的教学活动中，受教学课时量的影响和思政教师审美素养和审美情感的制约，思想政治教育内容的审美趣味挖掘还有很大提升的空间。

第四章 高校思政教育与审美教育辩证融合问题及原因

　　制约思想政治教育有效性是思想政治教育实践活动中实现其预期目的可能性，涉及教育主体、客体、环体以及介体各个方面，因此制约思想政治教育有效性的维度也是多方面的。然而，从这些构成要素和过程因素来看，思想政治教育究竟采用哪种教育理念、何种教育方法，对思想政治教育实践活动是否能实现其目的具有重要的甚至是决定性的作用。将审美教育融入思想政治教育之中，将审美教育与大学生的思想政治教育进行有效的结合，将审美教育理念和教育方法融入思想政治教育之中，这既符合高校思想政治教育的规律，又可以提升大学生的审美素养和审美价值观，最终助力思想政治教育效果的生成。"美育"一词虽然是从西方引进的，但是关于美育的思想在中国却已经有相当长的历史，而且美育资源极为丰富，然而审美教育却在历史发展中慢慢从教育体系中被忽视和淡化，在现有的教育体系中，特别是在高等教育中，在知识教育占据着重要场域的今天，审美教育始终处在弱势地位，也始终是高等教育中的薄弱环节。要实现将审美教育融入思想政治教育中进而达到提升有效性的目的，首先要挖掘目前的思想政治教育与审美教育融合方面存在的问题，包括思想政治教育者审美意识问题、思想政治教育内容的审美化问题、审美教育与高校思想政治教育的方法融合问题、教育环境的审美化建设问题等。

第一节　以正确审美观解析大学生审美素养

当代大学生对美的感知力、需求度较以前普遍有所增强，他们善于接受新鲜事物。整体来看，大学生的审美素养呈现出一种积极向上的良好态势，但是许多大学生未形成正确的审美观，极易受社会文化环境的影响，受审丑文化、功利性知识教育、教育体制机制等多方面影响，在审美方面的从众心理和盲目跟风现象都较为突出，这些影响消减着大学生的审美素养，无助于其审美能力的提高。

一、社会文化环境对大学生审美素养的影响

马克思认为："人的本质不是单个人所固有的抽象物，在其现实性上，它是一切社会关系的总和。"① 人总是处在一定的社会关系中，离开了社会的人是不存在的，因此个体不可避免地处于社会文化环境的影响之中，不同的社会文化环境造就不同的人。人的意识、行为、观念、态度都会受到环境的深刻影响。审美素养作为受个体主观能动性影响较大的实践活动，更容易受社会文化环境的影响。大学生作为青年群体，思维活跃，容易接受新鲜事物，但因心理尚处在发展阶段，价值观也处在不断构建的过程中，因此更容易受社会文化环境等外部因素的影响。大学生审美

---

① 《马克思恩格斯选集》第 1 卷，人民出版社 2012 年版，第 139 页。

素养的呈现程度，不仅仅是自身价值的尺度，也是社会整体审美水平的缩影（见图4-1）。

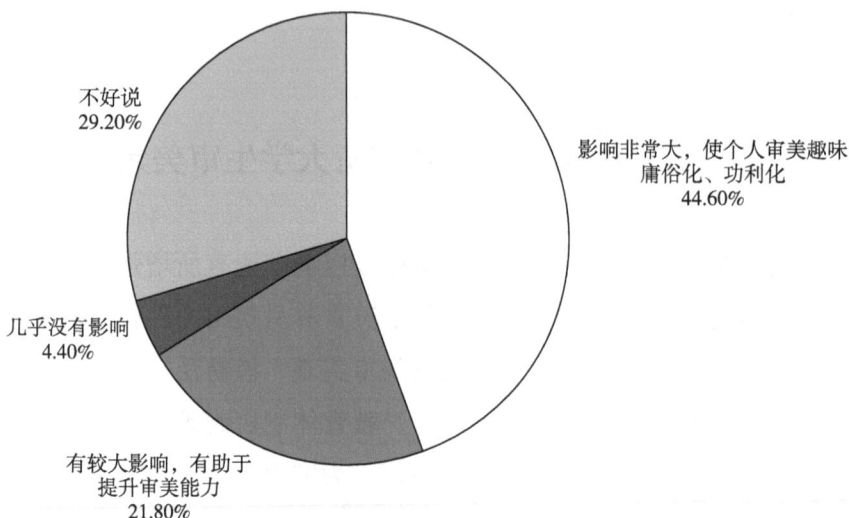

不好说
29.20%

影响非常大，使个人审美趣味
庸俗化、功利化
44.60%

几乎没有影响
4.40%

有较大影响，有助于
提升审美能力
21.80%

图4-1　社会环境对个人审美素养的影响

（一）大众文化影响学生的审美价值观

大众文化是与市场经济发展相适应的一种市民文化，是以全球化电子、网络等现代传播媒介为中介的文化。人们平日所接触到的诗歌、小说、流行音乐、电视剧、广告和电影都是大众文化的展现形式。大众文化具有商业性、大众媒介性、娱乐性、依赖性、世俗性等特征，在一定程度上反映着人们的生活，而且是人们精神生活的一种表现，因此大众文化与高雅文化在理论体系和观念方面形成了重要的反差。

1. 大众文化的理性匮乏限制大学生的审美观念发展

随着市场化、信息化高速发展的现代社会的到来，人类进入了消费时代。这一时代的显著特点就是，消费的产品已经从单一满足人物质生活的工业产品变成了满足人物质和精神双重需要的产品，消费时代文化重心由思想精英走向了消费大众型，因此出现了大量具有替代性和虚拟性满足的精神文化产品，大众文化这种消费型文化以满足人的感官快乐为原则，不考虑文化产品的人文价值和社会价值。所带来的感性娱乐和审美趣味，因为其直观性、通俗性和感性色彩而容易走进大众的精神世界，影响大众对文化的基本判断，普通大众因此更容易建构起个体的审美权利。随着社会的发展，大众文化所展现出来的审美导向的媚俗化、审美内容的庸俗化、审美情感的粗鄙化层出不穷，因其更贴近群体的文化消费习惯，所以更容易被接受，那些高雅、经典的艺术作品因具有深层的不为大众所理解的内涵，而变得曲高和寡。

大众文化的快速发展直接影响大众审美能力的培养和审美价值观的发展。在大众文化的诱导下，大学生群体忽视了道德的追求，而追求的是享受当下快乐和道德虚无主义文化心态，大众文化的这种理性匮乏对大学生审美素养的建构带来了巨大冲击，限制了学生审美观念的发展以及对美追求的提升，限制了大学生群体的审美趣味和审美创造力。大学生因大量地吸收大众文化，容易形成低俗、媚俗的审美观念和审美趋向，这样对大学生的道德情操、价值观念、人生目标的弘扬以及兴趣爱好都会产生深刻的影响。

2. 大众文化的易得性占据着大学生的审美选择

大众文化具有商品性，追求的是经济利益最大化而非社会效益最大化，在思想内容上投其所好，因此会出现大量格调低下、表现形式夸张、媚俗、缺失美感的文化垃圾。文化所特有的正面教育引导作用失去了原有的价值。大众文化的特点是传播载体新颖、数量多、传播快、复制度高，因此极大地抢占了市场和人们的闲暇时光，对高雅的文化产生了极大的冲击。与此同时，大众文化能够借助商业炒作和人们享乐观念盛行的优势，在社会文化领域形成垄断，对社会文化环境是极具破坏力的。

在大众文化盛行的当代，人们对人生意义的探求、对社会理想的追求、对道德规范的传承以及对民族精神的坚守都受到了冲击和挑战，这种不利于社会主义先进文化事业发展的文化产品，直接深刻影响着分辨能力较弱的大学生群体。

3. 大众文化为西方思想对大学生思想的渗透提供了更大的空间

大众文化为西方观念向我国社会生活的渗透提供了更便捷的条件。互联网时代，意识形态问题始终是给思想政治教育带来挑战的关键问题。西方国家可以借助影视作品、网络及各类印制品，有意识地大力渗透西方的价值道德观念，散布西方个人主义、享乐主义思想，冲击社会主义、集体主义的价值观念，在潜移默化的熏陶下，大学生不可避免地会受到影响，逐步由浅层次的文化消费行为发展成深层次的政治认同问题，这些都极大地冲击着我们的思想政治教育工作，老师们苦口婆心地教育教学，抵不过长期的西方影视作品的冲击和价值观方面的影响。

4. 非理性的平庸化审美行为影响大学生的审美认知

自媒体时代人人皆审美，年轻的大学生群体倾向于轻松、直观、感性、娱乐的审美状态，迎合大学生的需求。现实生活中经常会在网络媒体上出现一些娱乐性强、能给人带来即刻快感的，却庸俗、扭曲的非理性审美行为，这些审美现象和审美行为借助大众文化的外衣，所展现的却是低俗、丑陋的审美观念，以丑为美的现象比比皆是。不但浊化着社会的审美氛围，误导大众的审美观念，更污染着大学生的审美观念。导致一些大学生审美认知能力肤浅，审美价值观偏移，有的甚至对社会上一些庸俗的审美现象进行追捧和效仿，同时，大众文化的过度发展，使得高雅的审美文化趋向于"日常生活审美化"，即将"审美特性授予原本平庸甚至粗俗的客观事物"，产生平庸化的审美行为。那些传统的、高雅的审美趣味和行为在平庸化的审美行为的冲击下，不得不进行转化，以符合大众的审美喜好。表现为在审美形式上更多地强调直观感受和感性的体验，使得审美形式变得更大众化和通俗化，这是和快速的现代生活节奏相适应的。然而这种审美的日常化和生活化，使得传统、高雅、纯粹的审美因在大众面前"失宠"而丧失其内在的价值，这种审美生活化的转变对大学生的思想和行为产生了巨大的影响，学生对审美价值迷失了基本的判断力，反而更注重现实美和生活美，认为美就应该是日常性的，将美物质化和感性化了。这种追求感官享受、轻视内在精神、失去审美判断的行为，成为弱化大学生审美价值观的元凶。低级的审美价值观对学生的思想道德会产生极大影响，使得大学生审美理想缺失、不思进取、精神空虚、沉迷于网络；有的大学生过分关注外表，甚至整容过度。追求名牌、追求金钱的拜物倾向比比皆是，严重挑战着高校思政教育工作的开展。载体单一的思想政治教育与学生唾手可得的大众文化之间，在教育的频率和深度上都不占据优势，增大了思想政治教育工作的难度。

（二）中华优秀传统文化对大学生审美教育引导不充分

中国几千年的文化底蕴，是任何一个国家和民族都无法比拟的，也是无法逾越的。在漫长的五千年发展进程中，形成了博大精深、源远流长的中华文化，这一文化是以汉族为主体的多民族共同融合所创造的民族文化，几千年来中国文化始终是在儒家、道家深刻的哲学思想的影响下发展的，具有独树一帜的艺术价值。在中国哲学体系中并没有西方所谓的"美学"理论，但在儒家和道家的哲学体系中，《易经》《论语》《大学》《诗经》中关于美的本质、美的意识的感觉、情感，乃至悟性和性情的诠释却比比皆是，并保持着长久的生命力，具有极强的社会美和人情美的内容。在中国文化中，儒家的至善唯美，是以"德"的意识存在的；道家的至真唯美，是以"自然"的意识存在的，这些意识沿袭至今。

审美文化是人类有目的有意识地创造美和享受美的一种特殊社会活动，是人工而非自然的审美活动。① 这种审美活动，能够产生对社会成员进行精神教化的作用，具有一定的意识形态性。可以说，审美文化是一个国家、民族审美素养的重要体现方式，影响和指引着国民的审美思维、审美心理和审美素养。按照人格的集体无意识理论，不同民族、不同国家有着不同的文化心理，即拥有不同的人格特质。席勒说："任何一个民族中，审美文化的高度发展和极大普遍性与政治自由和公民的美德、美的习俗与善的习俗、行为的优雅与行为的率真都是携手行进的。"② 中华传统文化历经五千年的历史长河，孕育出丰厚的审美文化，影响着一代又一代国人的人生观和价值观。中华传统文化在大学生的思想政治教育中发挥的作用体现在思想观念、道德意识、文明素养和价值规范的方方面面，是一个潜移默化润物启迪的过程。中华传统文化中"天人合一""以美辅德"等思想都是中国美学思想的重要体现，追求的是人与自然的和谐之美，是高校进行审美教育、提升大学生审美素养的重要源泉。因此，可以发挥传统文化优势，将其融入审美教育的内容和载体之中，丰富和完善审美教育资源。

新中国成立初期，中国的贫穷落后和西方的迅速崛起，在经济方面拉开了巨大的差距，这就导致一部分知识分子盲目崇拜西方文化，否定优秀的中华传统文化，一大批知识分子对中华传统文化的否定和严厉抨击深刻地影响着那一代年轻的知识青年。加之新中国成立以来，在我们的各级教育中也并没有加强对中华传统文化的教育，在当前大学校园中，因为从小受到的传统文化教育的缺失，导致一些学生对优秀的中华传统文化的认识仍然停留在"三纲五常""三从四德"这些消极的层面。大学

---

① 王一川:《美学教程》，复旦大学出版社 2004 年版，第 156 页。

② ［德］席勒:《美育书简》，徐恒醇译，社会科学文献出版社 2016 年版，第 36 页。

生对传统文化的不了解，造成了对中华传统文化中蕴含的美学价值置若罔闻。随着市场经济的发展，社会关系中交换关系成为基础，拜金主义泛滥，世俗化、商业化盛行，人格意识衰落，个人的道德和修养被束之高阁。同时，西方文化伴随着经济的发展和改革开放的深入强势侵入，中华传统文化遭受了极大冲击，渐渐处于弱势。活跃的西方审美文化在中国人的审美文化上扮演着主角。经济基础决定上层建筑，西方经济的强势发展，在文化领域也以强势的状态侵入我国文化领域，影响着学生的审美判断，西方审美文化对中国审美文化的侵蚀，使得传统审美文化逐渐淡出人们的视野，青年一代更乐于追求西方审美文化，而东方文明中的美的价值丧失了应有的地位。中华传统文化中所包含的审美思想、审美意蕴对当代大学生有着重要意义，大学生处在审美认知的发展时期，评判审美文化高低的能力还不足，容易受社会外界因素的影响，中华传统文化中的美被忽视和搁置，更多的是受西方观念的影响，极大地制约了学生们审美感受力的提升。传统文化教育的缺失，影响大学生对审美文化的理解，使其无法从中华传统文化中汲取审美的养分来完善自己的审美素养，提高自己的审美价值，追求更高的审美理想。

二、培养目标功利化倾向限制大学生审美素养发展

大学的市场取向、功利取向日趋明显，即排斥那些无法带来直接效益的知识，而推崇能够短期产生效益的知识。现代教育提倡的是发展学生综合素质，实现学生德、智、体、美、劳的全面发展。教育作为培养人的一项社会活动，其根本任务是"育人"。审美教育作为五育的重要部分，是其他教育无法替代的，通过审美教育可以培育学生积极的心理结构，提升学生的审美能力，促进学生真、善、美的发展，促进思想政治教育的效果实现。然而一直以来，伴随着应试教育的选拔机制，在学

校教育实践的过程中，"智育为上""知识至上"的观念从未被弱化，仍然作为学校和家庭教育所推崇的教育理念，知识教育是实现"智育为上"观念的最主要的教育方式。近年来，德育和体育建设发展得较为迅猛，但是审美教育却总被认为是德育教育的手段或者是一部分而得不到应有的重视，甚至审美教育被知识化、教条化所替代，失去审美教育应有的价值，从而成为知识教育的附属品。

（一）功利性知识教育消解审美素养的生成

教育具有两种基本的功能，一种是手段性的，另一种是目的性的。手段性主要表现为用科学技术、劳动技能和某些社会常识来训练学生；目的性是为了学生在各种实践活动中，培养完整的人格、健康的体魄、积极的心理结构，使精神和肉体平衡协调地健康发展。毋庸置疑，审美教育属于后者。然而从两种教育的基本功能来看，前者实现的效果较为明显，会直接对人的基本生存带来利益，而后者的实现较为隐蔽，对人的价值的发挥是非直接的，这就造成了人们对教育手段性的追求而忽视了对目的性的追求，这也就为功利性知识教育的蓬勃发展提供了有利的条件。功利性知识教育将教育变成了手段，将功效作为最终目标，学校教育的功利性也就自然地展现了出来，过分地注重那些显化的可带来实际效果的知识，而自然地排斥那些表面上不能效益化的知识。审美教育的过程既不是认识事物的过程，也不是实践的过程，而是一个激发个体生命力和创造力、丰盈人的情感、开启人的心智的过程。审美教育的实施激发了大学生对美好生活的向往，塑造和培育了完美人格，与思想政治教育相辅相成解放人性，防止"单向度"的人的发展，塑造全面发展的人。

然而美育作用的发挥并非一朝一夕的事情，其潜移默化的熏陶作用常常因为不能直接为大学生带来利益而被忽视，甚至被嗤之以鼻。作为大学生群体，更多关注的是对未来职业发展和获取经济利益是否有作用，因此，导致大学生仅仅从自身某种实际利益需要出发，简单化、功利化地对待审美教育的目标，对审美教育的目的产生了怀疑和误解。学生思想上的轻视，会直接为审美教育的实施增加难度，更限制了自身审美素养的提升。大学生的需求来源于社会的需求，来源于社会的价值判断导向，这是功利性知识教育所带来的弊端的体现。

（二）唯科学的知识教育缺乏对大学生精神力量的培养

受应试教育导向的影响，学生的学习一直都是将知识教育作为教育的内容，甚至是全部内容。这种意识下，促进人的理性发展就成了学生学习的唯一目标。正如斯宾塞所极力倡导的科学教育，认为科学才是最有价值的知识。他认为："无论是维护生命健康方面，还是为了谋生，还是父母履行职责，还是艺术创造，抑或是道德宗教训练，科学都是最有效的。"[①] 可以看出，功利教育将人的发展完全置于科学的范围之内，其他任何方面的教育都被视为是无用的，这种单一方式教育导致现代教育只重视社会世俗的需要，而淡化的是个体人格发展方面和精神成长方面的诉求，导致人发展的严重的片面性。

在乐观理性主义和科学主义的引导下，教育对人的评判标准难以全面化、客观化，更多的是放大了理性、智能、科学、技术对人的影响。科技改变了人们的生活习惯、学习习惯、交往习惯，唯科学的知识教育将"科学理性"作为衡量学生成长的一把尺子，也作为衡量学生审美教育的一把标尺，将审美教育的内容固化，用科学知识的方法来衡量审美教育的方法，这种衡量方式抹杀了审美教育所赋予人们直观的、感性的对审美的认知，将寓教于乐的审美教育等同于僵化制约式的科学教育，

---

① 《斯宾塞教育论著选》，胡毅、王承绪译，人民教育出版社 1997 年版，第 91 页。

这种教育方式压抑和戕害了学生对审美教育的热情，将审美教育等同于寻常的知识教育。审美教育所呈现出的独特的人格塑造魅力、生动的教育教学内容和鲜活的感知力，在学生这里变成了呆滞、僵化、刻板的理论知识教育，等同于一般的人文科学教育，这种以科学理性为主导的知识教育模式不可避免地影响学生对审美教育的诉求度，一些大学生所展现出的意志消沉、情感冷漠、精神感知力下降等问题都是审美素养缺失的表现。因此，功利性教育忽视了学生审美素养教育的秉性，在唯科学的知识教育模式影响下，难以展示出审美教育的独特作用和价值，导致审美教育误入歧途，培养的学生变成了理性工具的"人"，大学生健康的人格塑造受到了制约和影响，学生的超越性的品质受到了抑制，阻碍了全面发展。

（三）人才培养的短、平、快模式制约了人文精神的培育

人文精神反映了人的内在价值和社会的普遍正义，必须认可的是，科学技术为人类的发展创造了空前的可能性，使社会得以快速发展成为可能，为人们物质生活水平的提升提供了极大的支撑。而同时所滋生的是信息技术的发展带来的新问题。比如人的个性、主体性的消失，道德的败坏等现象比比皆是。科学技术在服务于人的同时，也正在奴役着人的精神世界。大学生在获取教育的过程中，并没有将其视为一种乐趣，而是将其作为一种达到生活目的的工具手段。科学技术能发展人的生活，但是却不能发展人的意识，人的诸多生存问题、人生观价值观的问题、人生的幸福与不幸的问题、人的理想信念的问题、崇高与渺小、善与恶、充实与空虚，这种种的人生问题，这些精神层面引导人、制约人发展的问题单纯靠科学技术是无法改变的。建构知识王国的同时忽视了人文精神领域的建构，就容易造成人的尊严的丧失和人的精神家园的失落。

我国高校的主要教育教学方法，从强调教育是生产力到提出大学产

业论，将高等教育引入了偏激的发展方向。在这样的导向下，越来越多的高校开始忽视大学"人文"传统的培养，一切培养目标都以市场需求为导向，从专业设置、学科建设、人才培养目标等都按照市场的需求进行所谓的改革。从整体上看，高等学校的人才培养模式大多是建立在科学主义指导下的，大学生身处其中，自然会受到更多科学主义的影响，人文科学知识的传授不足是长期以来高等学校人才培养的短板，这种短板的形成受到市场人才需求导向的影响，特别是当下一批又一批的应用型院校的转型，都是为了对接市场的需求。人才培养目标与市场需求趋同本无可厚非，但是这种目标化人才培养的功利性过强，会制约大学在人才培养过程中对人文科学的普及和发展，审美教育作为人文科学的重要部分，其发展受到制约也在所难免。

（四）功利性学校教育缺乏涵养大学生审美素养培育的有效载体

教育的最终旨归是要培养全面发展的人，高等学校作为人才培养的重要阵地，是为社会发展提供智力支持和人才支持的重要场所，高等学校的人才培养质量将成为中国特色社会主义事业兴旺发达的不竭动力和源泉。然而在功利性教育的影响下，高等教育的培养被就业这个指挥棒所牵引，其人才培养的导向就不得不摒弃对大学生人文精神的培养，因为这种培养是隐性的，是难以直接体现出人才培养效果的，缺乏对人的人文精神的培育，就无法实现对全面发展的人的培养目标，只有人文精神的培育才能真正体现人的内在价值和社会普遍正义，这是高效人才培养的核心所在。在功利性的教育目标影响下，有时变成了可有可无的教育目标。那么，作为全面发展的人的基础的审美教育，作为提升大学生审美素养的重要载体，其重视程度也就毋庸置疑会受到影响。现阶段，高等学校整体缺乏涵养和提升大学生审美素养的环境和途径。

1. 高等学校教育者对审美教育的重视程度不足

师者，传道授业解惑也。高等学校的教育者除了专任教师之外，还包括各个层级的教育者和管理者。无论从管理层面还是教育层面，其教育目标、教育理念、教育方法和教育手段都决定着人才培养的导向和效果。其中教育目标既是教育的出发点，也是教育的最终落脚点，是教育过程中学生在认知方面、思想方面、情感方面以及行为方面变化的综合反映。教育目标的不同直接决定着教育理念、教育方法、教育手段的实施。审美素养包括一个人的审美意识、审美感受、审美方式和审美表达，家庭教育在审美素养的形成中发挥着奠基石的作用。大学时期是大学生三观建构的重要时期，因此也是审美素养形成、发展和成熟的关键期，高校教师群体的行为方式、言谈举止、仪表仪态都影响着学生审美观念的塑造，乃至审美理想的形成和确立。如果说高校管理者决定着大学生审美素养培育的可能性，那么一线教师对大学生审美素养的培育和提升就发挥着直接影响作用，也是大学生审美素养培育和提升的关键要素。然而，就是这群直接决定和影响大学生审美素养培育和提升的关键群体，其自身的审美素养却不容乐观。因为现有高校教师自身成长的过程，一直以来在我国教育环境的影响下，其审美素养本身就尚未得到充分培育，特别是一些年龄较大的教师，受长期教育环境的制约，其自身的审美意识较为淡薄，审美价值观不够端正，加之学校教育中，教育管理层长期对审美教育地位的忽视和漠视，在教师的继续教育培训中，并未加强高校教师的审美教育，导致审美教育的理念和价值未在整个教师群体中得到认可、重视和尊重。他们更关注的是能切实直观展现出来的教育教学效果，这些因素使得大学生的审美素养的培育仅停留在口号和文件中，真正落地实施，无论是从理念层面还是实践层面，其发展都受到了制约。

2. 高等学校审美素养培育的课程设置尚不科学和完善

知识化课程传授一直是高等教育的主要方式，课程设置的合理性、科学性、严谨性直接决定着大学生学习的范围和内容，决定着人才培养的质量。长期以来，受工具理性的影响，高校的课程设置不断对接市场需求，对人文学科的重视程度远不如科学技术知识，学生人文精神的培育始终没有引起足够的重视。由此也反映在大学课程的设置上，当前，许多高校关于审美课程的设置严重不足，关于美学的理论、艺术文学赏析等教学课程，一般都作为选修课对学生进行培育。无论是专业知识中所内含的审美元素的挖掘、审美内容的呈现、审美意识的培养，还是一些美育专业课程的数量和质量上的供给，都无法满足大学生对审美知识的需求，更无法充分发挥课堂教育在大学生审美素养培育和提升方面的作用。

高等教育是培养高素质人才的重要途径，高素质人才除了掌握先进的科学技术和文化知识外，更重要的是要加强人文修养教育。如果在市场化不断发展的今天，以财富为美的高素质人才占据了大多数，而以"真诚为美"的人数却不及学历层次不高的人，那么这些高素质人才在参与市场经济、全球竞争和自主创业的时候，能否适应社会竞争就成了一个至关重要的问题，他们能否为社会主义事业发展贡献出应有的价值，能否成为构建和谐社会的生力军也是一个值得反思的问题。

三、网络审丑泛化冲击大学生思想道德行为

（一）审丑及网络审丑的基本释义

谈论审丑的问题，首先应该阐释什么是丑，什么是审丑。从字面意思来看，丑是与美相对的概念，丑的事物呈现出来的无论是从外观、内容，还是形式方面都是不和谐的、残缺的、冲突的以及破碎不完整的。

在现实的世界中，美与丑相互否定，二元对立。如果美总是以一种和谐稳定的状态予人呈现的话，那么丑的事物就是不和谐、不稳定的状态；如果美表达的是人的理性与人的感性碰撞后的和谐发展结果，那么丑就是这种和谐运动状态的中断；如果说美是对人肯定方面的呈现，那么丑就是对人否定方面的呈现；如果美是合乎道德的，那么丑就是非道德或反道德的。"真的、善的、美的东西总是在同假的、恶的、丑的东西相比较而存在，相斗争而发展的。"① 从这个意义上来看，如果美与"真、善"相对应，那么丑就应该与"假、恶"相对应，使得广义的丑和广义的美成为相对应关系。既然是对应关系，那么在人类追求美的进程中，丑就不可避免地会存在，因此也是人类社会生活中需要批判和讨伐的对象，因此要歌颂"真善美"，批判"假恶丑"，不断促进社会的和谐进步。

从审美主体和客体间关系来看，人的本质对象的未实现状态就是丑，是一种对人的本质的否定，是目的性和规律性的不统一；从审美的内容和形式关系来审视，丑是对规范内容和正常尺度的消解；从审美活动的规律来看，丑一直是客观存在的现象，丑所引起的感觉，是一种复杂的感觉，它富于刺激性，使人不安、厌恶甚至痛苦。用传统的、习得的形式和法则去衡量丑的畸形、不和谐，等等。虽然在后现代哲学思潮的影响下，肯定了"审丑"也有其美学价值，丑的审美价值在于从负面角度显示了美的价值，主要表现为对比美，进而衬托出美的价值。正如雨果所说："滑稽、丑怪似乎是一段稍息的时间，一种比较的对象，一个出发点，从这里我们带着一种更新更敏锐的感觉朝着美上升。"② 不同的历史阶段人们对美丑的定义是有差异的，马克思主义美学认为否定和敌视人的本质的、阻碍人类创造美好生活的东西都是丑的。究其本质，丑是作

---

① 《毛泽东文集》第7卷，人民出版社1999年版，第230页。
② 北京大学哲学系美学教研室：《西方美学家论美和美感》，商务印书馆1980年版，第236页。

为一种非理性表达，是怪诞的、与传统相悖的。审丑和审美也是一种相对的概念，审丑的过程就是对社会非主流的、阴郁的、扭曲的现象确定的过程。审丑的过程不是为了彰显个体的独特与标新立异，同审美一样，审丑在很大程度上反映出的是人们的一种价值取向，是个体内在价值观的外在显示。大学生建立正确的审丑观念，有助于他们以一种否定的思维，一种理智、客观、公正的心态去审视大众文化的负面情绪、负面效应和负面价值。网络审丑是互联网时代的一种特殊产物，是指"审丑对象"采用低俗的方式，为获得受众群体关注度，博取吸引力，而主动展示丑陋的行为。但是受商家媒体牟取暴利的利益观驱使，以及人们猎奇心理的唆使，一些"畸形"的恶搞现象被泛化和宣扬了，使得民众在不知不觉中错把"审丑"当作时尚的消遣。人们在对审丑现象窥探的过程，内心得以满足，并形成嗜丑的心理误区，导致美丑不分、荣辱不分、是非不明的低俗化审美态度。网络"审丑"在一定程度上反映的是价值感的偏离，是社会群体"浮躁"心态和审美疲劳的体现。

（二）网络审丑文化影响大学生三观的形成

随着互联网的发展，人们的生活学习和网络的连接越来越紧密，毋庸置疑，网络已经成为文化传播的一个重要渠道，悄然地走进每一个学生的日常生活。网络也成为大学生主动感知外部信息的首要渠道。伴随网络文化的发展，网络审丑文化弥漫在各大网络视频平台，媚俗、低俗、恶性炒作等丑陋的文化现象比比皆是，充斥学生群体的日常闲余生活。审丑和审美是辩证统一的，"以丑为美"的价值观冲击、挑战和影响着大学群体的视觉、听觉和感觉，审丑文化的迅速发展与传播，无时无刻不在冲击着大学生的思想道德体系，以经济利益为导向的审丑热门事件和一些"丑星"传播的错误的世界观、人生观、价值观、道德观和审美观对大学生群体造成了诸多的困扰。大学生成长于网络信息化时代，他们对网络有着极强的依赖性，乐于接受新鲜事物的他们分辨是非的能力还处在混沌期，网络"审丑"文化对于大学生来说是稀奇的、特殊的，一些低俗、廉价、恶搞的内容容易吸引大学生的眼球。当人们物质生活得到满足后，对于精神生活的需求就上升了，而这种精神生活表现形式是多方面的，在这样一个娱乐消费至上的年代，加之大学管理方式的开放性，大学生在学业上会有所懈怠，而且大学生群体这个年龄段，对各种事物的价值判断和判断标准并未完全建构起来，极易被不良文化所侵蚀。审丑文化的泛滥，充斥着大学生的娱乐生活，其所虚构出来的一些假象让大学生心之所向，同时一些低俗的、不堪入目的视频和图片冲击着这些冲动期的年轻人，一些肤浅的、庸俗的"丑星"为了个人经济利益，制作一些矫揉造作、不堪入目的内容以博得流量，这些内容所传递的错误的价值观、道德观和审美观，无一不冲击着大学生的是非标准，造成他们的思维混沌，误把虚拟当现实，潜移默化地影响着学生价值观、人生观、世界观、道德观和审美观的形成，更制约着思想政治教育有效性的发挥。

（三）网络审丑文化易使大学生价值观偏离社会主义核心价值观

我们生活的社会除了受外部环境、自然环境和社会环境的影响外，互联网环境也成为一个改变和影响人生生活习惯和价值观的重要场域，这个场域所呈现出的隐蔽性和虚拟性，在更深的程度和更广的范围内影响着人们的思想观念和道德意识。马克思指出："人创造环境，同样，环境也创造人。"① 在即时性、广泛性、虚拟性、普及性和便捷性高速发展的互联网时代，人们已经步入了"无处不网、无时不网、无人不网"的网络时代，便捷的互联网资源已经成为影响政治、经济、文化、科技、教

① 《马克思恩格斯选集》第1卷，人民出版社2012年版，第172-173页。

育、生活等方方面面的主要因素，也影响着人们的思维方式和行为方式。海量信息中包含着关于真善美的信息，也不可避免地掺杂着假恶丑的不良信息。如恩格斯所说："文明每前进一步，不平等也同时前进一步，随着文明而产生的社会为自己所建立的一切机构，都转变为它们原来的目的的反面"[1]。

　　年轻的大学生群体更是互联网的忠实拥护者，大学生对互联网的依赖性远超其他社会群体。互联网的传播速度和功能会远远优于传统媒介，大量的信息无时无刻不充斥着学生的认知，网络传播的内容良莠不齐，其中网络审丑现象的出现和流行，对传统的审美观带来了巨大的冲击甚至是颠覆性的，那些消解主流价值观、挑战先进文化的信息不同于传统文化中所追求的"丑"，网络"审丑"是低俗、低级趣味、色情的标签，所追求的是拜金主义、享乐主义及一些低俗、媚俗、恶俗的语言，这些会造成对社会主义核心价值观和社会主流文化理念的消解和侵蚀。在这种环境下，大学生的审美价值体系和价值体系会直接受到影响，极易对"真善美"产生误解，产生一定的审美困惑，产生错位的"审丑"偶像，一些偏离主媒价值观的文化信息，降低了学生对主流价值观的认知，使大学生对主流文化产生迷失，特别是一些"审丑"偶像的确立因其与众不同而容易受到青年学生的追捧，造成大学生的审美观、价值观和社会主义主流文化之间的不对称。不推崇高雅的文化和高尚的情操，而过分地追求短暂快感的低级趣味、低级层次的内容，在这种审美观念的驱动下，会直接拉低整个社会的审美观，大学生的审美判断力、审美价值观都会被侵蚀。大学生的思维方式容易与社会脱节，沉浸在自我意识膨胀、"以丑为美"、"美丑不分"的假象中，对大学生的生理和心理都产生了不

---

[1] 《马克思恩格斯选集》第3卷，人民出版社2012年版，第518页。

可估量的影响，最终颠覆大学生法律和道德观念，影响社会主义核心价值观在大学生群体的构建，甚至降低对政府、对社会、对中国特色社会主义的信任和认同，特别影响大学生健全人格的形成。

（四）亚审美形态对大学生思想政治教育的影响

精神世界在多元化价值的冲击和影响下，人们以前所恪守的价值观、理想信念和价值追求不断受到冲击，信仰危机、价值迷失、道德困惑、日趋激烈的竞争压力以及不断拉开的贫富差距，在人们心中引发了震荡，影响着人们的价值观和行为方式。在功利化盛行的模式下，人们的内心渐渐失去了平静，产生了焦虑、紧张、功利、无奈、沮丧等诸多负面的情绪，甚至很多人出现了不同程度的心理问题，精神的痛苦往往超越了工作的辛苦。在这样的社会环境影响下，大学生难免受到深刻的影响，"丧文化"在大学生中盛行。

迅速发展的物质生活为什么没有丰富人们的精神生活，反而造成了更多的彷徨和失落？因为在"重利轻义"思想的影响下，人们追逐物质的速度和追求精神的速度产生严重的落差，精神支柱的缺位给个体的精神带来巨大的痛苦，那只无形的手会使人整体精神沦陷，产生"意义危机"，个体的精神沦陷导致社会风气的败坏。

第二节　高校思政教育主体审美教育意识解析

在"大思政"的工作格局下，"思想政治教育者"是一个非常广义的概念，不仅仅包括专职的一线思想政治教育者，还包括从事学生工作的各级各类政治教育人员，这些人里面有顶层的设计管理者、有高校教师辅导员队伍、有从事与思政工作相关的党建工作人员，还有从事学生工作的一线教育工作者，这些人共同构成了大学生思想政治教育工作的各级力量，是"大思政"工作格局得以实现的力量主体。他们发挥的管理职能、教育职能、协调职能、引导职能和品德规范职能，从不同的维度影响着大学生思想政治教育工作，思政工作者所呈现出的在政治方面、知识方面、道德方面、审美方面、生理方面的素养都直接影响和决定着思想政治教育效果的实现。在这里我们重点关注思想政治教育者审美方面的素养，以期找到思想政治教育审美化过程中缺失的现象及其表现。

一、高校思政教育主体意识偏颇

顶层设计的问题一直是管理层应该研究的事情，思想政治教育的主体在这里更多地指向了思想政治教育工作的管理层，他们发挥着思想政治教育重要的管理职能，作为思想政治教育与审美教育融合的顶层力量，他们可以有效规划、统筹、组织、实施先进的管理理念，根据受教育者的思想水平、能力素养改进管理方法，全方位地塑造受教育者，培育健康人格。近年来中央出台了一系列加强审美教育的文件和制度，并将改进美育教育工作纳入审美社会改革的重大问题之中，社会对审美教育的重视程度都有很大的提升，教育管理部门和各级教学单位也纷纷作出了响应，美育的认识程度已经被提到了相当高的地位。然而制度层面的建设并未深入教育主体理念的建设之中，对于审美教育内涵的认识、审美教育开展的方式方法、审美教育对促进个体发展的本质作用等都处在模糊的认识阶段。学校工作的顶层设计具有方向性的引领作用，高等学校运行的方式决定了顶层设计对教育教学具有重要的方向引领和全盘统筹的规划作用，而因为认识的模糊和教育主体自身审美意识受限，在审美教育具体操作的层面，学校没有建立起一套符合校情的公共审美教育方案，没有建立起相关的制度机制来保障审美教育的开展，也没有建立系统的审美教育课程体系。同时，现有的教育评价体系中审美教育缺乏相应的激励机制，对审美教育所创造的价值并未充分挖掘，使得教师群体普遍开展审美教育的动力和导向不足，在审美教育问题上始终处在说起来重要、落实起来不到位的状况，使得审美教育游离于主流学科教育体系之外。大多数大学的普遍性做法是将审美教育主要工作置于文学院、艺术学院之中，尚未成立审美教育研究中心，导致审美教育无法形成一个完整的教学体系，极大地制约着审美教育发展的进程。当审美教育在高校处在这样的弱势地位的时候，将审美教育融入思想政治教育也便成了一个遥不可及的理想，其落实的责任和担子就自然而然地落在了一线教师群体的肩上，如何将审美教育融入思想政治教育的有效性探索也会因一线教师审美素养的差异而受到制约。

二、高校思政教育主体审美观念的澄清

美育是审美教育的简称，但一直以来人们对美育概念的认识不清，直接影响了社会对审美教育的态度和观念有所偏颇。从审美教育的认识来看，人们经常将其称为"美感教育""人格教育""情感教育""艺术教育"等，这些定义都只是审美教育的一部分内容，大多数人都存在以偏概全的误区，对审美教育的价值和概念的认识还处在混沌的状态。同时，高校的教育主体存在着把审美教育理解为一门课程而不是一个教育目标的情形，将审美教育仅仅局限为一门"美育课"。审美教育不是一门课程，而是教育的一项基本目标，是"德智体美劳"的重要组成部分，和德育工作一样，它的发展绝不是依托于一门或者几门课程就能够得以发展和建构的，是所有教育内容和教学课程都不可或缺的一个有机的组成部分。同样，审美教育更不是一项技术，它是一种理念、一种教育工作者的基本素养，是教育教学中所施展的基本方法，如同倡导的课程思政

理念一样，对审美教育而言，任何一门课程都应该发挥美育的作用，任何学科的教师都应该在课程中发挥美育教师的作用，构建起"大美育"的工作格局，才真正能使审美教育发挥其应有的价值。

对于高校思想政治教育主体而言，对审美教育理解偏差最大的是将其等同于艺术教育，思想政治教育工作者认为审美教育是艺术专业课教师的职责，将审美教育等同于音乐教育、美术教育，或者各类社团活动教育，这种将审美教育等同于艺术教育的认知方式，严重窄化了审美教育的内涵。只能说艺术教育仅仅是审美教育的一个重要组成部分，或者说是一个重要载体，缺乏艺术教育的审美教育是失去根基的教育，但是将审美教育等同于艺术教育，也极大地弱化和降低了审美教育的价值内涵。艺术教育的人才培养目标是培养艺术人才，在教学中通过艺术史、艺术技巧、艺术创作以及艺术批判来实现专业艺术人才的培养目标，艺术教育目标的实现需要完整的教学体系和教学实践，对培养对象的天赋、创造力、感悟力、鉴赏力都有一定的要求。然而审美教育目标的实现途径和手段却是丰富和多元化的，除了课堂中传统的教育教学外，审美教育可以渗透到生活、实践的诸多方面，可以潜移默化地发挥影响人、教育人、引导人的作用，而且对受教育者没有约束性条件，任何个体在受到审美教育的影响后，都会不同程度地有所提升。由此可见，如果将艺术教育作为审美教育的唯一手段和方式，将会直接影响大学生审美素养和审美情感的全面培养。但同时，非艺术领域的审美教育对现在高校乃至社会而言，也是极其匮乏的。这样发展会导致青年大学生缺乏对自然和社会的基本审美力，审美素养的缺乏使得大学生中出现了很多美丑不分的现象，并对崇高之美缺乏欣赏的能力和认可度。因高校思想政治教育工作者对审美教育认识态度和观念存在偏差，在教育教学中未能在思想上重视审美教育、在行动上落实审美教育，这也是导致我们现在思想政治教育工作有效性不足的重要原因之一。

三、高校思政教育主体自我审美意识的提升

思想政治教育是求"真"、求"善"的教育，审美教育是求"美"的教育，高校人才培养的目标是培养具有"真善美"的全面发展的人。由此可以看出思想政治教育与审美教育是相通、相连的一个教育有机体。教师是教学活动的主体，是大学生审美教育的具体组织者、实施者，审美教育作为一种集理论与实践于一体的教育教学工作，教师的自身知识修养、自身品德修养、自我形象修养、艺术审美修养以及教学艺术修养，对于教育教学活动都产生着直接的影响。

思想政治教育者的审美素养决定着受教育者对审美教育的理论、价值、内容的接纳和认可程度。在高校教师言传身教的教育教学中，大学生的审美水平、审美能力、审美境界、审美趣味和审美素养对思想政治教育目标的实现具有重要的影响。只有具备一定审美修养的思想政治教育教师，才能在教学过程中以美的规律和美的方式方法来组织教学活动，用审美的标准来严格要求自己，给学生创造美的感受，因此思想政治教育的主体应该具有广泛的文化修养、艺术修养和美学修养。而现实状况是高校教师作为具有高学历、高智商的高知群体，一般具有较系统的专业知识和专业技能，而在传统教育模式下成长起来的教育工作者，文化艺术修养和美学知识修养本身就严重滞后。其次，长期以来受市场经济的影响，大学的行政化趋势较为明显，社会上的一些不良风气对大学校园和教师群体来说，也存在着深层次的影响，在招生、管理、评优、评奖等与学生息息相关的活动中，总会出现一些教师和管理者不按规矩办事，以权谋私。这些言行不端正的行为方式，无法彰显应有的高知群体的人格修养和人格魅力，教师无法充分展示自己的师德师风之美、行为

方式之美和言谈举止之美，这些缺失美的言行，无助于思想政治教育作用的发挥，即使给学生传递再多的思想政治道德理论知识来引导其从真、从善、从美，都无法抵消学生身边教师所直接传递的真、善、美。所以在"大思政"的工作格局下，思想政治教育工作者不仅仅局限于专任思政教师，高校每一个从业者所展现出来的社会美、行为美、思想美和语言美都对大学生群体产生着不可估量的思想政治教育效果。因此，每一名思想政治教育者都应该自觉树立起"审美教育意识"，提升自我的审美素养，并且自然地将个体的审美素养运用在教书育人之中，融入自我行为习惯之中，融入师生互动之中，用自己审美的人格、高尚的道德情操、追求美的意识去影响大学生群体，使大学生从意识、精神、行为层面都能感受到"美"，促进大学生对美的认识的思想生成和升华，并形成健康人格。

第三节　高校思政教育审美化内容解析

教育者按照社会要求，根据受教育者的实际情况，并通过教育者的筛选、设计，向受教育者传输的政治观点、道德规范、价值理念等信息，称为思想政治教育的内容。[①] 即思想政治教育内容是思想政治教育者向教育对象所欲传递的思想政治观念。这些观念涵盖了世界观、政治观、道德观、人生观、法制观等。思想政治教育能否达到提高人思想道德素养的目的，能否通过满足个体的素质提升的需要和全面发展的需要来满足社会全面发展的需要，同时促进社会主义和谐社会的发展，是思想政治

---

① 熊建生：《论思想政治教育内容的系统构建》，《思想教育研究》2004 年第 2 期。

教育内容的核心所在，直接关系到思想政治教育质量和教育效果的发挥。关注思想政治教育内容质量，是解决思想政治教育效果的必经之路。因为思想政治教育任务的复杂性、内容涵盖的丰富性，以及思想政治教育对象多样性的精神发展，决定着思想政治教育的内容应该是全方面的、广泛的和系统的。提升思想政治教育的有效性，最重要的就是提升教育内容的有效性。所谓教育内容的有效性就是教育内容要容易被受教育者所接受和内化，从审美的角度探究思想政治教育内容存在的问题，是破解审美教育促进思想政治教育内容有效性的根本旨归。只有审视思想政治教育内容审美化的缺失，才能更有效地挖掘出保障思想政治观念传递、引导、外化与内化的有效性和实效性。

一、高校思政教育真理之美彰显不足

"真"具有两个范畴，一个是价值范畴，另一个是事实范畴。从价值的角度看，真理性的认识不仅仅具有工具性价值，更重要的是其和人性会连接在一起，从而为人们提供人生理想。[①] 思想政治教育要义是用共产主义思想体系育人，这里的共产主义思想体系主要是指从马克思列宁主义到习近平新时代中国特色社会主义思想这一脉相承的路线、方针和政策。这是思想政治教育的理论根基，并以此基础对学生进行世界观、人生观、政治观、道德观和法治观教育。真理性是一种规范性的价值取向，体现为在遵循事物发展的客观规律上所展现出的一种严谨的科学态度。人们对事物的认识过程是由感性认识上升到理性认识的，思想政治教育有很强的意识形态性，感性的价值引导固然重要，然而教育对象经过理性分析后将思想政治教育内容转化为自觉认识，才能促进受教育者真正

---

① 冯契:《人的自由和真善美》，华东师范大学出版社 2017 年版，第 131 页。

从内心深处认同并信服，也才能促进思想政治教育有效性的提升。这就需要处理好思想政治教育内容知识性和价值性统一的问题。在学校思想政治理论课教师座谈会上，习近平总书记强调"要坚持价值性和知识性相统一"①，这要求思想政治教育内容要兼具对理想信念的认知，但也不能夸大内涵的科学常识。一种价值观念能被大众所接受关键在于这种价值观念是科学的、严谨的且符合个体自身利益的价值体系的，严谨的理论逻辑、透彻的学理分析是思想政治教育科学性和其"真理美"的具体呈现，这是思想政治教育得以发展和被认同的根基。

马克思指出："理论只要说服人，就能掌握群众；而理论只要彻底，就能说服人。"②然而思想政治教育内容的"真理之美"并未得到充分的发展，不能以其应有的状态及时准确地传递给受教育者。思想政治教育工作要突出一个"真"字，即坚持真理、真情与真实。真理因具有思辨性而显示出巨大的美感，这种美感是一种催人奋进的美感，思想政治教育的课堂应该是理论知识和思想教育同向发展、并驾齐驱的课程，学生在学习的过程中，应该体会到思想政治教育内容所展现的真理之美，应该将思辨的性质贯穿于教学课堂内容之中，通过教师的有效传达，让学生体会到思想政治教育的内在之美。当前的思想政治教育虽充斥着大量的理论教育，但这些内容缺乏足够的说服力和感召力，在教育者的阐释下很多具有"真理美"的理论知识变成了"假大空"的"套话"和"官话"，失去了本身真理性的价值和意义。

---

① 《用新时代中国特色社会主义思想铸魂育人　贯彻党的教育方针落实立德树人根本任务》，《人民日报》2019年3月19日。
② 《马克思恩格斯选集》第1卷，人民出版社2012年版，第9—10页。

二、高校思政教育审美化内容与学生审美需求吻合度不高

马克思指出"'思想'一旦离开'利益'就一定会使自己出丑"①。一直以来我们始终在探求思想政治教育究竟是什么，思想政治教育的存在价值根源在于人生存的客观需求，这些需求包括人的政治社会化需求、道德文化需求以及人性提升的需求，因此思想政治教育要满足青年学生的利益需求和价值关切。内容是价值的体现形式，只有厘清思想政治教育"以人的存在和发展"为本位的价值，才能在此基础上确定思想政治教育的内容。思想政治教育经过40多年的发展，已经形成了较为完备的内容体系，但是随着时代的发展和人的需求的多样化的发展，一些对于新时代思想政治受教育者的主体需求的内容和心灵内在发展需求的内容并未得到充分的重视，导致思想政治教育在现实中"解题低效"。高校思想政治教育的目标是实现人的全面发展，所以要始终以人为中心，以人为本是新时代思想政治教育的题中之义。

思想政治教育工作虽然是一种服务于国家的实践活动，但思想政治教育的对象却是一个个鲜活的个体，这些个体具有不同层次的需要，这些需要有物质层面的也有精神层面的，思想政治教育只有回应受教育者的需求，才能使思想政治教育工作取得真正的实效，其有效性才能得以实现。受教育者的需要是思想政治教育内容的直接体现。当一种教育仅仅以社会需求和社会价值要求为导向构建教育内容，无视受教育者自身需求时，教育内容的有效性就会受到质疑，就会被受教育者所排斥，甚至厌恶。以往的思想政治教育内容偏重于强调政治意识功能，更多的时候体现的是为社会政治需要服务，这是以社会需要为出发点开展的思想

---

① 《马克思恩格斯文集》第1卷，人民出版社2009年版，第286页。

政治教育，强调的是思想政治教育要求受教育者要继承既定的社会秩序和道德规范，从国家治理的层面来说，这毋庸置疑。然而思想政治教育内容的价值取向在服务社会发展和全面进步的同时，还有一项重要使命是服务于个体的全面发展，这两者之间应该和谐共生，有机统一。因此，思想政治教育的内容还要同时兼顾作为个体的人的价值问题及人格独立的问题。当个体的价值诉求与社会培养的价值诉求相悖的时候，要兼顾二者，而不能以牺牲个人价值诉求来成全社会价值需求的满足，如果一味迎合社会需求，思想政治教育就陷入了狭隘的价值倾向当中。当那些理想化、抽象化的内容不能和社会实际生活相衔接的时候，就容易使得思想政治教育流于形式和表面，形成空洞的说教，导致学生被动地接受，思想政治教育的效果如何也就略见一斑了。如果仅仅将思想政治教育作为政治任务来完成，不断深化其工具性价值，片面凸显导向功能和保证功能，结果却是窄化了教育内容，弱化了其他功能。[1]

知识经济时代，商品的审美化已成为时代发展的体现，无论是商品还是服务都应该遵循美的规律，符合美的属性，按照美的规律进行生产和生活，才能实现人们对美好生活的向往和追求的目的。审美活动是人生存的重要生命活动，大学期间是学生重要的人生转折过程，他们富有激情、富有创造力，大学环境的开放性和丰富性对于年轻的个体充满着吸引力，在信息多元化的社会背景下，受社会环境和网络资源的影响，这一时期他们对个体发展的诉求不再是单向度的，而是多元化的，他们深刻地感受到，在大学校园中，能书善画、能歌善舞、博学多才、志趣高尚的学生在学生群体中具有较高的威信和认可度，专业的发展只能满足他们的部分需求，他们深知未来职业对他们的素质要求是多维度的，

---

[1]　刘景：《现代思想政治教育内容建设刍议》，《思想政治教育研究》2007年第1期。

除了思想道德素质、文化素质和专业技术素质外，人文素养对于发展全面的个体具有重要促进作用。人的审美需求是一种生命内在的精神需求，这一点对于大学生而言尤为重要，鲜活的大学生个体崇尚美、追求美的意愿越来越强，具有强烈的对审美的追求，他们也开始学着用美的标准来规范自我的言行，用美的知识来丰富自我的发展，用美的规律来塑造自己。然而我们目前的思想政治教育中德育教育和意识形态教育占据了主导地位，而忽略了学生对美的更高层次的追求和渴望，对受教育者的现实状态与基本需求关注不够，教学主要内容还是集中在思想理论、国家形势政策、社会现象等方面，教学中缺乏教学互动，在教学内容上容易将审美教育与思想政治教育的融合简单化、工具化处理，忽视了受教育者的主体需求。在实践教学中，学生是无法对单一、持续的政治理论灌输保持强烈的兴趣与热情的，更多的时候是无奈地接受，教育效果往往"事倍功半"。不能说受教育者主观排斥和拒绝了教育内容，而是现有的思想政治教育偏离了人性的需求，没有尊重受教育者个体的需求。我国儒教的教育过程中，无论是"乐教""诗教"还是"六艺之教"，都是以受教育者的审美诉求为基准开展的。古尚有之，而时代越来越发展、个体审美需求日益旺盛的今天，在思想政治教育活动和实践活动中，自觉启发性的还未达到理想的状态。

三、高校思政教育中情感教育载体融入尚不突显

审美教育可以直接作用于对人的感性认识层面，构成人的全面发展的内核。朱光潜先生曾指出："美感教育是一种情感教育"，"美感教育的功用在于怡情养性"。[①] 人都是存在物，有着感性生命的要求，在人类发

---

① 《朱光潜美学文集》第 1 卷，上海文艺出版社 1982 年版，第 505—506 页。

展长河中，人的感性生命在社会实践中不断受到理性的规范和约束，但是感性生命的性质是无法从根本上改变的，个体永远无法离开感性生命的要求。

人的感情与情感，是人存在和发展的最初的、最深层次的原动力。马克思曾指出："人作为对象性、感性的存在物；因为它感到自己是受动的，所以是一个有激情的存在物。激情、热情是人强烈追求自己的对象的本质力量。"[①] 在人的发展活动中，展开感性生命，是人类社会活动和发展的动因，是人自我完善、自我丰富、自我成就的原动力。如列宁所说："没有'人的感情'就从来没有也不可能有人对于真理的追求。"[②] 按照人的实践活动来审视，人的感情和兴趣才是激发人全部潜能、激发人自觉的道德习惯的基础，没有兴趣和感情的人是不完整的，是畸形的。高校的人才培养目标是培养全面发展的人，一个完善的人、一个全面发展的人，应该是感性与理性相统一的人，是一个和谐的人。

"感人心者，莫先乎情"。人是一种类存在物，是具有情感的高级动物，情感是人类生存的重要表现形式，每个个体的生存都离不开一定的社会活动和人际交往，思想政治教育是一门研究人的品德发展规律的学科[③]，本质上是做人的工作的，做人的工作就离不开人与人之间的关系问题，维系人与人关系和谐的纽带就是情感。情感教育是通过师生间的情感交流，引领学生的情绪，使教师和学生之间产生信赖和共鸣，尊重彼此需求，从而让教师的思政教育价值体系和思维自然融入学生的价值体系之中，影响学生的观念和思维发展。在思想政治教育中加强情感教育，突出了以人为本、以学生为中心的教育价值理念，会为大学生实现全面

---

① 《马克思恩格斯全集》第 3 卷，人民出版社 2002 年版，第 326 页。

② 《列宁全集》第 25 卷，人民出版社 2017 年版，第 117 页。

③ 陈万柏：《思想政治教育学原理》，中国人民大学出版社 2012 年版，第 302 页。

发展提供强有力的精神保障和动力支持。通过情感教育的有效载体交流，可以激发受教育者积极的情感体验，以良好的情感为桥梁，通过感受——情绪——意志——性格的过程，使得个体形成稳定的性格，通过晓之以理、动之以情的教育方式唤起受教育者自我教育的主动性，由情感上的"共情"达到思想上的"共识"，自觉将所学的理论知识转化为自我教育的主动。

同时，思想政治教育作为一种价值观教育，就是要让受教育者自觉自愿地按照社会主义建设所需要的价值体系来进行教育和规范，价值认同是首要的。而情感认同是价值认同的基础，也是决定力量，只有价值的认同才能使得思想政治教育充分发挥其教育价值。然而情感教育不是简单地和学生进行谈心谈话，而是渗透在思想政治教育从内容、方法、目标到师生交流的方方面面，达到思想政治教育理论自觉入脑、入耳、入心。然而在实际的思想政治教育教学过程中，"一直以来我们是以社会需求为基点开展思想政治教育，因此在教育的情感态度上更多的是采用'服从'。以'服从'基本价值取向，在教育方法上更多采用的是'灌输'或者是'压服'，而不是开解或引导"。[①]

制约思想政治教育有效性的因素有很多，其中一个重要的因素就是长期以来我们忽视了人的情感教育，没有利用好情感教育这一载体，情感教育的缺失使得思想政治教育陷入了政治色彩较为浓厚的说教方式，教师无法更深层次地了解学生的情感需求，教育内容因为不能与学生的生活实际相协同，无法调动大学生的关注度和热情，没有师生情感的共鸣，就无法形成有效的价值追求。大学生正值青春期，正是情感丰富和敏感的时期，对情感的需求也处于旺盛时期，而目前无论是教育本身还

---

① 王习胜：《思想政治教育人文关怀的理论与方法》，人民出版社 2018 年版，第 30 页。

是思想政治教育都忽视了情感教育的重要价值。第一，在当前的教育中，更加重视的是理智感、道德感等高级的社会型情感，而忽视了大学生主体对于基本情感、负面情感以及正当情感的满足。在课堂教育中一谈到情感就认为是要培育积极的社会情感，而作为人的基本的痛苦、悲伤、彷徨、迷失、爱情、友情和亲情等个体情感，却未得以充分重视，一方面是由于这些个体情感在传统的教育中被认为是与思想政治教育目标契合度不高的情感表达；另一方面受市场经济和社会转型的影响，互联网时代每个个体都可以独自融入一个虚拟的世界，同时人们追求的目标越来越功利化而缺失了情感，冷漠的人际关系不但充斥在社会中，更影响到了学生的学习和生活，每个个体都生活得更加独立，甚至沉浸在自我意识发展的小圈子当中，情感的需求被封尘和隐藏。我们的教育如果仅仅是为了观照人的社会情感需求，而忽视了人基本的、天然的、合理的情感需求，就会导致个体情感链条的断裂，感恩意识淡薄，利己色彩严重。第二，思想政治教育工作对学生积极情感的培育胜于消极情感的培育。情感作为人的情绪的整体，应该有积极的一面，也有消极的一面。当前的思想政治教育都是在帮助学生构建积极的情感，而较少地关注学生诸如恐惧、彷徨、逆反、厌世、沮丧等负面的情感现象。学生往往将自己的这些负面情感隐藏起来自我消化，如果自我调节能力不能满足消极情感的呈现，学生就会出现焦虑等心理问题，这也是"丧文化"在高校流行的原因之一。因此作为思想政治教育群体，也应该换个角度去审视学生的情感需求，培育积极情感的基础是先帮助调适学生消极的情感，通过情感干预来调节学生的情绪价值，使人的本真的情感状态得以释放，当学生得到被尊重、被关心、被重视的心理满足时，教师所传递的积极的、正向的价值观会自觉地被接受和被认可，思想政治教育的效果就会在潜移默化的师生良性互动中得以实现。

第四节　高校思政教育审美化教育方法解析

方法是人们达到预期目的的一种手段、工具、途径、技术和范式。[①] 思想政治教育方法是思想政治教育目标实现的关键环节，是思想政治教育工作的"桥"和"船"，思想政治教育的对象是一个个具有鲜活意识和独立思考能力的个体，思想政治教育方法对于思想政治教育内容的有效传递，直接或间接让受教育者接受合乎社会价值体系标准的世界观、社会观、政治观，使个体境界得以升华都与方法的选择息息相关。思想政治教育工作不但是一种科学性的活动，也是一种艺术性的活动，需要按照美的规律去创新和改造。

一、高校思政教育灌输法占主导地位

在长期的实践和探索中，思想政治教育已经积累了许多行之有效的工作方法，衍生出许多新的形式和手段来满足受教育者的精神世界发展的需要，帮助受教育者应对各种思想方面的困惑和问题，目的都是使思想政治教育工作有效性得以提升，提高思想政治教育的质量。教育实质是一个生命带动另一个生命的过程，是一个生命点燃另一个生命的过程，但是由于思想政治教育的对象精神世界的发展和需要是极其丰富的，思想的更迭随着社会形态的变迁也具有诸多特殊性和复杂性，简单、机械地使用一种或者几种方法来应付多样性、复杂性的个体，显然是难以取得实效的，需要将不同的方法综合灵活应用。思想政治教育成效之所以总是难以实现，与思想政治教育内容本身与其他教育内容相比较为枯燥

[①]　陈万柏、张耀灿：《思想政治教育学原理》，高等教育出版社 2015 年版，第 221 页。

和刚性不无关系。然而如何将枯燥和刚性的内容，用丰富的、美的规律打造成受教育主体乐于接受的教育和方法，使之灵动和柔软，将抽象的内容鲜活地予以诠释和演绎，在启发中自然达到思想政治教育的目的。在思想政治教育方法打造升级的过程中，我们仅仅关注了方法形式上的改变，多停留在表面的优化，而对于方法内在的审美化的传递、以审美塑造体现思想政治教育方法的"美"的探索上却仍显不足。

传统的思想政治课多采用灌输式教学方法，灌输法忽视了受教育的大学生群体内心感受和接受程度，师生间的情感沟通受到了制约，造成思想政治教学的实效性不高。因为在课堂讲授这样一个教育教学的主渠道中，灌输的过程对于教育者而言更省时、省力，也更易于教育者驾驭教育内容。不容否认理论的传播灌输法无疑是具有一定优势的，在特定的年代，灌输法也确实最直接、最高效地传递了统治阶级意图传达给社会成员的思想观念、政治观点、道德规范，在一定程度上达到了动员和教育的目的。而处在百年未有之大变局的今天，我们的教育对象较之从前，具有更丰富的诉求和思想，他们自信张扬、思维活跃、个性鲜明、崇尚自我，多元化信息捕捉能力强，也更加关注自我的需求和成长，面对这样的教育群体，以往的灌输式的教育教学方法，虽能维持教学工作的正常开展，但长期的灌输必定影响思想政治教育的有效性。思政教师队伍的储备不足，导致思想政治教育现在仍以大班公共课形式讲授，灌输的过程中教师占了主导作用，面对几百名学生，教师是无法在课堂上给予学生更多的关注和交流的，师生之间是单向度闭环的教育实践过程，情感和思想上互动性不足会直接影响思想政治教育有效性的发挥。

二、思政教育艺术性融入有待提质增效

思想政治教育在长期的实践中，已经形成了一套科学的方法，然而

思想政治教育对象的复杂性，对思想政治教育的方法和技巧提出了更高的质量要求，这就在一定程度上决定了思想政治教育要具有艺术性，不能生搬硬套，按照固定的模式和规则去约束，不能严格按照既定规则和方法去对待学生精神世界发展的需要和客观环境变化的需要。这里艺术性的融入包括两个角度的问题，一是思想政治教育要具有艺术性，这里艺术性包括了教师语言的艺术性、选择教育时机的艺术性、选择教育突破口的艺术性、把握适度教育的艺术性。二是要将艺术教育和思想政治教育相融合，艺术教育是以艺术为元素进行师生互动的一种审美活动，通过生动、具体、形象的艺术形象，将艺术教育的形象性、情感性、实践性和愉悦性有效融入思想政治教育教学之中，最终达到以美感人、以情动人的目的。

从某种意义上来讲，思想政治教育是兼具科学性和艺术性的教育活动，因此在教育教学中，不但要坚持其科学价值，让学生体会内容的科学性和学理性，同时在教育方法上，要讲究艺术性，用艺术的方式展示学科价值。高校思想政治教育工作的对象是大学生群体，而一直以来思想政治教育不注重教育艺术的运用，往往机械地对待各种教育因素和教育关系，应对各种思想问题，使得思想政治教育表现出程式化、刻板化的状态，不能真正走进受教育者的内心，弱化了思想政治教育的适应性、吸引力和感染力。思想政治教育需要依靠抽象的逻辑思维来证明真理性，教师在讲授过程中，要使真理性更加通俗易懂地进行传授，就需要依靠生动的具体形象来"显示真理"。这就对教师的语言艺术提出了更高的要求，教师要通过幽默、诙谐地运用典故、寓言、名人逸事等方式展现出教育内容的真理性，这对教师个人教学素养提出了很高的要求，教师要具有广阔的视野和知识储备，并有效运用语言艺术进行表达。现实的思想政治教育中，因为思想政治教育的内容具有较强的政治性和真理性，而教师群体照本宣科、就理讲理的多，引经据典的综合驾驭真理、显示真理的少，无法有效展示出真理之美，这在一定程度上弱化了学生对思想政治教育的认同度。在融合艺术方法开展思想政治教育时，教育者要及时根据受教育者的精神发展把握他们的需求，选择恰当的时机及时给予干预，给予思想上的排忧解难，受教育者精神世界发展的丰富性和思想的复杂性，往往较为隐蔽，也带有一定的偶然性，这就需要我们的教育工作者，特别是思想政治教育的前沿工作者，要善于观察和捕捉学生的思想发展，及时准确给予引导，达到事半功倍的目的。具体实践中，高校思想政治教育的辅导员队伍建设一直处于比例达标不到位的状况，有些即使比例达标，而实际一线从事辅导员工作的教师数量也并不乐观，给选择艺术实践带来诸多挑战。

从艺术教育融入思想政治教育的角度来看，将艺术教育融入思想政治教育可以使得思想政治教育工作变得鲜活、灵动和丰富。艺术教育具有形象性，美的事物和形象会通过感官的冲击，引发教育对象的美感和乐趣，身心得到愉悦的同时，思想政治教育的内容直抵内心深处，将思想政治教育的强制性转换为浸润式教育，补充思想政治教育的理论较为刻板、灵活度不足的短板，可以丰富学生的感性教育，从而极大地增强思想政治教育的说服力和感染力。其次艺术教育的情感性可以以美动人、以情感人，将其融入思想政治教育之中，可以激起大学生的情感，唤起大学生的认知，将大学生的审美情感转化为道德情感，自觉自然地认同和接纳教师传递的价值观，进而将道德情感升华为个体的道德行为，启迪道德修养，塑造道德品格。最后思想政治教育的目标就是让学生追求"真、善、美"，摒弃"假、恶、丑"，艺术作品会以其丰富的艺术感染力和表现力直观地传递作者意图表达的人生观、价值观和世界观，教师通过对艺术作品的解读和艺术作品本身所传达的真善美，使学生更为直观地理解和接受事物的"真、善、美",并在对比中激发内心对"假、恶、丑"的分辨,端正其审美评价和审美态度,激发大学生追求真理的动力,不但丰富了课堂教育的形式和内容,更重要的是在潜移默化的作品欣赏和批判中达到思想政治教育的目的。随着信息技术的发展,信息技术手段也渗透到了学习生活的方方面面,各种艺术形式也悄然走进思想政治教育的课堂,思想政治教育者在教学实践中运用了图片、漫画、影音资料等诸多艺术辅助手段增强课堂的感染力,然而艺术性的融入实际是对思想政治教育者学识、能力、智慧、品格、经验以及胆识等综合能力提出了更高的要求,也极大地受限于教师队伍本身艺术修养和艺术品位,对艺术作品的理解和内涵的把握,需要更深层次的艺术专业知识,因此在实施的过程中难免遇到诸多的阻碍和制约因素。艺术教育的融入大多成了为了示范性课程展示或教学竞赛所打造的某一个或某几个章节的内容,无法更全面地实施于所有的授课内容和教学环节,因此导致艺术教育的有效融入还显不足,大多数融入停留在了表面,而并未走深、走实、走进每一节思政课程。

三、课程思政协同育人美育资源挖掘不充分

为谁培养人,培养怎样的人,怎样培养人是高校人才培养需要解决的核心问题,习近平总书记在全国高校思想政治工作会议上指出:"要用好课堂教学这个主渠道,思想政治理论课要坚持在改进中加强,提升思想政治教育亲和力和针对性,满足学生成长发展需求和期待,其他各门课都要守好一段渠、种好责任田,使各类课程与思想政治理论课同向同行,形成协同效应。"[①] 这就要求要充分挖掘每门课程的育人功能,课程就

---

① 《习近平谈治国理政》第二卷,外文出版社 2017 年版,第 194 页。

其本质而言是国家意识形态和主流价值观重要"观念载体"。"真正的美育是将美学理论和原则融合于各个学科后的教育"[①]。美应该是全学科、全过程、全方面的追求，不能仅是"美育"追求的内容，其可以说，学校是培养全面发展的人的摇篮，学校除了美育课程之外的所有课程也都承担着审美教育的意义，使得整个教学的过程成为一种审美的过程。

思想政治教育有效性的提升、学生文化素养的提升、审美能力的提高、意志品格的发展，单纯靠思想政治教育本身是难以实现的，高校学生的学习精力大部分都投在了专业课程的学习上，每一个专业也渗透着学科自身的独特价值内涵，不同的课程、不同专业的教师都肩负着人才培养的重任，各门课程都应当发挥其协同育人、协同共进的作用。越是规律性的、专业性的知识体系，越具有完备的审美认知体系，这些审美认知存在于不同学科的专业学习和实践之中，是重要的思想政治的美育资源，在课程思政建设过程中充分吸收美育的理念，采用美育的教学方式方法，不但有助于课程思政的促进和提升，同时对于美育教育的延伸和扩充，提高审美教育的广度，增加美育教育的维度，转变审美教育理念，丰富审美教育内容的问题都有极大的帮助。

在现实的课程思政中，观念和理念的深入、教学方式和方法的优化都在探索和摸索阶段，但是课程思政在建设过程中还存在诸多的问题没有得到有效的解决，例如，"课程思政"的教育理念还在逐步深入，课程规划还在逐步规范，"思政元素"的挖掘还不足，专业培训还较为匮乏，等等。这些问题导致课程思政建设更多地停留在了参赛和展示环节，而未能走入课堂，走进学生的内心，真正发挥出不同专业课程的育人的作用，在这些制约因素中，对于缺少"思政元素"的有效挖掘是核心。融

---

① 滕守尧：《美育——教育现代化的关键》，《北京大学学报（哲学社会科学版）》1995 年第 2 期。

合中缺乏对专业课程"课程思政"教学资源的开发导致"课程思政"中的思想政治教育往往变得碎片化，尚未形成较为系统和连贯的知识体系和教学体系。课程思政元素的挖掘对于教师专业素养和思政素养实际都具有一定的挑战和难度，但是挖掘每一门课程所蕴含的美育价值，从专业课程的科学美中挖掘美育的媒介，科学之美所呈现的公式之美、形式之美、理论和真理之美等都会给受教育者带来情感和思想上的冲击和启迪，起到思想政治教育的作用。科技美的发现与应用，会极大地增强受教育者接受趣味、强化美的效应，学生对公理、实验、定律充分掌握并有效应用后，会萌生出满足感和自豪感，激发对学科的自信，这种自豪感和成就感会产生强烈的鼓舞作用，激发学生对真理的探求。但是自然科学和社会科学中所蕴含的大量的美育资源一直以来并未被有效开发和重视，教师在知识的传递中仅注重专业内容本身的科学性和真理性，却没有将其价值提到审美的高度，而且很多专业课教师不但缺乏审美教育的意识，且从心底里对审美教育嗤之以鼻，认为审美教育是理想化教育，产生的实际效应无法量化和考量，如"水中花"和"镜中月"。其次，专业课程教学也缺乏审美化设计。美是和谐，美是一个有机体，美是一个系统。"从音乐、舞蹈、艺术、建筑等艺术实践中，人们几乎一致地抽象出'和谐'作为一条重要的美学原理"。这种和谐的状态会通过教学系统各因素以及教学过程各环节的相互联系、有机配合、共同推进、目标实现中展现出来，在教学目标、内容、方法等因素的协调配合中，合理有序、张弛有度的教学过程会让学生在和谐美的审美体验中潜移默化得到陶冶，使学生接受专业知识的过程自然流畅，遵循美的规律，这其中也更多地展现出了教师教风的严谨和认真，这些细微的审美体验对学生的思想道德素养的影响是润物细无声的。

"美都是具有的感性形象"[①]。任何一种美的形式都在学科专业中有所体现，这种美的形式可能是社会美和科学美，也可能是自然美和艺术美。高校教师应该充分发挥每门课、每门学科中渗透美育的内容，充分挖掘和探求学科中所蕴含的美的因素，在专业课的知识传授中，尽可能避免枯燥的理论推理，而是以学生易于掌握的较为生动形象的形式进行概念的传递，将真挚的情感寓于教育之中，为学生带来愉快的学习体验，帮助他们构建起追求真理美、知识美，享受智慧活动美和教师艺术创造美的意识，使辅德启智的审美教育功能发挥其最大的价值。

四、思政理论课审美化教学流于形式

教学方法是师生教学活动中，教师为了完成教学任务，达到教学目的，在一定教学原则影响下所采取的一种教学方式，教学方法对教学效果的形成发挥着直接的作用，也是影响学生的学习质量和学习中体验美感内容的重要因素。"审美化教学"是指：将所有教学因素等转化为审美对象，从而使得整个教学过程转化为美的创造、美的表现、美的欣赏活动，使整个教学成为内在逻辑美与外在形式美和谐统一的整体，从而达到减轻学生负担、提高教学效率并使师生获得身心愉悦的目的的一种教学思想、理论、操作模式和教学行为。[②]审美化教学是一种教学模式、教学行为、教学思想的转变，是从一般教学方式向审美化教学方式的转变，需要从教学目标、教学内容、教学方法以及教学评价几个方面去改革。

思想政治理论课这一落实高等教育立德树人根本任务的关键课程，进行审美化的改革实践，符合大学生认知规律和审美诉求，对于提升思想政治理论课教学的有效性、增强实效性都有诸多积极的意义。然而，

---

① 蒋孔阳：《美在创造中》，广西师范大学出版社1997年版，第168页。
② 赵伶俐：《审美化教学论》，《西南师范大学学报（人文社会科学版）》2000年第5期。

现实中思想政治理论课在审美化教学的构建中形式重于实质，首先，对思想政治理论课本身的审美价值研究较少。一直以来，我们更多地关注思想政治教育学科自身具有何种规律性，而对于思想政治理论课本身所蕴含的审美价值却研究得较少，使得部分学生将思想政治理论课视为精神负担，学习的自觉性、主动性、创造性都显不足，这也是一直以来思想政治教育课程教学效果难以彰显的根本原因。其次，对思想政治理论课在教学方法上"美"的意识不足。受长期教育环境和整体教学活动审美化教学方式的缺失的影响，理论式灌输、单一口头说教是惯用的教学方式，缺乏"美"的意识渗透，这种方式对于教师而言是习得的，不需要加以创造和优化就能实现，但思政课教学的艺术性尚未彰显。在长期理性思维和思想政治教育填鸭式的教学方法影响下，教育教学方法上的确缺少"美"的意识。最后，思想政治理论课从内容、形式到方法上的审美化改造不足。传统观念的影响以及教育者自身审美理论的不足，导致在具体的审美化改造过程中生搬硬套，缺乏思想政治教育与美学理论内在逻辑的准确把握，因此教师的课程设计呈现出艺术性不足或难以给学生带来美的感受。有些教师在教学创新中，过多借助多媒体技术，仅依托慕课和一些教学平台进行教学改良，不同的教育内容却采用了几近相同的教育手段，这种所谓的审美化改造过于僵硬，表象的审美化改造并无法触及学生内在兴趣，效果甚微；还有些教师虽进行艺术化教学方式创新和改革，但受其自身艺术水平局限，思想性和艺术性的统一度不足，过分强调了艺术性，而忽视了思想政治学科的学理性和学科自身的审美性价值。

第五章　审美教育助推高校思政教育有效性提升实践路径

思想政治教育是对受教育者实施有针对性的教育，不断促进学生的思想道德水平与社会要求的道德水平相一致。因此，思想政治教育就是不断改变受教育者态度观念的过程，即一定社会环境中，以适当的方法，通过教育者向受教育者传递经过加工设计的教育信息，激发学生学习兴趣，促进思想政治教育感染力和实效性的生成，使得受教育者认同、接受并发生态度和行为的改变，从而达到提高思想政治教育有效性的目的。

审美教育的目的不是传授知识技能，而是改变态度和境界。一直以来人们对于美育的理解认识侧重点都有所不同，有的认为是情感教育，有的认为是艺术教育，有的认为是境界教育，有的认为是完人的教育，如此等等。而无论是何种界定和定义，都体现了美育的广博性与特殊性。尽管审美教育内容涉及美学和艺术，但审美教育绝对不是二者的简单之和，审美教育的终极目标绝非某一知识技能和某一艺术特长的提升，而是促进个体价值观念、态度理念、人生境界的提升和改变。单纯追求艺术的知识性和技能性，可能会因为功利性的价值追求而与审美教育的初衷背道而驰。这也就是我们不难发现一些艺术特长生，并未因长期的艺术熏陶而改变其行为特质，反而其行为方式因另类而显得与主流审美格格不入，甚至其思想道德修养也未体现出与社会需要具有一致性，这也在一定程度上说明，单一的艺术教育并不能替代审美教育，审美教育真正改变的是受教育者的态度问题，而艺术教育在改变受教育者思想道德态度方面的作用发挥得并不充分。因此，无论是对审美教育还是对思想政治教育而言，态度的改变都是最终价值实现的指向。

审美教育本质上是改变学生态度的过程，通过审视审美教育的内容和方法，并将态度理论形成的认知路径、情感路径、行为路径有效地融入高校思想政治教育内容、教育观念、教育方法之中，构建三位一体的审美教育来构建提升高校思想政治教育有效性现实路径，真正实现思想政治教育"入脑""入心""入行"的目的。

第一节　寓美于知——筑牢思政教育内容审美之基

一、以马克思主义理论为支撑挖掘思政课程之美

习近平总书记强调："思想政治理论课要坚持在改进中加强，提升思想政治教育亲和力和针对性，满足学生成长发展需求和期待……"[①] 高校思政课是一种特殊的实践活动，意在影响和改变学生的政治观和道德规范，这项有计划、有目的的实践活动根本目标在于升华受教育者的思想境界、促进受教育者的全面发展。新时代，思想政治教育也应该顺应时代的发展，探索多学科交叉的融合方法，用美学的内容来充实思想政治

---

① 《习近平谈治国理政》第二卷，外文出版社 2017 年版，第 378 页。

教育的内容，使得思想政治教育兼顾理论性和审美性，满足学生对美好思想政治教育的诉求、对思想政治理论课美的需求，吸引大学生因其美而乐于接受它，实现形式美和内容美的统一，培育学生的审美感，增强学生的获得感。

（一）坚持以马克思主义的美育观为指导，引导学生全面发展

1. 马克思主义美育观是一种美学理论体系，也是一种人文思想教育

马克思主义美育观是马克思主义理论的重要组成部分，展现的是马克思对于审美教育的形成、发展及价值的理解。新时代研究审美教育对思想政治教育有效性提升的问题，必须要以科学的审美教育观为指导，这是高校开展一切审美教育的核心和关键所在，方向比努力更重要，正确的方向指引性，直接决定了高校审美教育开展的导向和指向。马克思主义美育观的核心是"实现人的全面发展"，这是传统美育思想新的表达方式和体现，马克思主义美育观以美的规律来创造世界的观点，促进了德、智、体、劳的发展，进而促进社会的发展。经济全球化下，马克思主义美育观的弘扬和树立，有助于完善人格的养成，在促进学校审美教育发展的同时，促进社会主义核心价值观的践行。

2. 马克思主义美育观对高校审美教育的价值引领作用

新时代，审美教育的重要性以及价值意义被提到了前所未有的高度，作为一项实践性和理论性相统一的教育实践活动，审美教育无论是在理论层面还是在实践层面，都需要一个科学的理论体系作为指导。审美教育在西方的发展历史悠久，面对互联网的发展、国内外形势和各种西方思潮的冲击，国内外的审美偏差、学生对美的认知、学生审美素养的一些极端化表现，正在或显性或隐性地影响中国审美教育的发展，迫切需要科学的审美教育理论体系作为指引，引导我国审美教育的发展。因此，应该大力坚持马克思主义，坚持马克思主义教育思想，坚持社会主义办

学方向，充分解释和发挥马克思主义美育观的内涵，指导高校教育工作者提升对马克思主义美育观的认知水平和践行能力，同时要让大学生群体真正感受到马克思主义美育观的理论和精神价值，激励大学生自觉坚持马克思主义的方法和观点，自觉用马克思主义的观点和方法解决问题。再者，马克思主义美育是马克思主义思想观点、价值体系、历史地位等思想观念体系的有机结合，不但拥有丰富的思想内涵，而且涵盖了人的审美能力生成和培养、不限于艺术教育的审美教育和人的全面发展三个方面的内容，展现了特定的思想倾向性。特别是其美育观直指人的自由全面发展，能够培养学生用社会主义健康向上的人生观、价值观、荣辱观和美丑观约束自我言行。马克思主义美育观的以美育人的教育实践活动的根本目标和任务同中国特色社会主义教育方针的根本目标具有高度的一致性，最终目标都是培养德智体美劳全面发展的"审美的人"。这对于促进和提升高校师生审美素养的生成具有重要的理论指导意义和实践意义。

3. 马克思主义美育观有助于促进审美教育融入立德树人的伟大实践中

中国特色社会主义事业发展的最终目标的实现，人的力量是关键。因此培养和造就一个全面发展的社会主义新人，保证党和事业发展后继有人，不但符合微观个体的需求，更是宏观国家层面对人的需求。《国家中长期教育改革和发展规划纲要（2010—2020年）》明确要求"全面加强和改进德育、智育、体育、美育"[1]。2018年9月10日习近平总书记在全国教育大会上强调：坚持中国特色社会主义教育发展道路，培养德智

---

① 《国家中长期教育改革和发展规划纲要》工作小组办公室：《国家中长期教育改革和发展规划纲要（2010—2020年）》，2010年7月29日，见 http://www.moe.edu.cn/srcsite/A01/s7048/201007/t20100729_171904.html。

体美劳全面发展的社会主义建设者和接班人。① 此外，《国务院办公厅关于全面加强和改进学校美育工作的意见》《中华人民共和国国民经济和社会发展第十三个五年规划纲要》《2017 年全国教育工作会议工作报告》均强调必须加强美育，提升审美情趣和人文素养。从国家一系列重大教育战略部署来看，以美育人的根本目标和国家对人才培养的目标是一致的，最终都是为培养"审美的人"、全面发展的人。由此可知，马克思主义美育观是中国特色社会主义以美育人的实践基础和时代依据。当前高校的审美教育实践一定要以马克思主义美育观为基本遵循，将其作为价值和精神引领，凡是有助于培养全面发展的人的审美教育都是具有价值性的，凡是对学生德智体美劳的培养有助推作用的教育实践活动都是具有时代性的。与传统美育观相比，马克思主义美育观的倡导和实施是中国特色社会主义审美教育的时代所需，具有重大的实践价值。

（二）多维度挖掘真理之美，引导学生求真、悟道、明理

新时代，思想政治教育也应该顺应时代的发展，探索多学科交叉的融合方法，用美学的内容来充实思想政治教育的内容，使得思想政治教育兼顾理论性和审美性，满足学生对美好思想政治教育的诉求、对思想政治理论课美的需求。

1. 以内容为核心彰显真理价值

思想政治理论课是开展思想政治教育的核心，也是"先进理论、先进价值、崇高情感"的有机统一体，先进的理论是思想政治教育理论课的根本所在，以审美教育提升高校思想政治教育有效性时，首先应该牢牢抓住思想政治教育理论课这一根本，以思想政治理论课中的内容为核

---

① 《习近平在全国教育大会上强调　坚持中国特色社会主义教育发展道路　培养德智体美劳全面发展的社会主义建设者和接班人》，《人民日报》2018 年 9 月 11 日。

心，通过思想政治理论课的审美化来达到内容影响人、内容感染人、内容熏陶人、内容培育人的目的。这种思想政治教育内容的审美化，不是简单的以感官上的满足和享受为主，而是要真正去挖掘思想政治理论课所包含的理性美，真理是有其特殊的美的，是美感资源的一部分，其科学性、实践性和批判性展现出真理的价值。

真理中的美感有助于学生构建正确的三观。在理智与情感、主观与客观的统一中，引导学生追求真理的美，体味真理所带给人的力量和价值，以真理中蕴含的崇高的价值美达到育人的目的。思想政治理论课的内容美，并不是用华丽的语言编制教材，用优美文字吸引学生的注意力。而是教师要将枯燥理论所散发的真理美对人的启迪作用讲清楚、讲透彻、讲深入，用科学的内容影响学生的品质，提升学生的境界，在不断对真理的探求和领悟中，达到求真理、悟道理、明事理的目的。

2. 探寻真理中所包含的思辨之美

马克思主义哲学是在吸收德国古典哲学基础上所形成的有其独特价值的科学理论体系，凝结着马克思大量智慧的结晶，其中马克思主义哲学观中的否定之否定规律等每一部分内容都是极具思辨性的哲学，教师在具体教学之中要深刻地阐明其中所蕴含的思辨之美。这些内容较为晦涩，如何清晰地向学生传递其中的价值内涵，就需要教师首先具有深厚的理论知识功底，不能就理论讲理论。例如在进行否定之否定规律的讲授时，可以先导入该理论的渊源和形成过程，也即黑格尔的绝对理念，并引导学生通过查资料、阅读文献等方式，对绝对理念的概念、意义、价值进行探索。这种带着学生一起追问的过程，就是不断让学生深刻理解事物发展变化的过程，是帮助学生建立思辨意识和能力的过程，是培养学生审美感知、提升学生审美思辨思维的过程，这一过程无疑对学生的审美创造能力具有一定的促进作用。再如，对于政治经济学的内容，在讲授经济学基本原理的基础上，要帮助学生用经济学中的理论知识去分析现实中的问题，用鲜活的实例让学生懂得马克思主义政治经济学理论价值，能够清晰地向学生阐释供给侧结构性改革、"大循环、双循环"的新发展格局等一系列重要经济举措所支撑的经济学原理，用理论回应重大的现实问题，感受理论之美的现实价值。

（三）发挥课堂语言艺术美，增强思政教育吸引力

语言是教学中的主要手段，是教师和学生交流的第一媒介，思想政治教育的内容要通过语言的表达传递给学生，这一传递过程中，语言质量与语言的美感发挥着关键性的作用。因此教师的语言美是创造课堂美的氛围的第一要素，语言作为一种艺术而存在，语言美亦称"言语美"。苏霍姆林斯基说："教师讲的话带有审美色彩，能帮助学生开启情绪按钮，刻入学生内心最深处。""教师的语言修养在极大程度上决定着学生在课堂上脑力劳动的效率。"[①] 最终目的也是唤醒学生对知识的渴望，激发学生探索知识，鼓励学生不断求索的信心。语言的艺术美能启发学生的思维，激发学生的学习热情，提高学生学习的自主性。

1. 语言美能改善教育和受教育者之间的关系

语言是教育者和受教育者之间的桥梁。教育者和受教育者之间的关系是决定思想政治教育有效性的重要部分，建立师生之间的良性互动至关重要，而互动的基础是语言。一方面语言美可以建立师生之间良好的情感关系。语言美可以情感人、以诚动人。教育者首先应该将受教育者看作具有丰富情感的个体，关注他们的主观感受。一直以来，以知识本位为教育理念的思想政治教育者认为思想政治教育的主要任务是传授知识，解决思想上的困惑。因此在思想政治教育内容的传播过程中，他们

---

① ［苏］B. A. 苏霍姆林斯基：《给教师的建议（修订版）》（全1册），杜殿坤编译，教育科学出版社1984年版，第432页。

一般都采用阐述或者转述的方式，语言的平淡和情感的缺乏，无法给学生强烈的感染力，更无法谈及语言美。知识可以通过测评去校验结果，而情感几乎是无法从量化的角度去考核的，它隐形地存在于师生的互动之间，产生着深远的影响。通过语言美的感染力和号召力，使得教育者和受教育者之间以心换心，架起心灵的天桥，形成轻松、积极的师生关系，使学生自觉地去接受和认同思想政治教育者所传递的"是什么"和"为什么"的思政内容，心甘情愿地接纳思想政治教育的内容。另一方面，语言是一门艺术，不同的表达方式产生不同的沟通效果。在师生交流过程中，教师要擅于将人文关怀注入语言的表达中，注重倾听、巧妙插话和非言语的鼓励，让学生感受到自我地位的提升，敢于表达自己的想法，形成和谐的教育关系。

2.语言美能增强思政教育吸引力

思想政治教育是一种价值观引导的教育，特别是对受教育者开展说服教育的时候，因每个受教育者的个体意识较强，价值观多元化，说教会引起受教育者的逆反心理。一直以来，思想政治教育的有效性受到制约，不是因为思想政治教育的内容不够生动，而是因为在思想政治教育过程中，教师对内容的解读方式多为照本宣科，将枯燥的理论生动化、生活化不足，就会产生我们经常说的思想政治教育的内容不接地气，导致受教育者心不在焉。思想政治教育是"说理的艺术"，语言是传递思想政治教育内容最直接、最重要、最基本的工具，因此要真正将这一"说理的艺术"发挥好、应用好就必须发挥其语言的魅力和感染力。语言艺术的应用，直接关系到思想政治教育理论体系的构建和思想政治教育的效果。语言艺术在关注受教育者认知的基础上，更加关注其情感的体验，让学生在愉悦和快乐中接受教育，促进学生认知向情感与行为转化，这是心理学中认知理论得以实现的路径，也是思想政治教育真正达到教育目的和成效的重要途径。另一方面，教育者用其较高的语言艺术美来开展思想政治教育工作，在语言的艺术性、感染性、哲理性的影响下，学生感受到的不再仅仅是枯燥的知识，而是活化了的充满趣味、具有审美性的教育活动。用语言的美打动人、感染人、影响人进而塑造人，真正发挥了思想政治教育语言艺术的魅力，增强了思想政治教育的吸引力。

3. 以丰富文化内涵为载体，增强思政语言魅力

近几年来，在中央领导人的各类讲话中，除了使用规范性的阐述外，更融入了中华传统文化的要素，将传递的价值观和中华传统文化中的美有意识地联系在了一起，恰如其分地在演讲稿中融入了大量优美的古诗词，使人们在受教育的同时领略中华传统文化中语言的魅力和价值。这为我们的思想政治教育工作带来了诸多的启示。在开展思想政治教育的过程中，要以丰富的文化为载体，在课堂的讲授中穿插符合教学情景和内容的诗词与优美的语言。在教育引导的过程中，吸引受教育者的兴趣，提升他们的文化修养和对言语的审美。其次，"感人心者，莫先乎情。"作为教育者首先应该拥有积极的情感，才能在思想政治教育话语体系中展现语言的魅力和美。否则，教育者的消极的情绪是无法通过语言的积极表达而消解的。培养学生积极的价值情感，本身也是思想政治教育重要的任务之一，要达到教育人、感化人的目的，仅仅依靠理论知识的支撑是远远不够的，特别需要教育者根据不同知识内容、不同教授的题材，挖掘其中的情感因素，将情动于中而溢于言，将美感和情感予以课堂语言之中，这种美感的挖掘不仅仅体现在语言的表达上，更体现在语言表达的方式和内容上。与此同时，要发挥教育者积极的情感，积极的情感是促使正确的认知转化为个人行为的催化剂，教育者对所传授内容的热爱程度，直接影响学生的热情，要在教师饱满的热情讲述和知识传授中，体会思想政治教育的价值性、人文性和生动性。只有做到以情动人、以

199

理服人的有效结合，才能最终深化对思想政治教育的认知，达到良好的教育效果。

4. 以理论知识底蕴为支撑，提升语言艺术运用质量

语言是思想的外衣，语言美的发挥需要背后的思维体系作支撑。由马列主义、毛泽东思想基本理论构成的科学的体系，是个体思想的理论基础，更是思想政治教育的立身之本，而且具有方向上的指引作用。首先，一个能有效运用语言美的思想政治教育者，需要具备深厚的马列主义理论知识。思想政治教育一定是建立在学科知识体系基础上的教育，其教育基础是理论的教育，而不是简单的鸡汤式教育。因此，对于思想政治教育者来说，语言美的充分发挥需要一定的理论根基作支撑，要能熟练地驾驭理论知识，能够旁征博引、惟妙惟肖、生动活泼地灌输思想政治教育的内容。其次，思想政治教育过程中会涉及大量的综合学科知识内容，思想政治教育的方式和内容就决定了思想政治教育者应该是一个博学的"通才"，要对各个领域的知识有所涉猎，这样才能在开展思想政治教育的过程中将不同的知识内容嫁接在思想政治教育的内容中，丰富和拓展思想政治教育内容，提高教育教学效果。再次，思想政治教育者要加强对生活的关注和对信息的捕捉，要深入社会、深入生活、深入实践，丰富自己的生活阅历，广泛阅读文学作品，擅于积累和敏锐地发现能充实思想政治教育内容的素材和题材，这些是有效运用语言艺术、发挥语言美的基础。最后，语言美的发挥需要思想政治教育者充分地运用语言的艺术，对于思想政治教育者而言，应该系统地学习语法、修辞和逻辑的知识，掌握语言学科和思维学科的理论。在对教育对象开展批评时，要有艺术地开展批评，要语重心长地批评、理顺利害关系地批评、商量引导地批评，而不能忽视受教育者的心理接受度。很多教师在开展批评的时候没有掌握好批评的艺术，措辞和言语的不当，不但没有起到

教育的效果，反而会引起受教育者的不满和排斥；同时，在开展批评的时候也要擅于倾听，了解和尊重受教育者内心的想法，给予受教育者表达的机会，提升批评教育的有效性。触类旁通，在开展表扬时，要充分发挥表扬的思想政治教育价值，表扬要适度、适时，不可过犹不及，表扬的时候要真诚实在，避免套话，要发自真心地给予肯定和鼓励。而无论是批评还是表扬，都蕴含着语言美的价值和作用，都需要教育者掌握一定的语言艺术和方法，都需要教育者根据不同的情景、背景适时发挥语言美的价值，激发受教育者的情感动因。语言美的发挥不仅仅针对思想政治教育者，对于所有从事教育工作的人来说，都是一门需要深入学习和实践的艺术。

5. 提升语言艺术，增强课堂语言感染力

幽默教学是一种高雅的审美活动，是一种语言智慧。幽默风趣是语言艺术表达的重要体现，是人与人之间建立良性互动的重要方式，在缓解人际关系方面具有重要的调节作用。幽默风趣的课堂语言风格不但可以活跃课堂气氛，同时可以使学生在轻松的环境下开拓思维能力，启迪智慧，提升创造力，激发求知欲，这是唤起学生的学习情感的重要途径，也是改善师生关系的有力润滑剂。幽默的语言方式，不但体现了教育工作者的学识，更体现了其教育智慧和教学灵感，能够折射出教师的真善美的心灵之光。作为思想政治教育工作者，面对较为枯燥的理论知识，擅于将内容艺术化地表达，创设幽默风趣的沟通交流方式，对于提升思想政治课的教育质量具有重要作用。需要注意的是，首先，幽默的授课方式易于被学生接受，借助比喻、通感、夸张的各类修辞手法，将晦涩深奥的思想政治教育内容生动形象化，然而在实际教学活动中，要把握好幽默风趣的语言表达的度。幽默教学应服务于教学内容，频频笑语不但会分散学生的注意力，还会弱化理论的严谨性。因此要把握住火候，注重分寸。幽默方式不仅仅是艺术的表达，关键在于通过幽默的方式启发学生去进行积极的思考，调动学生思维能力的发展，激发学生的创造活力。其次，幽默感的释放和程度的把握要同学生的认知体系相联系，契合学生的理解力，引起学生共鸣，此时学生的情绪处于最开放和活跃的状态，容易进入乐学境界，教师要及时开展理论知识的灌输，促进学生对知识的掌握。最后，教师幽默力的语言释放方式是为了增长学生智慧、修养学生德性，因此在表达上应该是真诚且善意的，应该具有较高的审美价值和教育价值，这样才能唤起学生的亲切感、温暖感和信任感，给学生以美的享受，使思想政治教学活动达到事半功倍的效果。

二、以优秀传统文化审美教育资源为根基引导学生文化自信

学生人文素质对其世界观、人生观、价值观和个性品质的构建发挥着根基作用，丰厚的传统文化的熏陶对学生人文素质的养成具有核心作用。面对大众通俗文化占绝对影响力的当下，更应该将中华民族优秀传统文化置于对学生人文素养培育的首要位置，让学生在传统文化的熏陶中感受中华民族的文化精神，引导学生在了解和探求传统文化的过程中接受传统文化的滋养，在文化自信中促进学生审美发展。

（一）中华民族优秀传统文化承载的美育资源

中华优秀传统文化是中华民族历经数千年不断探索逐渐形成的，中华传统文化是在长期的历史发展过程中形成并发展的，是集百家优长和智慧的一种具有稳定形态的文化，这其中包含着中国人的思想观念、价值取向、道德情感、礼仪制度、风俗习惯、生活方式、交往方式、文化艺术、礼仪制度等，其具有独特的东方内质和形态，经过中国几千年的浸润、融合、沉淀与发展，超越了时代的局限性。习近平总书记在纪念

孔子诞辰 2565 周年国际学术研讨会上曾提到："我们要善于把弘扬优秀传统文化和发展现实文化有机统一起来，紧密结合起来，在继承中发展，在发展中继承。"[①] 习近平总书记在中央政治局第三十九次集体学习时再次提出："中华优秀传统文化是中华文明的智慧结晶和精华所在，是中华民族的根和魂，是我们在世界文化激荡中站稳脚跟的根基。"[②] 中华优秀传统文化是美的文化，更是高校思想政治教育的珍贵资源。

中华优秀传统文化中具有众多美育价值，蕴含着丰富的美的元素，这是高校开展思想政治教育的宝贵资源，具有重要的借鉴价值。在中国千年的文化积淀中形成了大量优秀的文化，其价值不仅仅是中华的文化血脉，更蕴藏了中国精神和中华民族的审美倾向与审美心理。其中蕴含的天人合一思想、安民富民思想、自强不息美德、崇德向善美德，是中华民族的精神血脉。在中华民族的优秀传统文化中所蕴含的人文精神、道德情操、价值理念、思辨哲理，无一不蕴含着丰富美育资源和美育形式，是高校开展审美教育的重要美育资源，内含着丰富的审美形式。数千年来，中华优秀统文化在人的完美品格构建上、在个体品德修养的锻造上所发挥的作用功不可没。

（二）中华民族优秀传统文化与思政教育的关系

1. 优秀传统文化是思政教育内容的重要载体

思想政治教育所传递的价值观一定是蕴含在某种文化之中的，中华优秀传统文化为社会主义核心价值观的传播提供了涵养。中华优秀传统文化不仅是一种文化形态，更是每一个中国人生命存在的一部分，没有中华传统文化的继承，中国人的生存就丧失了根基。在东西方的文化激

[①] 《习近平谈治国理政》第二卷，外文出版社 2017 年版，第 313 页。
[②] 《习近平关于社会主义精神文明建设论述摘编》，中央文献出版社 2022 年版，第 236 页。

烈碰撞下人们在享受着日益丰富的物质文化生活的同时，社会危机、道德失范、人际模式的利益化等问题也越来越冲击着人们的道德修养，成长中的大学生思维活跃、好奇心强，极易受良莠不齐的价值观蛊惑和煽动，中华民族数千年沉淀下来的宝贵的精神财富，对人类和世界面貌的改变都发挥着巨大的作用。不同民族的文化理想有很大的差异，中国文化一直以来属于伦理性文化，优秀的传统文化中所流传的千年的"仁、义、礼、智、信"是对理想人格的设计，每个个体人格塑造最终影响的是一个民族整体的价值观念，因为个体是寓于集体之中的。西方文化的不同之处在于，西方文化推崇的是个人主义，个人主义要高于集体主义。在这两种精神文化的指导下，教育目的也就产生了差异，中国培养的是人的服务精神，而西方培育的是个体精神。在西方文化不遗余力的渗透和冲击下，大学生的价值观念和思维模式都受到了个人主义极大的影响。因此，将中华优秀传统文化及时地引入思想政治教育内容中，对于增强大学生"四个自信"，帮助大学生树立正确是非观和处世观具有不可估量的重要作用。

2. 优秀传统文化教育帮助提升思政教育归属功能

归属功能是指人们感受到被接纳和认可的方式，可以促使人们在心理上实现安全感和落实感。强烈的归属感可以促进学生对思想政治教育内容的接受度，促进有效性生成。思想政治教育是一个漫长而复杂的过程，不论如何开展思想政治教育工作，受教育主体的接受度和认同度永远是提升思想政治教育有效性的关键所在。一直以来灌输式的思想政治理论教育极大地减弱了思想政治教育的接受度，主体的接受度下降导致思想政治教育的有效性受到了诸多制约。人们内心的归属感在很大程度上会改变主体的认同度和接受度，使思想政治教育达到事半功倍的效果。如何提升思想政治教育的归属感，中华传统文化的有效融入不失为重要途径。思想政治教育学科起步较晚，积淀相对单薄，理论根基也不够扎实。中华传统文化历史悠久，深入人心，是中华民族的精气所在，尽管很长一段时间以来中华传统文化弘扬不足，人们的重视程度也有所下降，但中华传统文化中所包含的价值观念和道德情操长期浸润着一代代中国人的内心，已经成为每一代中国人思维体系的一部分，有着天然的归属感。充分发挥中华传统文化的归属功能，弘扬和继承中华传统文化，有利于在浮躁的社会环境下帮助人们净化心灵，增强民族认同感和安全感，让思想政治教育可以有据可循。

（三）中华民族优秀传统文化对高校思政教育的价值

1.有利于促进大学生正确价值观形成，增强大学生社会责任感

中华优秀传统文化是几千年历史文明所沉淀的精华，拥有巨大的文化生命力。体现了中华民族长治久安、荣辱与共的内在凝聚力，是中华民族能够发展壮大的民族力量和正确价值观的集中体现。儒家思想作为中华传统文化的基本精神，强调的是自我、他人、社会之间的关系，以及由此所产生的对社会的责任、倡导的积极进取的精神，倡导的是谦虚谨慎和务实理性的精神。儒家思想对中国人的影响是深远且深厚的。按照儒家思想所培养出的理想人格的人应该是品德高尚、谦虚好学、心胸开阔和志存高远的君子。"天行健，君子以自强不息""地势坤，君子以厚德载物""先天下之忧而忧"无一不凝结着中华民族的价值理念和价值追求。这些价值理念对大学生的教育意义都是非凡的，中华民族千年积淀和形成的伦理道德、优秀传统文化的内容和中华文明的发展历程都会帮助学生建立正确的得失观，帮助大学生反思自我的价值观和荣辱观，优化个人的价值取向和价值选择，引导大学生志存高远、艰苦奋斗。

2.优秀传统文化有助于提升大学生思想道德修养

思想政治教育的目的就是培养具有思想道德和文化素质的综合型人

才。对美的追求和善良真诚等品德以及中华传统文化是息息相关的。每个个体都是群体中的一员，其成长都离不开群体社会的影响，都会深刻地受到群体的价值理念、精神意识以及价值观的影响，群体价值理念、精神意识以及价值观中最内核以及得以传承发展的部分，一定是传统文化中最具价值力和最重要的部分，是社会进步和民族发展的精神动力。加强中华传统文化的教育，在教育的过程中实现中华传统文化的继承与发展，是提升大学生思想道德素养的重要保证。一直以来，我们的思想政治教育更多注重的是大学生文化素质的教育，而思想道德修养的教育并未得到足够的重视。孔子的思想道德观主要推崇的是"仁、义、礼"，孔子将"仁"放在最高的道德标准上，孟子将道德规范概括为"仁、义、礼、智"，其中"仁、义"是最重要的。中华优秀传统文化中的"俭近仁""静以修身，简以养德""天下之事，常成于勤俭而败于奢靡"，古人将勤俭爱物视为一种美好的品德加以崇尚，处在物质文化生活极度丰富的当代大学生，因缺乏正确的价值观和消费观，存在一味地追求品牌，生活上出现攀比及铺张浪费、没有节俭节约意识等问题。中华传统文化中所包含的优秀道德准则和丰富的道德教育内容，对于培养大学生的俭德意识，教育人、塑造人，帮助学生形成完善人格和养成良好的素质，提升其思想道德修养都有助推和影响作用。在多元文化教育的背景下，要将个人意识纳入群体意识之中，才能培养出具有社会责任感和认同感的心灵自由的全面发展的人。这样才能促进学生形成良好的思想道德修养，自觉认同和发展社会主义核心价值体系和意识形态。

3.优秀传统文化教育有助于提高大学生人文素养

人文素养是人文知识和人文精神的总和。处在文化多元下的大学生，虽然有很强的获取信息的能力，获取信息的方式也是多元化的，但是人文素养却没有因为获取信息能力的提升而同时得到提升。很多学生有理想信念不坚定、心理状况不稳定、道德修养不高、社会交往能力不足的问题。这些问题又是高校思想政治教育工作必须解决的问题。在思想政治教育的过程中增加人文素养的教育，加入人文知识和传统伦理文化的教育，可以有效弥补思想政治教育的空洞。中华传统文化属于伦理性文化，倡导贵"和"持"中"、团结和谐的理念，在对待人生态度的问题上倡导"内生外王之道"。这些价值体系都能成为思想政治教育的有效补给，高校教育工作者要采取多种教学方式，将中华传统文化积极地融入大学生的课余生活和学习的方方面面，潜移默化地发挥教育引导作用，内化于大学生的文化修养和内在思维体系之中，外化为大学生的自觉意识和思想品行。

（四）优秀传统文化融入思政教育路径

1.引导大学生坚定文化自信

当前世界形势错综复杂，西方国家一直以互联网为载体对我国进行着文化的渗透。文化背后是一个国家或一个民族价值观的体现，文化渗透的本质目的就是要渗透其价值观。互联网的发展使得大学生这一群体变成了西方文化渗透的主要群体。因此对学生进行中华传统文化教育的前提是要引导大学生形成正确的文化观。我们说的正确的文化观不是将西方价值观念进行彻底的打压和屏蔽，而是要引导大学生批判地继承中华传统文化，用动态的眼光、理性的态度去对待和评价外来文化，取其精华、去其糟粕，学会用批判和审视的眼光对待中西方文化的差异，以及背后价值观的差异。首先，要始终心怀对中华优秀传统文化的尊敬和肯定。千年的文化根基蕴含着博大精深的文化底蕴，我们要宣传好、发扬好，要让当代大学生学会尊重优秀传统文化，并对其充满崇敬和自豪。同时，要鼓励学生用比较的眼光考察中华优秀传统文化，在世界文化多元发展的格局中审视中华优秀传统文化的价值魅力，提高大学生的文化自信心和文化自豪感，引导其以理性的文化精神开创未来。其次，要始终保持对外来文化开放和包容的态度。大学生作为年轻的新生力量，要以开放包容的心态面对新生事物和不同地域审视，吸收一切优秀的、值得弘扬的、积极的文化内容，在本民族文化和外来文化的双向互动中，包容与开放并存，合作与共赢并存，接纳和审视并存，这样才有利于推动世界各民族文化的和谐共处和共同进步。

2. 多载体推动传统文化融入思政教育方式

以高校社团活动为载体，发挥校园文化"第二课堂"的作用。中华优秀的传统文化不仅仅是停留在书本上的文化形态，而且具有丰富的实践性，校园文化活动可以将中华优秀传统文化中的人文精神注入鲜活的元素和力量，使之以生动的、学生乐于接受的、符合青年阶段审美追求的形式融入学生的课余生活之中，达到寓教于行的目的。将优秀传统文化融入第一课堂，一方面需要思政课教师具有一定的传统文化理论功底，另一方面对课程内容融合的教学设计具有一定的要求，教学效果会受到很多制约。高校应不断丰富学生社团种类和形式，发挥校园文化"第二课堂"作用，提升学生审美水平和审美能力，自觉弘扬中华美育精神。要紧紧抓住以学生为主体的校园文化这一渠道，将对优秀传统文化的学习融入各类主题中，以论坛、竞赛、表演、沙龙或讲座的形式，走进学生的课余生活，创造不同的平台和条件让学生有更多的机会接触中华传统文化，以学生带学生，以活动带活动，以社团带社团，通过定期的主题活动，根据高校学生审美心理和特点，结合专业实际情况，以各种学生社团为主体，开展传统艺术主题展活动，如书法、中国画、篆刻、民间工艺品等，让学生感受中华传统艺术作品中所蕴含的人文精神之美；开展校园文化节，如民歌、戏曲、民族舞等，让学生在参与互动中体验中华艺术之美；开展"高雅艺术进校园""中华经典诵读"等活动，让学生在不断学习交流中激发对美的渴求和向往。同时，加强宣传引导，围绕校园网、校广播站、校报、学生社团简报等直接与学生接触的传播手段，以专刊、专栏的形式宣传中华优秀传统文化，扩大中华传统文化的影响范围。要在体制和机制的规范和指导下，将传统文化气息融入校园的每个角落，使学生能随时随地地接受中华传统文化的熏陶和影响。

以传统节日、民族文化体验活动和社会实践为载体，体验中华民族优秀传统文化。中华传统节日是中华文明的重要特征，是中华民族信仰、伦理和情感的集中体现，每一个传统节日背后都有着深厚的文化根基，是中华儿女情感的表达，是传统文化的重要内容，应该充分发挥其思想政治教育的价值。中国是一个多民族国家，由于历史条件的影响，不同的民族在不同的传统节日中都有其独特的活动形式和内容，风俗习惯也各不相同。因此在校园文化活动中，可以充分利用大学生来自全国各地的资源，依托不同地域、不同民族在传统节日的习俗和活动形式的差异性，创设文化体验活动，设计活动主题和活动环节，让不同地域的学生直观地感受中华传统文化的博大精深与异彩纷呈，增强学生的价值认同，增强民族自信心和自豪感。同时应该积极开展社会教学实践活动，提升大学生理论联系实践的能力，通过开展走访调研、社会服务、青年志愿者服务等方式，让学生走入社会开展实践活动，做到知行合一。将优秀传统文化实践活动纳入学分中，纳入人才培养的方案中，创造机会让学生走出教室，在实践中感受优秀传统文化的博大精深。

三、以红色文化资源为依托培育大学生审美素养

红色文化资源是高等学校开展思想政治教育工作的重要优质资源，很长一段时间，我们对红色文化资源的开发和利用都不足，没有深入挖掘红色资源中的资政育人功能。思想政治教育的内容总是停留在课本上，

停留在课本的历史人物和历史事件中，红色故事给人的教育价值在其语言的叙述中并无法全方位地予以呈现，导致红色故事的育人效果受到了影响。党的十八大以来，以习近平同志为核心的党中央高度重视红色基因的传承与发展，强调要了解党和国家事业发展的历程，吸收历史经验，了解党和国家历史发展中的重要事件、重要人物，并要充分发扬革命先烈、红色旧址等红色文化，汲取红色文化精神。

（一）挖掘红色资源中美的意蕴，丰富思想政治教育的内容

红色资源中包含的是一段段鲜活的历史事件、一个个感人的历史人物、一幅幅生动的革命场景、一曲曲耳熟能详的历史歌曲所构成的一幕幕红色历史情景，这些都生动活泼地展现了一种革命的、历史的、美的意境。这其中的美，在于红色资源能生动地再现革命壮士为了革命，不怕牺牲的崇高情操、高尚人格之美；在于一个个英雄人物为了实现中国革命的胜利百折不挠的英雄壮举之美；在于整个革命战争年代，无数仁人志士为了革命理想冲锋陷阵，整个社会环境所激荡的那种社会之美；在于红色资源所再现的那种热情、饱满、高昂的革命乐观主义精神风貌之美；在于一曲曲久唱不衰、百听不厌的红歌中所展现的激发革命战士昂扬斗志和满腔家国情怀的民间艺术之美。红色资源中不同美的意蕴，可以使革命年代的仁人志士的革命形象具体化、形象化、生动化。将这些红色资源运用到我们的日常思想政治教育内容之中，不但能够丰富思想政治教育内容的宽度和广度，更能使得我们的学生通过具体的革命事例来感受中国共产党人的伟大成就与成绩，让学生理解成功之美，使学生的心灵受到革命成功之美的洗礼。

以身边红色资源为核心，开展革命精神进校园活动。中国共产党人的初心和使命蕴含在深厚的革命传统和红色文化中。不忘初心要发扬革命传统，传承红色文化，讲好红色故事，切实把红色资源利用好，引导

广大党员和青年学生坚定理想信念、保持优良作风、形成高尚品德。在红色资源的挖掘过程中，应该重点以所在地域的红色资源为核心，以身边的英雄人物故事为切入点，这样不但有助于从理论层面挖掘身边红色文化资源所承载的历史价值和现实价值，更有助于让学生感受到身边熟悉的人物和事件所呈现的榜样的力量。中国广袤土地上的红色资源非常丰富，遍布全国各地，每一个省都蕴藏着丰富的红色文化资源。以甘肃为例，可以将南梁红色资源引入高校思想政治教育之中，开展"南梁精神进校园，红色基因代代传"系列红色文化活动，挖掘红色文化中具有审美价值的内容。陕甘革命根据地在中国革命中具有起承转合的历史作用和"两点一存"的历史地位。"南梁精神"是陕甘边革命斗争时期所产生的根据地精神，是毛泽东思想在西北得以实践的最早精神产物，南梁精神中蕴含的是面向群众、人民至上的理念；百折不挠、顾全大局的崇高品质；求真务实、艰苦奋斗的优良作风。这些精神品质都是大学生理想信念和爱国热情培育的宝贵资源，可以培养大学生坚定的理想信念、求真务实的工作作风、心系群众的奉献精神等。在具体实践中，可以以南梁红色元素打造校园精品文化活动，通过校园报刊、宣传橱窗、校园广播、举办红色校园文化节、举办"红色导游大赛"，讲好南梁故事大赛、开设"红色文化讲堂"等多种方式营造红色校园文化氛围，让我们的青年大学生和学生党员时刻浸润于此，在潜移默化中体悟红色文化、接受红色文化，不断提升大学生对红色文化的认同感。教师要将南梁地区发生的事件脉络梳理清楚并向学生讲明白、讲透彻；将历史事件和历史人物中美的意蕴和内容挖掘出来，以人物美、品德美、精神美、歌谣美为主线，贯穿于人物事件之中，让学生沉浸在美的体验中，了解共产党人是如何全心全意为人民服务。深入推进南梁精神"进校园、进课堂、进教材"，打响甘肃红色记忆，这样才能有效发挥甘肃省红色文化资源优势，激发青年学生的爱国热情和使命担当。

（二）从功利境界到家国情怀，挖掘"四史"教育育人功能

在中国共产党党史、新中国史、改革开放史、社会主义发展史中蕴含着丰富的红色文化审美教育资源。习近平总书记在回顾中国共产党的发展历史中总结提出了伟大的建党精神，即"坚持真理、坚守理想，践行初心、担当使命，不怕牺牲、英勇斗争，对党忠诚、不负人民"①。这些伟大的建党精神，是中国共产党一次次取得成功的密码、精神谱系和精神源泉，是党百年奋斗历史积累的最珍贵的财富，是中国共产党的光辉历程和在中国共产党领导下的百年中国波澜壮阔积贫积弱走向复兴的历程。这其中涌现出多少优秀的共产党员，鲜血和汗水谱写了中国共产党人前赴后继、矢志不渝地将人民放在首位，殚精竭虑的高尚品德、为党和国家的事业发展顽强拼搏的意志、勇担重任的家国情怀。例如，陈独秀、李大钊、毛泽东、邓小平、焦裕禄……这些人的事迹既青史留名，也被谱写为各种艺术作品，发挥着审美教育的功能，润物细无声地进入人民的心田和青年学子的精神世界。比如，书写中国共产党创始人陈独秀、李大钊等人的电视剧《觉醒年代》，书写长征的历史和毛泽东等领导人英勇斗争、坚忍不拔精神的《长征》，书写邓小平在"文化大革命"结束拨乱反正中以高超的智慧和胆识把握中华民族正确的发展方向的《历史转折中的邓小平》，书写鞠躬尽瘁为人民服务的周恩来形象的《海棠依旧》等，一部部生动的爱国主义艺术作品，用其独特的艺术表现形式和方法展现了一代代中国共产党人为夺取新中国的胜利所作出的突出贡献和舍生忘我的高贵品质，这些内容生动地刻画了中国共产党人的精神内核，具有巨大的审美教育和思想政治教育功能。

---

① 《习近平著作选读》第2卷，人民出版社2023年版，第480页。

红色资源蕴含在新中国的历史，改革开放的历史，社会主义发展的历史中。无论是革命先烈，还是革命遗迹或革命故事，都是中国共产党精神、红色文化、中华优秀传统美德的生动代表和鲜活记录，是我们开展"四史"教育的丰富素材。将这些红色资源运用到我们的日常思想政治教育内容之中，不但能够丰富思想政治教育内容的宽度和广度，更能使得我们的学校通过具体的革命事例来感受中国共产党人的伟大壮举，体验革命斗争的艰苦与今天幸福生活的不易。这些红色资源转化的艺术作品，都可以融入课程思政教育中，使学生的精神境界得到熏陶和洗礼。以艺术的感染力打动人、感染人。这其中有大量的实践活动形式可以借鉴，教师可以成立"四史"学术研究小组，分组确定研究主题，让学生在查阅文字、影音资料，分享鲜活的红色革命故事，交流感受中了解历史的发展脉络，熟悉史实，增强"四个自信"。

红色资源与思想政治理论相结合的审美教育的最大功能，在于培养学生从功利境界到家国情怀，实现精神境界的提升和飞跃。我国著名哲学家冯友兰先生将人的境界分为自然、功利、道德和天地逐步上升的四重境界。顺着人的本能和社会的风俗习惯去做事，像小孩子一样自己并无觉解，或不甚觉解，此为自然境界。至于功利境界，冯友兰说："还有一种人，他有私，时刻意识到自己，所做的事情都是为了自己。这不一定表明他就是全然不讲道德。他也可以做一些于别人有益的事情，但他这样做的动机是为了自己的好处。因此，他所做的每一件事，对他自己来说，都是'有用'的。他的人生境界可以称作'功利境界'。"① 现在社会中很多人和学生都是处在功利境界的，如果人人都为己谋利，虽然也最终能为社会作出贡献，但是这样的话为社会利益主动做事的人就

---

① 冯友兰:《中国哲学简史》，北京大学出版社 2021 年版，第 335 页。

越来越少了，那么一个国家和民族的公共利益就会削弱，国家、民族和人民的利益就得不到保障。而人类社会的发展需要一些人去为社会的利益做各种事，需要一种家国情怀。所以这样的人就会具有更高的人生境界——道德境界。就像冯友兰所说："还可能有些人，懂得世上并不是只有自己，还存在着一个社会，它是一个整体，自己是社会的一个组成部分。本着这样的理解，他做任何事情，都是为了整个社会的好处；或者用儒家的话来说，他行事为人是为义，而不是为利（'正其义而不谋其利'），他是真正有道德的人，所做的都合乎道德，都具有道德的意义。他的人生境界可以称之为'道德境界'。"[1] 我们的民族需要培养一批这样为正义真理而奋斗，为国家和民族的振兴而努力，为人民的幸福而承担和做事的人。这也是中华民族屹立于世界而生生不息的原因。挖掘"四史"教育的育人功能，提升大学生审美素养和道德修养，使学生实现从功利境界到道德境界的飞跃，培养大学生努力成为堪当民族复兴大任的时代新人，是一条重要的审美认知启发路径。

四、以双构建美育课程体系为载体发展大学生审美素养

在 2019 年教育部颁布的《关于切实加强新时代高等学校美育工作的意见》中明确指出：要完善课程教学、实践活动、校园文化、艺术展演"四位一体"的普及艺术教育推进机制，这为开展新时代美育工作指明了方向。然而这"四位一体"中课程教学活动是首位的，课堂是学生获取知识的主阵地，对于审美教育而言，亦要牢牢抓住这一主阵地，这是开展审美教育的有效根基。课程又是一切教学活动开展的基础，因此好的课程体系对学生知识结构的形成至关重要。因为课程体系涵盖了所有教

---

[1] 冯友兰:《中国哲学简史》，北京大学出版社 2021 年版，第 335 页。

学内容和进程，展示了教学工作的价值观、目标、结构和内容。科学合理的课程体系设置是保障和提高教育质量的关键。如果说课程是以知识内容为支撑实现人的发展目标的"跑道"，那么美育课程就是用美和审美的知识铺设的以实现审美教育目标的"跑道"。美育课程不是单一的专业课程，其内容涉及文学、艺术等方方面面，美育课程也不是针对某一专业的学生，而是针对全体大学生的一种教育，这就对美育课程的体系的构建提出了更高的要求。同时，对于审美教育促进高校思想政治素质而言，应该从审美教育课程体系设置和思想政治课程与审美教育课程体系的双构建来提升大学生审美素养的同时，提高大学生的道德修养，助力思想政治教育有效性的提升。

（一）以必修课为根，构建必修与选修双层次审美教育课程体系

以必修课为根开展审美教育，树立学生审美理论学习意识。所谓必修课就是指主干基础课程，是纳入所有学生学习知识体系内容的课程设置方法。一直以来，高校对审美教育的开展主要是以选修课为依托的，根据学生的喜好进行课程的选择，而必修课带有一定的强制性，无论个人喜好如何，对审美教育的各种基础概念、理念、价值表达应该是深入每个学生心中的。既然国家近几年对审美教育的重视程度超过了历史上任何一个时期，审美教育的课程地位只有和其他课程一样，建立自己的课程设置、教学计划以及考核办法，也应与其他课程一样设置自己的主干基础课程，以此来保证审美教育在大学生心中建立起一定的理论基础，为审美教育的开展筑牢理论根基。审美教育的课程体系设置中，如果没有主干课程的设置，学生在理论层面的审美根基不牢，即使提供再多的选修课，审美教育的实际作用必定会大打折扣，难以担负起国家大力加强审美教育的重任。将美育的重点课程纳入学校课程体系的构建的内容之中，是一种课程观的改革与创新，使高校美育课程更趋于制度化、规

范化和科学化，是深化审美教育在高等教育中的重要性、全面深入地落实审美教育走深走实的重要有效手段。

基于以上的原因，在高校的课程体系设置中设立至少一门的审美教育课程是至关重要的。高校一直以来都将"大学语文""大学英语"等课程设置为必修课，借鉴此类做法，应该将原有的一些"公共艺术选修课"中的核心课程，调整纳入艺术主干课程之中，加强审美理论知识的学习，这是对美的理解的关键。美学基本理论看似是理论，实则是对人类发展进程中所呈现出的审美现象的一种分析，美学理论的学习，有助于学生熟悉基本的美的原则，了解美的形态，理解审美活动的价值。只有具备这些知识根基，才能使得学生自觉地接受审美教育。主修课课程教材的内容要以对高校大学生进行审美教育公共基础知识教育为主，以马克思主义美学基本原理为指导，为学生树立审美理论学习意识，通过对审美的本质、美的不同形式等基本理论及概念的学习，帮助学生建立对美的基本概念的理解，同时要让审美教育价值意义深植学生心中，使他们在面对美和艺术作品时，具有正确的审美观和艺术观，进而帮助学生厘正正确的审美价值观、审美理想与审美情趣。审美修养的积淀对于激发学生向往美、追求美的热情，成就学生成为一个"审美的人"是大有裨益的。

（二）以公共艺术选修课为枝，开拓大学生审美教育意识

必修课固然重要，然而必修课也只能发挥基础作用，这并不能代表高校审美教育课程的全部，应该加大设置不同类型的艺术选修课，这样才能使得高校审美教育课程的体系设置趋于完整和完善。按照教育部规定，高校必须开设"公共艺术选修课"，这个限定是一个非常宽泛的内容，但是也是高校审美教育开展的基础保障性课程，公共艺术选修课主要应包括音乐艺术、美术鉴赏、戏曲影视艺术等内容。但是选修课的设置不能随心所欲，而要考虑两个方面的问题：一是高校学生是一个复杂

的多来源群体，受地域、环境、物质基础、信息发展程度的差异的影响，学生的审美素养基础是不同的，因此对审美教育的需求也会呈现出差异；二是基于学生的性格、家庭教育、生活环境、家庭经济基础的差异，学生的审美偏好是不同的，加之大学生在网络平台接触的各类审美信息，又为大学生审美偏好的差异性提供了新的空间和机遇。

基于以上两种情形，在大学审美教育选修课的设置上，要结合本学校的性质、专业课发展的现状、学生的专业特点、教师的师资设备等情况，关键是要满足学生的审美和艺术修养的诉求。因此选修课的开展应以调研为基础，了解学生的审美诉求，因此以学生的需求为导向，进行审美教育选修课的合理供给，真正适应学生多样性的审美需求，更使其对学生的审美知识、理论、技能得以有效的提升和补充，选修课大致可以分为四种类型：第一类是基础理论课，包括了文学概论、美术概论、审美文化概论等概论型课程；第二类是艺术史课程，包括中国美学史、西方美学史、中国文学史、外国文学史等专业历史类课程；第三类是艺术鉴赏类课程，包括文学鉴赏、书法鉴赏、诗歌鉴赏、影视鉴赏等课程；第四类也是学生受众度较高的类型，即实用型的技艺类课程，可以包括"书法""绘画""摄影""舞蹈""合唱"等课程。选修课是高校审美教育不可或缺的，都是审美教育必修课的有力补充。值得关注的是，审美理论的培养固然重要，但是理论的教育并非等于审美教育，审美教育也不是以提升学生审美理论功底为目标的，审美教育真正的作用在于通过理论知识的学习，促进学生在审美意识和能力上有所改变，确立正确的审美观，增强对美的感知力、鉴赏力，激发学生的创造美的能力，为社会主义事业的和谐发展提供保障。

（三）开展审美教育教学改革，拓展美育教育课程形式

人才培养方案是抓总体方向的教学规范纲领，是所有人才培养和质

量建设的依据。审美课程的落实落细，首先在于人才培养方案的修订。审美教育课程的优化，应该以公共课和选修课为主，以艺术实践课程为辅，以学生为中心，构建起艺术理论知识、艺术实践和艺术专长的三位一体人才培养模式和教学模式。强调在学生掌握必要基础知识和基本技能的基础上，着力提升审美情趣，引领学生树立正确的审美观念，培养高雅的审美品位，不断提高学生感受美、表现美、鉴赏美、创造美的能力。陶冶高尚的道德情操，培育深厚的民族情感，培养学生包容的胸怀，提升学生的审美人文素养和良好的艺术修养。

将艺术实践环节纳入人才培养方案之中，在校园文化建设、学生人格培养中发挥价值引领作用，以中华优秀传统文化、红色文化和先进的社会主义文化的弘扬为导向，以审美和人文素养培养为核心、以创新能力培育为重点、以艺术经典教育为主要内容，旨在提升学生艺术核心素养，使学生具有一定的艺术专长。艺术实践环节可安排在大三的寒暑假，为期四周。在审美教育课程形式上，应该结合学校专业建设和学科建设的特色资源，对于一些高校开设的具有地方特色和民族特色的非物质文化遗产课程，要将这些课程进课上舞台，让演教结合的审美教育模式逐步走向成熟，以优秀传统文化底蕴和非物质文化遗产培育学生群体。

在美育课堂教学基础上，让美育课程走出课堂，走向社会，与社会文化艺术机构配合，如博物馆、剧场、影院、美术馆及艺术院团等，增设艺术角、开放性艺术空间、艺术实践工作坊及非遗展示场所等，大力推广学生能受益的合唱、合奏、舞蹈、情景剧、书画摄影等作品展示，全方位地为学生提供艺术鉴赏的机会和场所，将社会的审美教育供给作为学校审美教育供给的有效补充，作为课堂教学形式以外的润物细无声的美育教育新途径。

第二节　寓美于情——激发思政教育审美情感之力

蔡元培曾经将审美教育形象地比作人体接受和传递信息的"神经系统"，对美育特殊的传导功能有着深刻的阐述。他认为美育"毗于德育"，即辅助德育，而世界观教育（我们今天思想政治教育的核心与实质）也因为"无迹象可求"，无具体可感的形式，而"附于神经系"依赖着美育。他认为的审美教育就是德育和世界观教育的信息传导系统，这一重要观点，对今天改革精神教育方式、改变思想教育信息传递通道，具有新颖的现实价值。审美感受是带有情感性的，情感是一种个体对客观事物符合自身需求的一种特殊的心理反应。思想政治教育的本质是做人的工作，而人是有情感的高级动物，人具有丰富多彩的情感，所以提高思想政治教育的有效性，将情感教育作为根基和基础是非常重要的。在现代思想政治教育中，通过情感交流，可以激发受教育者积极的情感体验，从而使得教育对象在动之以情、晓之以理的基础上，唤起受教育者的主观能动性。要完成"立德树人"的任务，培养一个对国家、对社会向善、向好、向上的青年，就必须要将学生还原成一个具有情感的人，将教学活动引入教师和学生情感交织的氛围中，唤醒人内心的情感，使个体成为一个充满情感的人，而不是仅仅通过纯粹的道德说教和命令。当大学生带着浓厚的情感接受思想政治教育的时候，就会发自内心地产生认同的情绪，从而达到了提高思想政治教育有效性的目的。情感教育的发展是个复杂的过程，其中家庭教育、个体心理健康教育、大学生的个体审美主体意识以及人文关怀都无不渗透着情感教育的内容，也都在一定程度上极大地影响着情感教育的效果。

一、渗透审美情感教育的以情优教功用

审美活动最本质的体现为情感活动。情感作用于教育活动的各个环节和方面，贯穿于教育的全过程。情感教育即在人际互动的过程中，为实现特定的教学目的，创设相应的教育内容和场景，引发学生在情感方面的体验，促进学生情感领域的变化，进而帮助学生理解教学内容，促进心理和生理和谐发展的教育。

（一）情感教育是完整教育体系重要构成部分

大学生首先是一个有情之人，大学生开展思想政治教育的情感载体，有助于实现"以情感人"和"全程育人"，有助于回答"高校培养什么样的人，如何培养人"这个问题。大学生的情感教育融入高校思想政治理论课的教学过程中，有助于提高高校思想政治理论课教学，有助于提升高校思想政治教育的有效性。2016年12月7日，全国高校思想政治工作会上习近平总书记强调："高校思想政治工作关系到高校培养什么样的人，如何培养人以及为谁培养人这个根本问题。要坚持把立德树人作为中心环节，把思想政治工作贯穿教育教学全过程，以情感人，以理服人，加强人文关怀和心理疏导，实现全程育人、全方位育人，努力开创我国高等教育事业发展新局面"。①情感一词反映的是一种体验，是人对客观事物的一种特殊反映，人是有情感的动物，人的一生所有活动都离不开情感的影响，在情感中人变得更加丰盈和丰富，随着社会经济、文化的不断发展和全球化进程的纵深推进，情感这一贯穿人们社会和文化生活方方面面的元素，受到了比以往更多的重视。情感虽然是个体主体对生活世界中客观事物的意义和价值的一种主观反映，情感的获得虽具有主

---

① 《习近平谈治国理政》第二卷，外文出版社2017年版，第77页。

观性，但是人类情感的获得是需要教育支持的。情感教育突出的是对教育对象在情感的维度内进行引导，使得教育对象能及时排遣心中的积郁，从而调整好心理状态，更好地开展学习和求知活动，情感教育的过程是学习和建立个体与自然、社会、他人乃至自己相适应关系的过程，并从积极的关系中体味价值意义、获得情趣并形成乐观向上的人生倾向，帮助确立正确人生观。情感是人格品质的重要构成部分，情感的发展水平是人格发展水平的一个重要指标，以教育过程为媒介，以教育促进受教育者社会性情感的形成，发展学生自我调整和自我控制情感的能力，促进积极情感的生成，有助于健全人格的塑造和培育。

（二）情感教育是审美教育和思政教育的桥梁纽带

"审美情感教育在大处和小处都要贯彻，应该由小到大的上升。这里不能轻视这种'小东西'，这些'小东西'可以在人的性格上打上本质的烙印。"[①]制约思想政治教育有效性的发挥因素有很多，但是其中一个重要原因是长期我们忽视了学生的情感教育，没有充分利用情感教育这一载体，导致学生的情感教育缺失。思想政治教育归根结底是做人的工作，而人和动物的根本区别在于人是有思维、有情感的高级动物，人的情感是丰富多彩的，我们的思想政治工作应该有效地利用人的情感这一重要法宝，以情感教育为载体，开展各项工作，这是提升思想政治教育有效性的重要途径，可以使得思想政治教育取得事半功倍的效果。情感教育可以使得受教育者逐步产生对思想政治教育的情感，带着情感接受思想政治教育的内容，从而产生积极的教育效果。在新时代的思想政治教育过程中，通过情感教育这一载体的有效交流，可以激发教育对象积极的情感体验，从而使教育对象在动之以情、晓之以理的基础上唤醒个体的

---

① ［苏］尼·阿·德米特里耶娃：《审美教育问题》，知识出版社 1983 年版，第 156 页。

自我教育的主动性，将学习的理论自觉和符合社会标准的认知自觉转化为实践活动，促进思想政治教育有效性生成。

（三）情感教育是审美教育重要表现形式，贯穿"五育"

审美教育实际是一种情感教育。按照心理学情感的社会性划分标准，将情感划分为道德情感、理智情感和审美情感。三个层次是逐渐上升的。情感教育的过程也是发展人的道德情感、理智情感和审美情感的过程。个体的道德感来源于社会对道德行为的评价，理智感来源于认知，而审美感即美感，是一种愉悦的、具有倾向性的体验感。"五育"的教育目标和方法虽各有不同，但是共同构筑起了教育活动的主要内容，但都具有态度、知识和技能这三个层次。其中处在第一位的态度层次中包含了情感、意志和信念等因子。可以看出，情感是贯穿于"德、智、体、美、劳"中各个维度的。通过情感教育这一思想政治教育载体，不但可以丰富思想政治教育的形式，在动之以情、晓之以理的环境下，潜移默化达到润物细无声的效果，从而使受教育者发自内心对思想政治教育内容产生情感，将外部引导的教育转化为内部自觉的教育。因此在审美教育的视域内发挥情感教育重要的桥梁纽带作用，对于思想政治教育有效性的提升开辟了崭新路径。

（四）以健全人格培养为目标，发挥情感教育价值

著名教育家夏丏尊先生曾指出："教育不能没有情感，没有爱，就如同池塘不能没有水一样；没有水，就不能成为池塘；没有情感，就没有教育。"无论是思想政治教育还是审美教育，亦或是情感教育，都隶属于教育活动，只是教育的形式和教育的倾向性有差异而已。可以说情感教育涉及了一个人心理的诸如感觉、知觉以及对他人、对社会的情感、价值取向、道德感等诸多方面，其目的就是通过教育使学生的知情领域发生一定的变化，在情感与思想的融合过程中，提升价值观，从而产生正

确的行为取向。在人类发展的历史文明进程中，情感教育发挥着独特的价值和作用。首先，情感是健全人格的根基。无数事实证明，人格缺陷、人格障碍往往和个体的情绪和情感有直接的关系，不同人格障碍的情感表现也各不相同。比如，一些精神分裂的人，经常所表现出的孤独、喜怒无常、暴躁抑郁等情绪状态。情感教育的过程就是通过体验——情绪——意志——性格的过程，性格的形成过程也是人格化的过程，是情感教育的最高目标，能够促使个体形成较为坚强的意志和品质。同时，情感教育不仅仅作用于构成人格的每一个要素，而且能在总体的润色作用下，促使完整人格的形成。其次，情感有助于个体信念的形成与发展，具有一定的政治价值。丰富的思想政治教育内容，需要情感的载体得以实现。情感教育能够激发受教育者心中的情感因素，发挥人内心本真的爱的功能，使得受教育者能自觉、自愿地接纳思想政治教育所传达的政治内容。爱国是个体对祖国的一种积极的、天然的态度。由爱国而凝结的爱国主义，更是中华民族文化和精神的精髓所在，在对学生进行爱国主义教育时，坚持和弘扬学生的爱国热情，引导学生内心对国家充满感情，不断将学生对祖国的情感升华为理性的认知，使得学生将个人的前途命运同国家的命运相连，当我们对祖国充满感情的时候，自然产生了爱国之情，将爱国之情根植于学生的心底，形成政治教育的价值。因此在思想政治教育中的爱国主义教育的开展需要情感教育这一载体。

（五）树立情理交融教育理念，实现思政教育理性和情感和谐统一

高校思想政治教育具有浓重的政治色彩，在思想政治教育的同时承担着传授政治理论的作用，所以一直以来思想政治教育的理论灌输占据了课堂教育形式。教育者运用情感意识较为淡薄，忽视了教学过程中的情感交流，使得思想政治教育无论是内容还是过程都显得枯燥乏味，直接影响着思想政治教育有效性地发挥。将理性的政治教育内容和情感教

育内容相结合，将人的情感意识与人的理性意识相结合，通过情感反哺实践，才能够推动理性教育的发展。

完善理性教育内容，以情促知，情理统一。情感意识与理性意识都属于人的认识范畴，对实践具有反作用，正确的认识能够推动实践的发展。高校思想政治教育中，教育者要注重情感与理性的结合，不能只注重理性教育而忽视对情感教育的运用。坚持以现代情感教育意识为指导，增加教育内容中的情感因素，实现学生积极情感的发展，做到"以理服人""以情感人"。一是经过思想政治教育学科 40 多年的发展，思想政治教育的内容已经非常丰富、成熟和完备，思想政治教育工作首先要保证教育者传授知识的真理性，这是进行理性教育的前提。思想政治教育内容作为长期实践验证积累下来的人文精华，既凝聚着真理的智慧，当然也蕴含着深刻的情感。思想政治教育者不能仅仅只做理论知识的传播者，而要通过真理性的内容触动学生情感的满足，使其在理想知识的传授中渗透出人情，将思想政治教育内容与当前的国家发展相联系，用富有情感的感性事例丰富理性内容情感、价值和温度，使学生在枯燥的理论学习中能自然地体会到那种富有魅力的理性情感，增强学生追求真理的积极性。二是教育者在教育时要"以情动人"。真理和情感不是相背离的两种事物，而应该是相互促进、相互发展和谐共生的，情感能促进学生对真理的接受度，真理能丰富情感的厚度，思想政治教育者和其他的专业课教师，除了进行理性的专业知识传授外，应该要在课堂用真情去感动学生，用对专业知识的热爱之情去感染学生、感动学生对知识的探求和接受，激发学生积极向上的情感，将真情实感融入课堂教学和教育内容当中，善于从理性的教育内容中挖掘能激发和磨炼学生情感因素的内容，把握教育内容中的情感技巧，联系学生实际生活，选取学生身边富有感染力的事例，让教学内容从课本走进学生的内心，教导学生如何面对人生的选择、如何承受人生中的逆境、如何增强心理承受能力，用积极乐观的心态面对人生。同时更要真心地关心关爱学生，时刻关注学生的学习情绪，感受他们的学习态度，寓情于教，形成积极有效地沟通渠道，拉近师生距离，使学生形成正确积极的情感态度，促进学生情感迁移效应。

提升教师情感素养，激发学生积极情感。教育者作为思想政治教育的主要供给方，除了供给知识价值外，还具有供给情感价值的作用。首先，教师一直以来作为课堂教学的主导者，他的情绪和状态时刻感染和影响着学生的情绪，其教育过程中的喜、怒、哀、乐等情绪占据了课堂整体氛围的主导情绪，情绪具有极强的感染力，积极的情绪推动思想政治教育的效果，消极的情绪则会阻碍思想政治教育的效果。要想帮助学生建立积极的情感价值，作为教育者就要具有积极的情感价值影响力，能够保持积极的情感态度和状态，并能在课堂及时洞察学生的不良情绪且通过语言和行为化解学生的负面情绪，调动学生的情绪，使之产生正向情感。其次，亲其师才能信其道，亲师的过程首先是情感认同的过程，即使教师的专业功底再扎实，所传递给学生的情感体验是滞后且无效的，课堂对学生的吸引力一定会大打折扣。要加强教学的监督和检查，完善学生对教师评价中的情感评价内容，不能单一地从专业知识的传授度来衡量，要常态化、动态化地加强对教师师德师风的考核与评价，切实从学生评教中发现问题，了解学生对教师的认可程度，了解教师的师德师风和品行品德。很难想象如果一个人格自身有缺陷，师德师风评价不高的教师能给学生传递积极的情绪价值和带去怎样积极的情感体验。作为职业发展的需要，应该采用不同方式培养教师的情感素养，帮助教师树立情感教育的意识，传授情感教育的方法，使教师无论是从理论上、思想上还是技巧上重视情感教育的价值意义，时刻提醒自己恰当地在教学中贯穿情感教育理念，时刻用真情打动学生、用真心感染学生、用真诚影响学生，提升课堂沟通质量和情绪传导质量，提升思想政治教育的有效性。

二、发挥审美教育心理效应的人格促进作用

心理健康教育始终是思想政治教育的关键环节，是思想政治教育得以开展的根本保证，二者之间从教育目标、教育方法的可借鉴性、教育内容的相通性、教育主体的同一性方面都有诸多交集。多元文化的冲击下，学生同时面临巨大的就业压力和社会竞争，尚未步入社会的他们一边是对理想的追求，一边是现实生存发展的压力，他们内心长期处在负能量和压抑的状态，致使心理问题频频发生。

（一）心理健康是实现高校思政教育有效性的根基

2018年7月颁布下发的《高等学校学生心理健康教育指导纲要》指出，"坚持育心与育德相统一，加强人文关怀和心理疏导，规范发展心理健康教育与咨询服务，更好地适应和满足学生心理健康教育服务需求"①。思想政治教育中的心理健康问题已经摆在了越来越重要的地位。健康应该包括生理和心理健康两个方面，我们对人的关注常停留在生理健康层面，而实际上，心理健康才是我们的教育活动得以顺利开展、高校思想政治教育有效性得以切实提高的根本保证，是个体达到内部协调并与外部适应，是个体能达到和谐和协调状态的基础。我们的思想政治教育工作就是引导学生形成积极向上的人生态度、树立高尚的人生理想信念，爱国爱民、爱党爱社会主义，最终能作出正确的政治选择和道德选择，积极为祖国和民族贡献力量。思想政治教育的最终目标是要实现"大

---

① 中共教育部党组：《高等学校学生心理健康教育指导纲要》，2018年7月4日。

我"，而心理健康教育是实现"小我"，然而，没有"小我"何谈"大我"？学生的心理健康一旦出现问题，就会给我们的教育造成诸多的困难，教育的目标自然无法实现。大学生长期受应试教育的压抑，经历过激烈竞争的高考步入大学后，面对新的学习环境和生活环境，同时受当前社会经济环境、文化环境及网络的影响，会滋生出诸多的心理问题。有的是理想和现实的落差，导致出现失落、彷徨、迷失的情绪；有的是因为人际关系相处造成自卑、恐惧、烦躁的交往障碍；有的是因为学习和就业压力的影响导致出现厌世情绪和沮丧的人生价值观。同时受思想文化领域和社会思潮的影响，大学生容易在中西文化的冲突中自我迷失、自我否定、自我沉落。这些问题的产生，严重制约了学校正常学生管理，还会危及大学生的身心健康发展，同时，学生的心理健康问题带有极强的隐蔽性，无法及时发现并进行前瞻性干预，加之高校现有心理育人体系尚未健全、长期以来家庭教育重智育轻心育、大学生尚未形成对心理健康的认知体系导致学生心理健康问题无法得到及时有效的干预，学生的精神层面一旦出现问题，纵然使用何种先进的教育理念、创新的教育方式、融合的教育内容都是低效甚至是无效的，这些都会隐性地影响着我们的思想政治教育工作有效性的发挥。

（二）审美教育促进大学生心理健康发展

"教育思想的变革、教育理念的突破只有根植于心理发展的基础，才能具有强大的生命力"[1]。审美教育是关于人心灵的教育，是关于人的精神发展的教育，其本质是对人精神世界的陶冶，能够对感性和理性进行统一的人格完善、对德智体美身心素质全面发展进行积极的影响。蔡元培曾在解释教育方针中的"五育"时说到，"美育者神经系也，所以传导；

---

[1] 余逸群：《当代世界教育思想改革趋势》，《中国青年报》1989 年 4 月 24 日。

世界观者，心理作用也，附丽于神经系统而无迹象之可求"。可见审美教育的作用与个体心理发展是息息相关的，审美教育过程中，一切艺术形式、自然美、社会美等都会对人的真、善、美发展带来积极的影响，有效实施美育，使大学生能够长期全身心地置身于审美情景之中，发展他们的美感和欣赏美、创造美，识别美与丑的能力，帮助学生形成审美的人生态度、审美胸襟，会极大地增强个体心理调适能力，提高心理健康的水平，这就是美育对个体心理所产生的积极价值。美育心理学由我国心理学家刘兆吉在 20 世纪 80 年代首次提出。[①] 在美育心理过程中，人的内心的感受往往是感情压倒一切的，而且这种审美感情一般都是趋于积极和愉悦的，受教育者在这样的愉悦的感情的驱动下，所表现出的是接受教育最大的自觉性和自主性，个体在美感的体验中充分感受到的是自由，这种自由具有极大的包容性，使受教育者在心理上不会感受到某种外在力量所给予的压力和某种意志力的强迫，会自然地随着自我积极情感的推动，而主动地接纳教育内容，可以说正是因为美感使得受教育者获得了一种主动的意志。因此可以说，在审美教育的过程中，是审美活动展开的过程，审美主体在对对象的观赏、领悟中其实是对自我生命本质的发现过程，是唤醒和激活自我生命潜能的过程，是充分唤醒主体自我意识的情感思想的自我运动，受教育者在这一过程中自在自觉地接受了教育，是一种由"教"达到"不教"的精神自觉。一个充分具备审美人生态度、审美心胸的人，会对生活、社会、人生、生命和自然都充满着爱意，会更容易感受"幸福感"和"乐趣感"，使个体的主体精神超越狭隘、偏执和束缚，有效地调节自我情绪和意志，保持心理的健康和稳定。因此，要想使审美教育的内在价值充分得以彰显，就要切实提高审

① 赵伶俐：《刘兆吉美育心理学创建研究》，《西南师范大学学报（人文社会科学版）》2000 年第 6 期。

美教育的质量，使得审美教育的目标、原则和方法科学化和系统化，将美育和心理学相结合起来，遵循心理学的原则，使审美教育活动真正成为良好的审美和创造美的心理素质以及一切美好精神素质的人的活动。在开展思想政治教育的过程中，就要以美感为突破口，以心理学的方法探求大学生心理发展，探寻和了解大学生心理状态，发掘大学生内心的心理资源，发挥美育心理学的自我教育、自我认知、动力引导和乐学善学功能，提高大学生审美认知和审美水平。

（三）美育心理教育促进审美教育水平提升

思想政治教育所需要达成的一切社会所需要的优秀的品质和健全的人格都是建立在心理健康的基础之上的。思想政治教育大多是外化的理论教育，而只有学生将外化的理论教育转变为内在的自我教育的时候，转变为影响自己的内心环境，产生自我的要求、监督的时候，才能形成个体稳定和良好的品德，而这种品德的构成是依赖于学生个性的倾向性以及个性的心理特征的。个体个性中的性格、气质和能力对个体品德会产生重要指导，有研究结果显示，心理健康存在问题的学生，其思想品德也存在不同程度的问题。心理因素是思想品德形成的内在条件，同时一些品德也会影响人的个性和心理状态。在审美教育中，审美的主体和审美的客体都是人本身，人本身不但能感受和欣赏美，也是美的创造者和美的对象。一个心灵美的人，也必然是人格完美之人。高尚的品德、善良的品行、求真务实的精神、高效快捷的能力是个体心灵美的体现，同时也是个体健康完善的人格的体现。人的审美水平受心理素质高低的影响较多，高层次的审美能力给人提供的较为深层次的情感力量，带来精神上的巨大享受。同样，低层次的审美仅仅能提供给人感官层面的需求。美育心理的过程借助联想和想象而实现理解活动，美所给人带来的刺激，能够使受教育者获得一种情感上的形象交流，这种交流所带来的是受教育者自然生发的认可度。此时客观事物美的形象，通过欣赏者的主观感知、体验、直觉和通感，形成高层次的、理性的美感体验。在这一过程中，人的想象力、创造力、感知力等审美心理素质能力都得以发展，使人的审美层次及审美能力也得到提升。可以说，心理教育在提升人的心理素质的同时也提高了审美教育的水平。只有通过开展心理教育，让学生各方面达到最佳状态，才能让学生各方面的综合素质得以充分地发展。因此心理健康教育是一切教育得以实现的基础和内在的动因，高校审美教育的开展方式与路径，需要美育心理学的理论支撑。

三、倡导人文关怀对学生精神重构价值

（一）审美教育彰显"人文关怀"理念

人文关怀和审美教育都是为了实现人的全面发展。无论是审美教育还是人文关怀，其关注的核心都是人本身。人文关怀体现的是一种以人为本的理念，核心是肯定人性和人的价值，要求关注人的内心精神世界的发展，以达到促进个性的解放。它不仅仅是一种物质关怀的体现和一种物质的存在，还是一种精神和文化的存在。人文关怀作为一种理念，是指对人本身合理真实需求的关心，是对人的生存的关爱，人文关怀是对生命和人格的尊重，是对人的自我追求的关照和理解，可以说人文关怀是对人的生活、生存、生命的一种关注和尊重，是对人的自我价值、人的发展、人的情感诉求的回应。席勒指出"人永远被束缚在整体的一个孤零零的小碎片上，人自己也只好把自己造就成一个小碎片。……他永远不能发展他本质的和谐。他不是把人性印在他的天性上，而是仅仅变成他的职业和他的专门知识的标志"[1]。通过这种关爱和关照，能给予人在

---

① ［德］席勒：《审美教育书简》，北京大学出版社 1985 年版，第 30 页。

彷徨迷茫的时候增加信心和力量，并指引人向着积极的人生观发展。人的发展应当是自由的、充分的、主动的和积极的，那种由外部力量强制性的发展都是短暂且没有生命力的，人的发展也应该是各方面的素质和能力都得以均衡的，达到一定水平的发展，是在承认个体差异的基础上的全面的发展。在高校思想政治教育的视野中，人文关怀要求关注和尊重学生这一主体地位和个性的差异，关注不同个体内在的需要，激发学生的积极性和创造性，促进他们的全面发展。

审美教育和人文关怀都旨在确定人生价值的存在，满足人的主体需求。每一个个体本身无论是在社会发展还是自身发展中都居于核心地位，每个个体的良性发展才能促进整个社会的良性发展。所以说无论是何种内容的教育或何种方式的教育，都是要在满足人这一主体自身主体需要的基础上展开的。一直以来，我们的教育所传递的内容和知识都是按照社会的需求进行灌输，任何课程都概莫能外。大学的教育必须要走出那种知识堆积的误区，有效地将知识的传授和个体的需要有机地结合在一起，因为人只有在满足了个体需要的基础上，才有意愿和动力去实现其社会性价值。从这个角度来讲，审美教育和人文关怀教育都作为一种对内的教育，都是从人的发展的教育来满足人的主体需要的教育方式。按照马克思主义的理解，人文关怀是对"现实的人"的生存的关注，肯定的是人的尊严，符合人性发展的要求。思想政治教育中的"以人为本"，就是要以受教育者为本，关注他们的主体需求和自身利益的同时，帮助他们完善人格，使他们的思想和道德符合社会发展的需要，完善其社会性。二者所不同的是，美育是从外到内地关注人的发展，而人文关怀是由内到外地关注人的需求。可以说，审美教育是通过和谐的人的结构到人的价值外在的发挥，从而在塑造审美人格中，成就人的全面发展；而人文关怀是通过外在的人文方式关照内心。① 但无论是由内向外还是由外向内，最终的落脚点都是人本身。二者都是要从人的灵魂深处去帮助人解决疾苦，从精神的领域解决人的痛苦，使人能体味到乐的人生价值，使人们从追求物质利益的浮躁情绪中解脱出来，为学生因为就业、竞争所带来的心理的焦躁和内心的困惑提供一个能自我调节、自我平衡的他愈自愈的通道，从"知道"升华为"体道"，进而开掘人的"灵魂"的深层结构。

（二）高校思政教育人文关怀价值意蕴

思想政治教育"人文关怀"是解决人文精神缺失的重要方式，是时代发展的应然选择。在党的十七大报告中第一次提出"加强和改进思想政治工作，注重人文关怀和心理疏导"的理念。这一理念的提出是对思想政治教育工作的工作方式、方法寄予了新的期望。也体现了我们党对思想政治教育工作的着力点由教育引导人变化成了对人本身和内心的关怀与关爱，这是我们党工作方式的转变，更是时代对思想政治教育工作提出的新的要求。"人们的观念、观点和概念，一句话，人们的意识，随着人们的生活条件、人们的社会关系、人们的社会存在的改变而改变"②。不同的时代人们所渴求的"人文关怀"会有各自的内容和方式。当代中国社会的主要矛盾随着社会的发展发生了必然的变化，思想政治教育作为对人精神层面产生引导和教育的活动，其目标就是推动学生形成优良的适合社会发展需要的品德，思想政治教育从来都不是解决人的温饱和发展问题的，而是解决人在思想层面上的精神问题的，满足的应该是人精神层面的需求。随着我国全面建成小康社会的快速推进，物质层面的关怀虽必要但也早已不是关怀的重心，人们对人文关怀的需要不是物质上的帮助，而是心理上的疏导和思想上的开解。当代的中国社会民主、信息媒体发

---

① 杨鲁宁：《论人文关怀与大学生美育》，《东岳论丛》1998 年第 4 期。
② 《马克思恩格斯选集》第 1 卷，人民出版社 2012 年版，第 419 页。

达、文化发展蓬勃向上、民众价值选择多元，特别是不同渠道的信息和社会思潮的涌现，丰富的同时夹杂着良莠、多样中充满着迷茫，人们对人生意义的渴求超过了任何一个时期，这样的人生困惑和整个社会的浮躁的情绪，同样深刻地影响着身处校园的大学生，对物质利益的追求，拜金主义的盛行，是"人文精神"缺位和缺失的表现，人文精神的重构是社会科学需要破解的问题，高科技给人提供便捷的同时带来的是人文精神的贫瘠和缺失，精神迷茫的他们需要的不是灌输式的说教，而是精神或思想上的关怀。面对当今高校学生出现的各种极端现象和大学生群体在思想上的一些过激表现，加强思想政治教育的人文关怀，关注学生的需求，尊重学生自身人格的发展，引导学生敬畏生命、爱护生命、尊重生命，是时代的必然的选择，要具有时代的眼光，要找准当代思想政治教育人文关怀所需要解决的问题，提高思想政治教育人文关怀的针对性，提升思想政治教育关怀的效果，同时要在马克思主义指导下解决中国国情和现状下的中国问题的人文关怀。

人文关怀的情感渗透促进思想政治教育有效性的提升。这个时代的思想政治教育在主体与客体、理论与实践、供给与需求、方式与效果、话语与接受等不同层面，都出现的矛盾无疑是与这个时代的发展息息相关的。从教育理念来看，国家和社会的需求是高校思想政治教育的目标，人只是其实现这一目标的工作，无论是教育者还是受教育者都被物化了，教育内容在强调功效，而忽视了受教育者情感的体验和人格的养成，导致思想政治教育入了脑却没有"入心"，学生变成了"两面人"。以社会需求为导向的思想政治教育，在教育的情感上强调的是"服从"。以"服从"为基本价值取向，个体情感和需要的特殊性就无法得到应有的关照。时代的问题要交给时代去解决，所要改变的是人们看待原有问题的视角。面对今天思想政治教育所出现的困境，我们不能改变思想政治教育的宗旨，不能改变思想政治教育者和教育对象之间客观存在的关系，教学方法和手段的更新对于效果的改变收获甚微，这就需要改变原有思想政治教育的视点，即从思想政治教育社会的需要转向个体的需要。审美教育是遵从个体的需要开展的教育，如前所述，审美教育是一种极具人文关怀的教育，人文关怀的情感价值与审美的情感价值，对于思想政治教育工作而言具有同样的价值意蕴。一直以来我们的教育只是力量置于知识传授层面，受教育者的情感始终处于被忽视的位置，长此以往，受教育者内在情感的需求一再被遮蔽，情感需求的不满足所带来的是内心世界的冷漠，人文精神匮乏和对美的事物的感受力、体验力弱化，会进一步损害理智，危及道德观念，产生了当代大学生人文精神的缺失与重构问题。人文关怀中的情感价值会让受教育者和教育者在情感上产生沟通和默契，态度上产生共鸣，其所传导的价值理念自然会被认同和接纳。人文关怀中所产生的受教育者和教育者之间美好情感的传递，将更多地解决受教育者的思想困惑和情感缺失，在解决受教育者内心需求的过程中，在彼此对美好的情感的浸润中，实现思想政治教育的目的，使思想政治教育的有效性得到无形的提升。

第三节　寓美于行——引导思政教育的审美化实践

一、以美培美——厚植思政教育工作者审美素养

思想政治教育工作者是思想政治教育工作得以顺利开展的主体力量，在思想政治教育过程中占据着主导的作用，他们是学生思想的引领者和引导者，是学生身边最直接的榜样，新时代，思想政治教育的一系列改

革，新的观念和理念的更新，受教育者思想和行为的变化，都对思想政治教育工作者提出了诸多新要求和新挑战。教师的素质直接决定了学生素质的高度。思想政治教育者的素质直接影响思想政治教育实践活动的信度和效度，是思想政治教育工作有效性得以提升的关键因素，思想政治教育者审美素养是多方面的统一，是多层次、多方面的知识素养所达到的一种和谐美的状态。思想政治教育者要具有发现美、捕捉美、倡导美的敏锐的审美意识，思想政治教育者的审美素养对于学生群体的审美素养具有最直接的影响作用。

（一）思政教育工作应具有美的知识体系

师者，传道授业解惑也。思想政治教育工作者的首要职责是传授科学文化知识，从审美的角度探析思想政治教育问题，思想政治教育的内容美是关键的要素，而内容的美只有通过思想政治教育者的有效传播才能真正展现其价值所在。因此，对学识美的展现是思想政治教育者的重要审美素养的体现。思想政治教育具有较强的综合性和专业性，对教师的综合素养要求较高，需要思想政治教育者掌握丰富的科学文化知识和广博的知识体系，良好的审美力、辨识力、鉴赏力、观察力、发现力、敏感力都是思政工作者学识美的重要表现。一是思政工作者首先应该具有系统的马列主义学科修养，能深刻阐释思想政治教育学科知识体系的内在美的价值，熟练驾驭思想政治教育的教育方法，能够用自己扎实全面的专业知识能力清晰、生动地向学生阐释学科知识的理论之美。二是思想政治教育者要具有广博的知识体系结构，思想政治教育专业是一门交叉性较强的学科，其与教育、心理、管理、社会、法律、历史、审美等各学科都有紧密的关系，这就要求高校思想政治教育工作者在掌握专业知识背后，应该广泛涉猎不同学科的内容，提高对思想政治教育工作的驾驭能力，使学生感受到老师广博的知识底蕴，增强学生对教师的认可以及对学科的认同，改变学生心目中古板的思想政治教育工作形象，给学生呈现出丰富、生动、多元、愉快的知识体验，带给学生美的知识的享受。三是思想政治教育工作者应当具备一定的美育知识，要努力提高自我的审美素养。马克思曾说："如果你想得到艺术的享受，那你就必须是一个有艺术修养的人。"[①] 思想政治教育的过程是培养全面发展的人的过程，是一个"育美""识美""建美"的过程，目标是培养符合社会主义事业发展需要的"完美"的个体，因此思想政治教育工作者作为审美化育人的实施主体，首先必须自身具备较高的美学素养和涵养，通过不断汲取美学知识而形成良好的审美素养和审美情趣，为思想政治课的审美化打下良好的基础。在开展思想政治教育过程中，要用科学的美育理念和美育知识育人，用科学的审美观去引导学生识别美、发现美、认识美、创造美，与此同时帮助学生建立符合社会发展需要的正确的审美素养，从而提高学生辨别真与假、美与丑、善与丑的能力，以不断促进个体和谐、稳定、健康地发展。

（二）思政教育工作者应具有美的情感

情感是人们社会实践活动中所持有的态度的表现，积极的情感具有温润人的心灵的作用。人处在社会实践活动中，离不开情感的影响，人类在对待客观事物的态度中总是带有某种特殊的感情的色彩，因此人的情感也呈现出多样性和复杂性，不同的情感表现支撑着人不同的立场、观念和处世态度。情感程度的高低在一定程度上体现了个人的道德修养和文化修养，内心情感丰富的人一般具有较为深厚的文化知识底蕴和更高的人生追求，这是人的心灵美感层次的一种外化表现与折射。马克思说："如果你想感化别人，那你就必须是一个实际上能鼓舞和推动别人前

---

① 《马克思恩格斯全集》第3卷，人民出版社2002年版，第364页。

进的人。"① 这就要求，思想政治教育者首先是一个具有积极的情感能力的人，使之影响学生的情感状态，作为思想政治教育者首先应该是热爱祖国、热爱社会主义制度、热爱人民、热爱学生、热爱工作的良好情感表现的典范，应具有强烈的爱国热情。爱国之情是个体奋发图强的内在精神动能，是我们祖国和社会永葆生命力和活力的强大凝聚力的内核保障，个体只有对祖国拥有深厚的情感，才能自觉进行科学文化知识的学习，将个人的学习发展融入祖国的建设之中。教师具有积极的爱国情感，会以满腔的热情去热爱本职工作和学生，热爱社会主义制度，对自己所传授的专业知识和其中对国家的价值意义给予极大的认同，处处维护党和国家的利益，并将个人的感受和体验自然地融入课堂教学的语言和教学内容之中，影响学生爱国情感的产生。其次，思政工作者作为传播正能量、提升学生道德修养的引导者，本身应该对学生具有美好的情感。他们要关心关注学生成长、爱护理解尊重学生感受，妥善处理好严管和厚爱之间的关系，妥善处理好批评与鼓励之间的关系，能够在教学和日常交流中敏锐地感知学生情感的变化，及时积极地加以引导和纠正，用自己的专业知识和良好的道德情感进行艺术化的纠偏，助力思想政治教育的效果。

（三）思政教育工作者应具有美的道德品质

思想品德是一种特殊的政治素养，是一个阶级的人们为实现根本利益所具有的一种积极的精神活动和实践活动品质。首先，思想品德美是思想政治教育工作者的基本素养之一，这种美首先体现在思想政治教育者应该拥有美的人生理想。人生理想是人生奋斗的内核动力，是个体对自我成长发展的要求和期盼，是个体人生观的体现，有怎样的人生理想，

---

① 《马克思恩格斯全集》第3卷，人民出版社2002年版，第364页。

就会有怎样的奋斗方向和动力。美的人生理想即一种崇高的人生理想，崇高是美感的一个重要方面，具有不可抗拒的影响力，能给人带来精神动力，给人以刚健、雄伟、肃然起敬的审美感受，是鼓励人不断追求卓越的精神支撑，在人的发展中发挥着风向标的作用。其次，思想品德美体现在具有美的人生信念。信念是人的认知和思想情感相互作用后的一种思想观念和意识，是人们确定自我言行善恶的一种内在评价标准和行为准则，可以说人生信念的高低是人内心深处一种长期、稳定、固化的心理品质的表现。这就要求思想政治教育工作者应该具有坚定的共产主义理想信念和政治信念，具有良好的政治素养；具有坚持真理、追求真理、践行真理的品质；具有胸怀坦荡、光明磊落、言行一致的品格；具有较强的政治敏锐力和政治判断力，在重大事件中为学生把好政治方向；具有正派、正气、正直的人生观、价值观和世界观，能够用自身的浩然正气来影响和感化学生。然而这些都需要思想政治教育工作者牢固树立一切从实际出发、实事求是的观念，能够全面、客观、辩证地分析问题、评价问题和处理问题，用自身美的人生信念影响和感化学生对美的人生信念的追求，能够在社会发展的关键期成为学生的人生导航。

（四）思政教育工作者应该具有美的人格

孔子曾说："其身正，不令而行，其身不正，虽令不从。"教育工作者的人格魅力是教育工作得以有效开展的首要品质，一名拥有真才实学、真情实感、真知灼见的完整人格的教师，才能在思想、行为、道德、修养等方面对学生产生影响力和指引力。只有人格才能影响人格的发展和规定。教师作为教育工作的主体力量，其才、情、智、能力、品德、语言的综合魅力是完美人格的集中体现，对学生的人格培养和塑造发挥着至关重要的作用，是以美成人的教育的重要载体。苏霍姆林斯基曾说："能力、志向、才干的培养问题，没有教师个性的直接影响，是不可能实际解决的。"[①] 教师人格对学生人格的养成是具有持久影响力的，无论社会发展到何种程度，教师永远是教育的第一关键要素。对于思想政治教育工作者而言，身上的使命绝非仅仅是专业知识和技能的传授，应该责无旁贷地成为影响学生智力和品德发展的人生导师，思想政治教育工作者具有的审美价值取向的人格美，是超越了丰富知识、高超技法、创新理念的价值的。教育力源于学生认同度，思想政治教育工作者只有在不断加强自身道德修养、提升自己精湛的专业素养、丰富自我审美价值取向的过程中，修炼自我人格魅力，在学生心中种下美的种子，激发学生对真、善、美的追求。

从古至今不难发现，一个好的教育工作者总是以其广博的知识获得学生的尊重，而以其人格美赢得学生的追崇。思想政治教育工作者的人格美应该体现在以下几个方面：一是思想政治教育工作者应该具有稳定的情绪。教师的职业特点决定其必须首先具有稳定的情绪管理能力，这是教师人格美的重要表现。只有具备稳定情绪的教师工作者，才能做到热爱学生、亲切对待学生、耐心疏导学生，使学生敢于主动和教师进行沟通和交流，易于教师了解学生思想和行为动态，更有效地开展思想政治教育工作。二是思想政治教育工作者应该具有良好的沟通协调能力。爱心是教师和学生建立和谐师生关系的基础，是建立信任和尊重的情感纽带，教育工作者只有以爱为本，善于用欣赏的目光发现学生的优点，才能有效拉近师生心灵间的距离，得到学生足够的信任和认可，影响学生形成健康人格。只有这样，教师才能从一个知识传授的老师转变为一个真正意义上的教育工作者。思想政治教育工作者除了教师团体外，还涵盖了广大的管理人员，他们是思想政治教育的外部力量，他们也要

[①]　［苏］B. A. 苏霍姆林斯基：《给教师的建议（修订版）》，杜殿坤编译，教育科学出版社 1984 年版，第 32—47 页。

树立育人意识和服务意识，在校园构建起和谐、愉悦、蓬勃发展的育人环境氛围，使学生在人际交往中处处能感受美、体验美、促进学生身心成长。三是良好的创新意识、开拓精神、坚韧不拔的意志力、科学严谨的学术态度、勤勉认真的教学态度、耐心细致的育人态度都是教师人格美的集中体现，这不仅仅是思想政治教育工作者的人格美的要求，更是对所有从事教育工作的人的要求。教师要深知自己所处的育人角色，寓"无形"教育于"有行"教育之中，用自己的言传身教达到审美教育和思想政治教育同向同行的目的。

二、协同育美——拓展思政教育审美化教学领域

审美教育的开展应该是不同学科、不同专业、各个教学环节的共同责任，高校审美教育应该融入教育教学工作的各个领域、各类课程之中，在显性审美教育和隐性审美教育之中发展高校审美教育的育人作用，在课程美育和美育课程之中拓宽审美教育的平台和效果。

（一）注重审美教育的显性和隐性相统一，促进学生全面发展

凡是能够促进人的情感、道德、修养、行为向着真善美的方向发展的教育都是审美教育的范围，因此审美教育不单单是艺术教育，还是应该包含了关于自然美、社会美、理性美、心灵美、科学美、行为美以及艺术美在内的各类美的教育。按照审美教育的广泛性决定了审美教育具有持久性和潜移默化性的特征，因此审美教育不仅仅针对于艺术教育，而且应该可以渗透在高等教育的方方面面，可以渗透在除思想政治专业课程之外的各类课程教育之中，可以渗透在传统课堂以外的高校不同课堂之中。审美教育作为促进学生人格养成的重要课程，不但要注重显性的审美教育，更要积极发挥不同课程、不同课堂的审美教育价值，运用新理念和新的教学方式让隐性课程成为审美教育的重要补充和载体，发

挥审美教育潜移默化育人的作用，促进审美教育目标的实现，促进学生自由、全面的协调发展。

（二）课程应遵循美的原则，发挥课程美育协同育人作用

审美教育是一项实践性很强的教育活动，不同学科中都蕴含着大量的审美价值，都包含着丰富的审美教育内容，提升高校思想政治教育的有效性不仅仅是思想政治教育专业课的目标，思想政治教育的多维度性和广博性决定了思想政治教育的内容、方式、方法应该渗透于不同的课程和不同的教育内容之中，也要积极发挥课程思政和思政课程的协同育人作用。同样，从审美教育的角度探讨思想政治教育的有效性提升问题，通过提升大学生的审美素养来助力思想政治教育的效果，也不仅仅是思想政治教育课本身的价值，要发挥不同课程中的审美教育的资源，每门课程都应该主动挖掘本学科和本课程中的审美价值元素，并主动将其融入专业教育之中，将审美教育与哲学、文学、社会学、心理学、历史学、工业设计、数学、建筑学、化学等学科联系起来，全方位、多角度、多学科地提升大学生审美素养，通过各学科存在的美的因素（包括自然美、艺术美、人文美、社会美、科学美）发展学生的审美素养，从教育的知识层面提升到育人层面。通过审美素养的提升来达到潜移默化育人，促进思想政治教育效果的实现。

人文学科综合性较强，人的信仰、情感、审美和道德问题都是其研究的领域，是对社会现象和社会发展规律的探索的学科，人文学科不仅仅是一个知识体系，更是一个价值体系，人文学科是大学学科体系中的重要组成部分，其中文学、历史、法律、艺术、社会等课程都是以文字为媒介的，常常以自然美和社会美为探讨的对象，是自然美和社会美一种能动的反应，包含了大量的具有审美价值的形象，这些形象无论是人物、艺术还是故事，都是向学生展示出自然、社会、历史及现实的生活，

都是引导学生求真、向善、向美的。大学在进行人文学科教育的同时，更多的是包含对于人生、社会、道德等价值理念的传递，其中有不少是关于对国家和历史的教育，这些教育会在激发学生爱国热情、欣赏崇高美、热爱生命方面发挥积极的作用，学生在接受美的作品的熏陶时，也受到了美和善的教育。

以抽象思维训练为主的理工科中也蕴含着大量的审美教育资源，理工科中所有的规律、定理、公式都是在瞬息万变的自然界中所抽象出来的，都是简练、和谐、精确和多样性的高度统一，这是理工科所具有的共同的美，即科学美。罗素曾经说过："数学，如果正确看它，不但拥有真理，而且也具有至高的美。"因此理工科中要演示黄金分割、比例、对称、轨迹曲线等学科的美，让学生在真理美、理论体系，规律公式的简洁美、理论与实践结合的和谐美中体会科学美的价值。教师要通过严谨的科学理论知识引导学生充分认识美与合乎规律的"真"之间的相辅相成的关系，同时理解"美"蕴含在"真"之中的道理。让学生在审美的愉悦感受中激发学习兴趣，丰富想象力，启迪心智，在科学知识营养的汲取中提高审美能力和创造能力。

（三）立足审美化教学，实现思政理论课审美化发展

审美化教学的转变是一种从观念到理论再到教学行为的转变。审美化教学可以使教学过程、教学内容、教学形式变得生动有趣，让教师传授的过程和学生学习的过程都能沉浸在愉悦、表现、创造和欣赏的氛围中，获得充分的美感的享受和体验，使教学过程和结果都得以全面地更新和升级。这种教学方式的改变在任何课程中都可以实施，对于思想政治理论课而言，审美化教学方式的实施，无疑是对思想政治理论课效果提升的重要革新和转变，使学生在审美化的思想政治理论课教学中体会真实的获得感，真正达到提升思想政治理论课效果的目的。

　　无论怎样变革与创新，所有的教育都要回归到教师教授学生这一基本模式之上。思政课审美化理念的确立，不只在教育内容上要贯穿审美教育的理念，更是在方式和方法上要有机地将艺术性相融合，进行课程的审美创造，体现教育的艺术价值，将艺术的丰富性和感染力充分融入思想政治理论课的教育之中，增强思想政治教育的吸引力和感染力，实现寓教于乐。

　　首先，要将形象化的教育运用在教学之中，运用形象化的艺术载体使思想政治理论课的教学充满美感，使学生得到美的体验。形象性教学是指教师在内容传授中要选取适当的教学辅助手段，更加形象、直观、丰富、趣味地向学生呈现教学内容，将空洞枯燥的内容转化为学生易于接受和理解的知识。在这一过程中，就需要大量使用美育的各类载体，美的教育不是简单的说教，更在于直观的形象展示。教师要充分利用直观美带给人的视觉冲击和心灵冲击，借助图片、多媒体资源、民族传统艺术等来优化教育内容，用艺术的美感效应来优化思想政治教育的方法，提高思想政治理论课内容的感染性和直观性。这就需要教师加强课程设计，以审美情感为纽带，以直观美的展示为载体，以艺术形象为辅助，在激发大学生内心情感和视觉审美冲击的体验中，以愉悦的状态获取知识。例如在涉及中华博大精深的文化内容时，就可以直观地将涉及中国传统文化工艺、具有代表性的传统文化视频资料作为形象教学的方式，直观体验中华优秀文化的魅力和价值，让"文化自信"的情愫自然生长。当然，在进行形象化审美教学的同时，应当注意任何辅助性的形象化教学内容都是服务于课程内容的，都是课程内容的一味佐料，而不能将其作为课堂内容的主要手段而出现泛娱乐化的课堂教学倾向。思想政治理论课最终仍然要回归其思想性，这是本位的，不能舍本逐末。

　　其次，有效利用大数据时代的互联网资源开展思想政治理论课教学审美创造活动，是新时代开展思想政治教育工作的有益补充。作为新时代的大学生，网络无疑是占据其生活和学习时间的重要阵地，这一阵地的扩展与新时代大学生对网络的依赖和审美诉求具有很强的匹配度，这是我们对传统思想政治教育阵地进行拓展的有效领域，这其中包含着对思想政治教育内容、手段、方法的延伸。思想政治教育工作者要积极借助网络载体来丰富思想政治教育的内容，优化思想政治教育的审美化路径，通过网络生动的资源可以更加充分地向学生展现我国现在在政治、经济、文化、社会、医疗、卫生、生态各个领域所取得的卓越成绩，从中让学生体会我国的政治制度之美、国家建设之美、社会发展之美、生态文明之美、奋斗拼搏之美、互助互爱之美，这种美的传递需要教师的主动引导，以审美化教学为导向，在备课环节进行网络资源的收集和整理，将不同维度的美的展现融入教材不同单元、不同章节的内容教学之中，引入课程教学导入环节，穿插到教学过程，以更加鲜活和富有生命力的内容丰富课堂教学，提高学生知识接受兴趣的同时，以审美的方式向学生传递思想政治教育的目的，引导学生坚定"四个自信"。

三、以文育美——营造思政教育环境的审美创建

校园文化是一种以学生为主体的群体性文化，这种群体性文化是以精神、行为、环境、制度四个方面的文化内容为依托的，校园文化的效果是师生上下联动共同作用的结果。校园文化本身就是物质文化和精神文化的总和的体现，健康的校园文化可以启迪学生思维、陶冶学生情操，促进学生的全面发展。受学生心理发展状况和素质教育本身人文性的价值影响，审美性应该是校园文化的根本属性，因此校园文化的审美化程度决定了育人功能实现的程度。广泛存在的审美文化以其人文性价值调和着学校师生间、学生与组织之间、学生与学生之间的关系，同时对学

生的情感、心理、身体的健康发展发挥着调节作用。校园文化始终与学校教育的根本目的——促进学生的全面发展——保持着最内在的同一性。[1] 校园文化应该是纯净的、高尚的文化，然而随着市场经济的发展，校园文化也在不断被娱乐化、商业化、网络流行的文化所影响，校园文化在一定程度上失去其已有的底色，校园文化的异化在一定程度上源于审美教育的缺失，大学生在专业知识的学习中找不到充盈其精神世界的文化，被网络和娱乐所包围，导致学生出现了精神世界的匮乏和空虚，也在很大程度上影响了思想政治教育的效果。

（一）校园审美文化环境育人价值及其意蕴

每个人的思想观念和行为方式都是在环境的熏陶影响下发展的。在校园文化中，环境是不可或缺的重要构成因素，环境不但是思想政治教育的有利条件，还是思想政治教育的不竭内容。环境美是人们在自然条件的基础上对生存条件和生活环境的主观改造，是人们精神文明提升后的在物质文明方面的体现。"环境美以稳定的影响方式陶冶人们的心灵。环境美的创造具有使用的和审美的双重价值。"[2] 环境美的创建过程凝聚着人们的审美思想和审美情趣，凝聚着管理方式的审美化倾向，能够产生积极的审美效应。

"人与环境之间有着直接的审美关系。"[3] 美好的环境能帮助大学生构建充满希望、充满活力、充满信心的心理状态，促进身心的和谐发展；美的环境对人的行为具有规范、约束的感召力和影响力。思想政治教育环境是指"思想政治教育活动开展的各种外在条件和因素的总和，主要包括思想政治教育活动实施所处的社会大环境和教育对象所处的内部小

---

[1]　杜卫：《美育论》，教育科学出版社2014年版，第317页。

[2]　张松泉：《美学简论》，黑龙江人民出版社1985年版，第350页。

[3]　田慧生：《教学环境论》，江西教育出版社1996年版，第131页。

环境。"① 与高校思想政治教育直接相关的环境应该是"内部小环境",对于高校而言,内部小环境包括教育内容、教育设施、教育氛围、师生关系等内容,优美的育人环境是塑造学生向上、向善、向好品德的外部条件。有效的思想政治教育是各个要素相互联动的、相互融合的结果,这些教育要素中都渗透美的特性,都是促进思想政治教育开展的重要载体。其他环境要素我们在前面的章节内容中有了一定的阐释,现在主要针对我们大学生所接触的校园外部景观文化环境、精神环境、制度环境等为内容,挖掘其中的思想政治的审美教育价值。

思想政治教育在理论教育的基础上,要高度关注环境的育人价值,要积极按照美的规律去创建思想政治教育育人环境,让学生始终处在美的感受中进行学习和生活,在美的环境中激发学生的情感波动,使学生从中体会到快乐和满足。同时,美存在于自然、社会、艺术等方方面面,但无论是自然、社会还是艺术,这些不但是美的存在的领域,也是审美的领域,这些地方隐含着诸多审美教育资源。人类物质产品和精神产品的创造过程,都是人类不断改造自然的过程,不断改造的过程也是人类追求美的过程,思想政治教育不但要在内容上有美的体现,更要按照"美的规律"创建育人环境和审美环境,通过发挥审美的情感性、渗透性来加强思想政治教育的感染力,增进受教育者对思想政治教育的认同度,增强思想政治的效果。

(二)以优美校园景观文化环境为载体,以美成人

校园文化作为一种特殊的意识形态和群体意识,是客观存在的,是一所大学具有校园特色的精神氛围和发展环境的综合体现,是大学精神和传统的一种核心体现,彰显的是大学所特有和固有的审美表现,是一

---

① 沈国权:《思想政治教育环境论》,复旦大学出版社 2002 年版,第 1 页。

所高校所具有的历史积淀，是长期培育和积淀的传统的人文气息，这一人文气息中承载着一所高校的价值理念、发展根基、学术传承、审美品味和行为标准。这种无时不在、无处不在的人文气息，时刻影响着校园中的个体，影响着他们行为、价值判断，以及人格的养成。有怎样的大学精神，就有怎样的大学文化。这种文化常常以大学的景观等重要形态为表现，反映的是一个大学的审美趣味、精神气息和文化氛围。从完整意义来讲，高校的审美教育资源是包含了自然景观在内的，因为自然景观是聚合了审美属性的，能够彰显一定的审美价值。苏霍姆林斯基曾指出："学校的物质基础是培养学生观点、信念和良好习惯的有效手段。"优美的校园给学生带来的是美的享受和美的体验，校园景观文化环境的主要表现在于校园历史建筑物，具有文化底蕴的历史建筑物是贯穿大学物质和精神文化的艺术的融合，穿越了历史的时空所表达出的是大学丰厚的历史文化底蕴和严谨的治学办学理念，表达出了美的自律与自觉，审美反映在建筑上可以帮助学生唤醒对美的感悟，大学校园中每一座具有文化底蕴和历史积淀的建筑物都是大学生审美能力培养的重要内容，具有一定育人功能，对于以美成人的学生人格的养成发挥了积极的氛围引导作用，会有效地促进学生的求知欲和积极向上的人生态度。黑格尔曾说过："在建筑艺术中就发生了重要的变化，精神的东西作为内存的意义而分割出来，并且获得了独立的表现，至于肉体的外壳则作为单纯的建筑的环绕物而放在精神的东西的周围。"[①]建筑是兼具艺术性和实用性为一体的，其中的艺术价值甚至在某种程度上超越了实用价值的意义。建筑利用其巨大的空间形象，所展现的是特定年代校园的精神风貌、思想情感和审美情趣。纵观中国和国外那些著名的高等学府，其独特的建筑风

---

① ［德］黑格尔:《美学》第3卷（上），朱光潜译，商务印书馆1979年版，第51页。

格和校园文化景观，无一不叫人流连忘返，给人以深刻的印象。

从文化的视野出发，审视和反思我国大学文化景观建设的现状是十分有必要的。大学建筑不应该是楼宇的堆积，不应该与社会其他建筑相一致，而更应该是民族文化和民族精神的凝结，传递的应该是文化和审美价值，要与社会建筑保持距离，这种距离不仅仅是尺度的距离，更是心理和社会的距离，要保持其独特的美育精神场域，成为独立的大学文化的传播和传承的表现。在我国，无论是重点大学还是一般大学在建设过程中，特别是一些新校区的建设过程中，对公共艺术的重视程度都远远不够，现代性大学给人最直观的印象是占地面积广阔、规划宏伟、建筑壮观，其中能体现大学精神和公共艺术审美品味的校园文化景观却很少，更多的追求的是校园的整体风貌上的"新"和建筑风格上的"大"，缺少的是大学文化的特质和生长基因，每一所高校的历史积淀不同，所呈现的校园文化景观也应该是独树一帜、不可复制的。这就需要加强顶层设计，提高高校管理层的环境育人理念，提升美化校园的自觉性，用心梳理高校自身的文化品格和历史文脉，注重大学文化景观建设中体现大学文化传统的精髓和特色，教学楼的设计在充分考虑实用功能的基础上，应尽可能地渗透审美的因素，打破千篇一律的"火柴盒"型的建筑模式，要使之具有艺术性，让不同使用性质的教学楼具有不同的审美风格，坚持实用与审美、时代性与民族性相结合的原则。

（三）以健康校园精神文化环境为载体，以美促人

校园文化内涵丰富，但就其核心而言精神文化应该排在首位。高校的校园精神文化是衡量一所高校思想政治教育成败的关键性标志，也是培养新时代社会主义新人的重要保障，校园精神文化可以说是校园"隐性课程"的一部分，是社会精神文化在校园的一种具体的体现，是大学建设的灵魂，积聚的是一所学校长期形成的具有价值内涵的风采和风貌。

它不像课堂教学那样有指标进行衡量教学成果的好坏，也没有固定的教学计划和教学大纲，但是那种弥漫在校园中各个角落的精神气息，是一所大学精神面貌的集中体现，在学生的思想品德和行为习惯养成、人文精神品质塑造、价值观念形成、学习风气的养成、理想信念的追求、校园等方面都具有其独特的价值。一般来讲，校园精神应该包括了一所学校师生广泛认同的办学理念、人文精神、文化传统、校训、校风和学风。

随着社会物质生活的丰富和经济的发展，社会文化精神在很大程度上会影响校园文化精神的形成，学生不可避免的会受到社会良莠不齐的精神文化的干扰，导致学生群体对校园精神文化的需求也越来越多样化了。一是在消费主义盛行的社会环境中，学生对物质层面的追求在很大程度上超过了对精神层面的追求。攀比之风、奢靡之风在高校蔚然成风，这种风气在不同层次和不同类别的高校中都存在，大学生群体对物质的膨胀性追求直接影响其价值观的判断力，对学业和学术的追求都产生了功利化的情绪，背离了教育的本质目标。二是学习风气不端正的现象比比皆是。受互联网的影响和社会不同娱乐现象的影响，学生的学习兴趣和学习目标出现了不同程度的淡化现象，很大一部分学生花在互联网和网络游戏上的时间会多于花在学业上的时间，对成绩的和学业的追求限于较低的标准，自控能力不强，学习积极主动性不强。三是人文素质教育的普遍质量不高导致学生人文精神缺失。人文学科既是一门学科，也是促进个体人文素养的关键性课程，因此历史、哲学、文学、艺术、伦理等知识的教育能够使人加深对事物本质的认知，然而高等教育重知识价值而轻人文价值的状态长期影响着高等学校的教育教学，学生人文素质被忽视的结果使学生的人文精神也被解构了。学生处理个人与他人，个人与集体的能力都有很大的短板，利己主义盛行下人际交往能力、奉献意识和服务他人意识都弱化了，这些都在制约全面发展的人的培养。

每个个体的意识逐渐形成群体意识，影响着高校人文精神的塑造，优良的校园精神文化牵引着校园行为准则和价值取向，好学向上勤勉的团体意识下对群体人员的价值影响一定是正向的，会在思想层面影响学生的理想和信念，创设优良的学风和校风。

以学风建设促进良好的校园文化氛围。学风是校园中主要的精神力量和育人资源，是教师教风师德、治学态度的综合体现，首先应该在管理层面强化学生建设，强化学生管理和教学管理的督导力度，加强专任教师和辅导员的配合力度，在教与学、教与管、教与辅之间形成良性互动，在人文关怀和机制管理的共同引导配合下，减少学生逃课、厌学、违纪等有害的学风影响因子，共同促进学生的学习习惯和学习风气养成。其次，要从制度层面深化学生日常管理，包括课堂教学行为管理、学分制度管理、考风考纪管理、后勤保障管理、畅通学生信息反馈渠道，充分将大数据管理应用于学生管理之中，通过学生出勤、行动轨迹、行为偏好数据分析来掌握学生活动偏好和业余行动偏好，并形成问题反馈联动机制，能将行动异常的学生情况及时地反馈给班主任和辅导员等一线管理者，精准细致地进行定向教育辅导，在点滴的关怀和教育中，影响学生的价值情感，促进学校优良学风形成的同时，构筑高校人文精神的大厦。

（四）以科学人性校园制度文化环境为载体，以美管人

校园文化制度是校园文化的组成部分，贯穿于管理、教学、教辅、后勤的方方面面，是学校事业得以顺利推进的重要支撑力量，是学校依法治校的重要组成部分，更是学校科学、严谨治学精神的体现。包括学校管理制度、措施和行为规范等，具有较强的延续性、导向性、权威性，发挥着潜在规范学生言行、促进学生健康人格养成的积极作用。首先，无规矩不成方圆。正在青春发展期的青少年，思维活跃，价值观尚

未成熟，容易被一些不良的文化和行为方式影响和误导，制度的建立为校园活动的发展制定了基本的框架，对于遏制学生不良的行为提供了基础的约束性要求，从而帮助引导和规范学生基本的健康人格的发展方向。其次，学校制度建设是社会政治、经济、道德等约束制度在学校这一环境中的微观的缩影和表现，是建设法治校园的根本保证，对学生正确价值观的养成和是非标准的判断都具有推动和规范作用，因具有一定的历史沿革性和传承性，具有相对的稳定性，是学生所公认的行为约束指南，会有一定的遵守的自觉性。

制度的刚性约束力制约了它的温度和人文性，但是面对新的教育环境、新的发展机遇以及思维更活跃的学生群体，制度在体现其约束性的同时，如果不能适应新的发展的需要，不适应现代管理方式的需要，反而会极大地制约自身的约束力。一个呆板的、生硬的教育教学制度，是无法同思想活跃的学生群体的需求相匹配的，不但无法促进学习的积极性，反而会抑制其个性的施展，压抑个体的创造力，按照新时代对人才的要求，高校所培养的学生应该是个性鲜明、富有创造力、想象力、不墨守成规的个体，过于呆板和僵化的制度体系，不利于学生个性的培养。因此在校园文化制度体系的构建上，也要始终以审美化的制度体系建设为导向，渗透了人文关怀的规章制度是使制度能内化为自觉行动的"催化剂"，突出"以人为本"和"以学生为本"的管理理念和教育理念，将"情"和"法"有机地融为一体，使人的本质得到充分的完善和发展，使学生的身心、智力、审美意识、社会责任感和精神价值都得以在具有人本性和科学性的管理制度体系中得到充分的释放，一个民主、开放、包容的，坚持以生为本、以师为本的管理制度会给师生创造一个和谐、舒畅的学生乐学、教师善教的学习工作氛围，会促进师生形成良好的行为习惯、健康的生活学习方式，以及积极向上的精神风貌。

（五）以多元第二课堂为审美实践载体，以美培人

习近平总书记提出，高校"要重视和加强第二课堂建设"，要"重视实践育人，坚持教育同生产劳动和社会实践相结合，广泛开展各类社会实践"。[①] 这是对高校第二课堂给予了新的期望，提出了新的要求。高校"第二课堂"涵盖了学校各类学生社团活动、社会实践以及社会活动。第二课堂是教学课堂的有益补充，是学生业余生活的重要场域，因此承担着重要的育人作用。第二课程的知识性、人文性、艺术性对于拓宽学生的眼界、丰富学生认知、拓展学生对社会的体验都有举足轻重的意义。第二课堂是教学课堂的有效延伸，是激发学生活力、提升学生能力、培养学生审美意识、开展审美教育实践活动、培育学生创新能力的重要场所。

审美教育是与实践活动紧密相连的教育活动，这决定了审美教育的形式不能仅停留在课本，其教育形式应该是丰富的、多样的，也只有在实践活动中，审美教育才能得以发展和取得实际的效果。将第二课堂作为艺术教育的重要阵地和高校审美育人的重要载体，将课堂未能实现的艺术教育活动嫁接于内容缤纷的第二课堂之中加以实施，在弘扬中华美育精神的过程中提升学生的艺术审美素养和艺术技能。第二课堂的丰富性亦是校园文化开展的丰富性的表现，以富有审美力的校园文化活动推动校园精神文化。校园文化活动是校园精神文化建设的有效载体，是学生在实践过程中自我认知、价值观形成和行为养成的重要渠道。学生深处校园环境之中，朝气蓬勃、敢想敢干、富有热情是青年鲜明的特征，要充分发挥青年学生的这一特征，就需要借助校园文化的力量。将强烈的文化色彩和道德约束融入活动之中，是传递校园精神文化的重要途径。

---

① 《习近平关于青少年和共青团工作论述摘编》，中央文献出版社 2017 年版，第 77 页。

校园文化活动伴随着学生的课余时光，具有自发性和群众性的特征，课堂以外的精神文化活动能帮助学生印证、感悟、消化和实践课堂教育的价值传递。

以美育人，多维度提升第二课堂的审美教育作用。首先，高校第二课堂的开展都是由共青团负责组织开展的。然而目前共青团在工作开展中缺乏美育的意识，对审美教育的认知和重视都不足，将活动的规模性、娱乐性和美育混为一谈，以为唱唱跳跳就是审美教育，这种片面性的理解导致第二课堂的工作开展缺少了原动力。其次，第二课堂的活动开展形式老套，内涵缺失。第二课堂活动的载体和体系设置较为老套，新鲜的具有活力的元素挖掘不够，激发学生社团创新的制度体系构建不足，导致第二课堂的美育活动形式缺乏创新和内涵，学生的参与度和参与热情持久度不足，学生在第二课堂中得到"美"的启迪有待提升。最后，缺乏审美教育的专业指导。学生社团的开展主要取决于学生组织能力，而现状是社团的数量远远多于指导老师的数量，受奖励机制和管理机制的影响，第二课堂中师资的指导力量较为薄弱，绝大多数的社团组织都存在自给自足的情况，学生空有一番热情和创新意识，因为缺乏有效的指导，社团的发展方向和内涵建设较为单一，影响了第二课堂的开展质量，也进而影响了审美教育的实施。

习近平总书记指出："要全面加强和改进学校美育，配齐配好美育教师，坚持以美育人、以文化人，提高学生审美和人文素养"。[①] 高校艺术社团在审美教育中发挥着积极的作用。因此，高校应该主动顺应学生的需求，转变理念，将艺术社团的推广作为学校审美教育实施的有效阵地，规范管理、加大资金和师资投入力度，保证艺术社团的稳定、有效、

---

① 《习近平著作选读》第 2 卷，人民出版社 2023 年版，第 201 页。

良性发展，充分发挥艺术社团在促进思想政治教育审美化构建中的积极作用。

一是开设人文讲坛，增加学生社团中人文性社团的数量，加强第二课堂的人文性建设。人文教育是审美教育的重要构成内容，可以通过开设人文大讲堂，定期聘请不同领域的学者进行讲座，给学生直面艺术家、文学家的机会，不但帮助学生提升艺术理论知识的理解，更通过面对面的交流，让学生体会艺术和文学带给人的美的追求和享受，在校园形成浓厚的人文培育气氛。

二是建立和完善学校统筹规划，构建校团委、艺术类相关学院、教务处三方联动配合的学生自我管理艺术社团管理机制。在原有艺术协会的基础上，扩展和丰富艺术社团构成，加强对艺术社团的管理，整合不同社团的优质美育资源，通过定期开展作品展、艺术欣赏、大学生艺术节、社团艺术节、学生艺术作品展等方式，提高学生的参与度，使学生经常获得精神放松和审美的愉悦，在校园中形成人人追求艺术、人人参与艺术、人人热爱艺术、人人走进艺术的传帮带的良好美育氛围，影响和带动学生群体形成乐观的心态、健康的心境，帮助他们成为博学且乐观的人。同时，学校应该为学校艺术社团配备指导教师，加强对校园文化艺术活动的指导。

附　　录

大学生审美素养与思想政治教育现状调查问卷

亲爱的同学：

您好！非常感谢您参与本项研究工作。这是一项有关大学生审美教育及思想政治教育方面的调查研究，本研究的目的是通过了解同学们的审美现状、审美意识、审美取向、审美教育等现状，为审美教育对促进大学生思想政治教育有效性的研究提供现实依据。该问卷仅用于研究，不需要填写您的姓名。谢谢您的支持与合作！

第一部分：基本信息

1. 请选择您的性别（　　　）［单选题］

　A. 男　　　　　　B. 女

2. 请选择您的年级（　　　）［单选题］

　A. 大一　　　　B. 大二　　　　C. 大三　　　　D. 大四

　E. 研究生

3. 您的专业类别属于（　　　）[单选题]

　　A. 文科类　　　　　B. 理工科类　　　　C. 艺术类

4. 您来自（　　　）[单选题]

　　A. 特大城市（北上广深）　　　　　B. 大城市、省会城市

　　C. 中等城市　　　　D. 小城市　　　　E. 城镇　　　　F. 农村

5. 您父亲的受教育程度（　　　）[单选题]

　　A. 小学　　　　　B. 初中　　　　　C. 高中　　　　　D. 大专

　　E. 本科及以上

6. 您母亲的受教育程度（　　　）[单选题]

　　A. 小学　　　　　B. 初中　　　　　C. 高中　　　　　D. 大专

　　E. 本科及以上

7. 您家庭的平均年收入大概是多少万元？＿＿＿＿＿＿＿＿＿＿＿＿＿＿＿＿

　　（以"万元"为单位，只能填阿拉伯数字，如：5 或者 5.5）[填空题]

第二部分：大学生审美素养和审美意象

1. 您认为最能体现"美"的前三项按顺序排列分别为＿＿＿＿＿＞＿＿＿＿＿＞

　　＿＿＿＿＿[排序题，请在括号内依次填入字母]

　　A. 幸福　　　　　B. 漂亮　　　　　C. 财富　　　　　D. 真理

　　E. 权利　　　　　F. 善良　　　　　G. 时尚　　　　　H. 真诚

　　I. 奇特　　　　　J. 智慧

2. 总体而言，您觉得当代大学生的审美素养如何？（　　　）[单选题]

　　A. 非常好　　　　B. 比较好　　　　C. 说不上　　　　D. 一般

　　E. 非常差

3. 您从小是否接受过艺术类的熏陶？（　　　）[单选题]

　　A. 经常接受　　　B. 较多接受　　　C. 较少接受　　　D. 从未接受过

4. 您判断美丑的标准是（　　　）［单选题］

　　A. 社会倡导的主流取向　　　　　B. 依据自我兴趣爱好

　　C. 根据当下流行时尚　　　　　　D. 不确定

5. 您最喜欢的文娱活动是（　　　）［单选题］

　　A. 阅读文学作品　　　　　　　　B. 体育竞技

　　C. 看娱乐、影视节目　　　　　　D. 欣赏音乐和跳舞

　　E. 看抖音类短视频　　　　　　　F. 玩游戏

6. 请问您平时喜欢阅读哪类杂志、书籍、网络文章？请在（　　　）里面
　　画"√"。［矩阵单选题］

	非常喜欢	比较喜欢	不太喜欢	非常不喜欢
人文艺术类	（　　　）	（　　　）	（　　　）	（　　　）
哲学、历史类	（　　　）	（　　　）	（　　　）	（　　　）
政治经济社会问题分析类	（　　　）	（　　　）	（　　　）	（　　　）
娱乐八卦类	（　　　）	（　　　）	（　　　）	（　　　）
科学技术类	（　　　）	（　　　）	（　　　）	（　　　）
健康、健身、医疗类	（　　　）	（　　　）	（　　　）	（　　　）
时装、烹调、园艺类	（　　　）	（　　　）	（　　　）	（　　　）
诗歌、散文类	（　　　）	（　　　）	（　　　）	（　　　）
言情小说、戏剧	（　　　）	（　　　）	（　　　）	（　　　）
侦探、武侠类小说	（　　　）	（　　　）	（　　　）	（　　　）
旅行、野外、探险类	（　　　）	（　　　）	（　　　）	（　　　）
职业培训、资格考试类	（　　　）	（　　　）	（　　　）	（　　　）
与学科专业相关的书籍杂志	（　　　）	（　　　）	（　　　）	（　　　）

7.您平时喜欢看什么内容的电影、电视节目？请在（　　　）里面画"√"。

［矩阵单选题］

	非常喜欢	比较喜欢	不太喜欢	非常不喜欢
娱乐综艺类节目	（　　　）	（　　　）	（　　　）	（　　　）
抖音类短视频	（　　　）	（　　　）	（　　　）	（　　　）
纪录片（Discovery、BBC系列纪录片等）	（　　　）	（　　　）	（　　　）	（　　　）
政治经济社会新闻（新闻联播等）	（　　　）	（　　　）	（　　　）	（　　　）
肥皂剧、浪漫爱情剧或电影	（　　　）	（　　　）	（　　　）	（　　　）
爱国、抗日战争片	（　　　）	（　　　）	（　　　）	（　　　）
战争、恐怖、悬疑等电影	（　　　）	（　　　）	（　　　）	（　　　）
科学、教育类节目	（　　　）	（　　　）	（　　　）	（　　　）
体育类节目	（　　　）	（　　　）	（　　　）	（　　　）
探险、发明、荒野求生类节目	（　　　）	（　　　）	（　　　）	（　　　）
历史揭秘	（　　　）	（　　　）	（　　　）	（　　　）
旅行、野外、探险类节目	（　　　）	（　　　）	（　　　）	（　　　）
戏剧、曲艺（如京剧、相声、小品）	（　　　）	（　　　）	（　　　）	（　　　）

8.您平时喜欢听什么类型的音乐或歌曲？请在（　　　）里面画"√"。

［矩阵单选题］

	非常喜欢	比较喜欢	不太喜欢	非常不喜欢
古典音乐	（　　）	（　　）	（　　）	（　　）
流行音乐或歌曲	（　　）	（　　）	（　　）	（　　）
红歌	（　　）	（　　）	（　　）	（　　）
摇滚、说唱乐	（　　）	（　　）	（　　）	（　　）
抖音网红歌曲	（　　）	（　　）	（　　）	（　　）
民乐、民歌	（　　）	（　　）	（　　）	（　　）
夜店舞蹈、DJ劲爆歌曲	（　　）	（　　）	（　　）	（　　）
轻音乐	（　　）	（　　）	（　　）	（　　）
民谣、校园歌曲	（　　）	（　　）	（　　）	（　　）

9.您喜欢结交的朋友是因为 TA，前两项按顺序排列分别是_____>

_____［排序题］

　　A.外貌出众　　　B.人格高尚　　　C.兴趣相投

　　D.性格好　　　　E.才华横溢　　　F.个性张扬，标新立异

10.选择男女朋友时比较注重哪几个方面_____>_____>_____>

_____（请按重要程度由高到低排列）［排序题］

　　A.身材　　　　B.相貌　　　　C.年龄　　　　D.人品

　　E.职业　　　　F.收入　　　　G.家庭背景　　　H.能力才干

　　I.生活习惯　　J.文化程度　　K.责任心　　　L.性格脾气

11. 您对女生化妆去上课,怎么看?(　　　)[单选题]

　　A. 大学期间应该提倡自然美,化妆浪费时间和金钱,不支持女生化妆

　　B. 业余时间可以化淡妆,但是不支持上课时化妆

　　C. 化妆可以让一个女生更加自信,支持去上课化妆

　　D. 无所谓

12. 您对整容怎么看?(　　　)[多选题]

　　A. 不赞同,违反天性,自然美是最好的

　　B. 不赞同,是虚荣心的表现

　　C. 赞同,但是自己不会去整容

　　D. 赞同,有经济实力自己也会去整

　　E. 无所谓

13. 您主要会通过哪几种方式得到别人的关注?_____>_____>_____>

　　(请按重要程度由高到低排序)[排序题]

　　A. 通过阅读提升自己的气质

　　B. 通过努力提高自己的学业成绩

　　C. 通过参加社团活动提升自己的人际交往能力

　　D. 通过培养自己的兴趣爱好提升自身素质

　　E. 通过化妆提升自己的颜值

　　F. 通过个性的打扮吸引别人注意

14. 您是如何看待"穿越"剧、流行的"抖音神曲"、"土味"视频、吃播视频等这些现象的?(　　　)[单选题]

　　A. 娱乐大众,可以理解　　　　　　B. 脱离主流,应该限制

　　C. 存在即合理,无可厚非　　　　　D. 无所谓,不关注

15. 一些人靠丑闻博出的现象,您怎么看?(　　　)[单选题]

　　A. 这是社会浮躁心理的体现,是一种扭曲的成功观,不应该提倡

B. 很正常，每个人都有表现自己的欲望

C. 作为一种生活方式，无须指责

16. 您认为当下网络上各种视觉文化充斥的社会环境对个人审美素养有影响吗？（　　　）［单选题］

A. 影响非常大，使个人审美趣味庸俗化、功利化

B. 有较大影响，有助于提升审美能力

C. 几乎没有影响

D. 不好说

17. 您认为下列哪项是审美素养形成的重要途径（　　　）［单选题］

A. 学校教育和课堂教育　　　　　B. 社会实践

C. 家庭教育　　　　　　　　　　D. 中华传统文化的影响

E. 审美素养是天生的，与后天培养无关

18. 下列影响您审美素养的因素中，按照影响程度，排在前三项的分别是

_____＞_____＞_____［排序题］

A. 学校的审美教育　　　　　　　B. 教师的审美素养、言谈举止

C. 父母家人从小对自己的关爱　　D. 中华传统文化的熏陶

E. 朋友间的行为、言语、活动　　F. 明星偶像、网络红人

G. 模范人物、社会名人

第三部分：关于大学生审美教育

1. 您认为美育是什么？（　　　）（选三项）［多选题］

A. 是培养审美能力的教育　　　　B. 是思想道德教育

C. 是艺术欣赏教育　　　　　　　D. 是美术和音乐教育

E. 是美学知识教育　　　　　　　F. 是人文素质教育

G. 不清楚

2. 您是否能切实感受到学校美育？（　　　）［多选题］

　　A. 能感受到，学校也开设了美育课程

　　B. 不能感受到学校美育，没有开设相关课程

　　C. 学校部分专业开设了相关课程

　　D. 学校有相关美育社团组织

　　E. 不了解

3. 您所在学校的校园文化是否给您带来了美的体验？（　　　）［多选题］

　　A. 校园环境优美，各类设施基本完善，让我感受到了美

　　B. 学校文化活动丰富，让我受到美的熏陶

　　C. 校园环境一般，没有带来太多美的感受

　　D. 校园文化建设滞后，体会不到校园中的美

4. 您认为审美教育对大学生有什么作用？（　　　）［多选题］

　　A. 帮助大学生发现美、体验美、欣赏美

　　B. 有助于大学生社会审美观的塑造和良好社会道德风范形成

　　C. 培养大学生高雅的情绪，塑造优雅的举止和个人形象

　　D. 帮助大学生用文学艺术丰富精神世界，陶冶情操

　　E. 提升大学生思想道德素养，建立爱国主义思想

　　F. 帮助大学生分辨善恶美丑，提高综合素质

　　G. 提升大学生唱歌绘画能力

　　H. 大学生审美素养青少年时已经形成，审美教育无法改变其审美素养

　　I. 没什么作用

5. 您所在院校是否有美育主题的社团活动？（　　　）［单选题］

　　A. 有，经常开展社团活动

　　B. 有，但很少开展社团活动

　　C. 没有相关社团

6. 您认为高校社团活动起到提升审美素养的作用了吗？（　　　）［单选题］

A. 学校社团活动丰富多彩，促进个体审美素养的形成

B. 学校社团活动多流于形式，对个体审美素养提升促进作用不大

C. 完全没有发挥作用

D. 不了解，没有参加过社团活动

7. 您参与过学校举办的哪些美育活动？（　　　）［多选题］

A. 课程学习　　　B. 社团活动　　　C. 文化艺术节

D. 社会实践活动　E. 没有参加过任何活动

8. 您认为当前美育课程最主要的问题是什么？＿＿＿＿＞＿＿＿＿＞＿＿＿＿

（请按您认为的问题严重程度由高到低排序）［排序题］

A. 内容陈旧，无法引发兴趣　　　　B. 教学手段死板，创新不足

C. 实际与理论相脱离　　　　　　　D. 教师素质不能适应美育课程

E. 和目前社会文化脱节　　　　　　F. 课程量太少

9. 您所在的院系组织学生参观美术馆、博物馆等审美实践活动的频率如何？（　　　）［单选题］

A. 经常　　　　　B. 有时　　　　　C. 很少　　　　　D. 从来没有

10. 您所在的学校是否在思想政治教育活动中开展过美育实践活动？（　　　）［单选题］

A. 能经常将美育实践活动融入思想政治教育活动之中

B. 偶尔将美育实践活动融入思想政治教育活动之中

C. 从未在思想政治教育活动中融入美育实践活动

D. 不了解

第四部分：关于美育和思想政治教育有效性相关问题

1. 您上思想政治课的状态是（　　　　）[单选题]

    A. 精神很好   B. 有时候感到疲惫

    C. 经常感到疲惫   D. 没有感觉

2. 思想政治课让您有美的体验吗？（　　　　）[单选题]

    A. 经常   B. 有时   C. 很少   D. 从来没有

3. 您觉得高校"思想政治教育"中融入"美育教育"有必要吗？（　　　　）[单选题]

    A. 非常有必要   B. 有必要   C. 没必要   D. 无所谓

4. 您认为美育与思想政治教育的关系应当是（　　　　）[单选题]

    A. 审美教育就是思想政治教育   B. 审美教育包含思想政治教育

    C. 两者相互区别，独立发展   D. 思想政治教育包含审美教育

5. 您在学校的思想政治教育中是否感受到了崇高美和榜样美？（　　　　）[单选题]

    A. 经常感受到   B. 偶尔感受到   C. 从没感受到   D. 不知道

6. 您认为红色文化教育在高校大学生思想政治教育中作用发挥得如何？（　　　　）[单选题]

    A. 一般   B. 较好   C. 非常好

7. 下列哪几个方法更能激发您对思想政治教育的兴趣？_____>_____>_____（请按兴趣程度由高到低排序）[排序题]

    A. 课堂上让学生多发言，表明自己的观点

    B. 教师增进和学生的交流沟通，进行情感教育

    C. 将艺术教育融入思想政治教育之中

    D. 在课堂上老师多举一些励志的、感人的、爱国的例子

    E. 教师应该采用多媒体形式教学

F. 将理论和实际相结合

8. 哪些因素影响了思想政治教育有效性发挥? _____>_____>_____>
_____（请按影响程度由高到低排序）［排序题］

A. 内容是否枯燥

B. 是否缺乏美感

C. 教师对学生情感教育的关注和投入

D. 是否能有效传递真善美

E. 对自己有没有帮助、对生活有没有指导

F. 教师的教育态度和水平

G. 教师的教育方式是否有吸引力

H. 社会风气

9. 您认为下列哪些方面有助于提升大学生思想道德修养? _____>_____>
_____>_____（请按重要性由高到低排序）［排序题］

A. 加强大学生艺术和人文教育　　B. 加强科学文化知识的学习

C. 父母给予更多的关爱　　　　　D. 加强爱国主义教育

E. 加强中华传统文化教育

10. 您觉得当前大学生思想道德教育的效果如何? （　　　）［单选题］

A. 非常好　　　B. 比较好　　　C. 不好说　　　D. 比较差

E. 非常差

11. 关于上题中大学生思想政治教育有效性的判断, 您觉得与学校开展审美教育的关系是（　　　）［单选题］

A. 关系非常大　B. 有较大关系　　C. 有一点关系　　D. 几乎没有关系

12. 您在多大程度上希望学校能在思想政治教育中渗透审美教育? （　　　）［单选题］

A. 非常希望　　B. 有一些希望　　C. 无所谓　　　D. 不希望

13. 您对当前的审美教育和思想政治教育有什么看法？ ［简答题］

主要参考文献

一、马克思主义经典及党和国家领导人著作

《马克思恩格斯全集》第 1、2、3、9、16、20、23、40、42 卷，人民出版社 1975、2009、1979、2009、1979、1971、1972、1982、2017 年版。

《马克思恩格斯文集》第 1、2、8、9 卷，人民出版社 2009 年版。

马克思:《1844 年经济学哲学手稿》，人民出版社 2000 年版。

《列宁全集》第 25 卷，人民出版社 1988 年版。

《毛泽东文集》第 7 卷，人民出版社 1999 年版。

《习近平谈治国理政》第 1 卷，外文出版社 2014 年版。

《习近平著作选读》第 1、2 卷，人民出版社 2023 年版。

《习近平总书记重要讲话文章选编》，中央文献出版社、党建读物出版社 2016 年版。

《十八大以来重要文献选编》上册，中央文献出版社 2014 年版。

二、国外学术专著

〔古希腊〕柏拉图:《柏拉图文艺对话录》，朱光潜译，人民文学出版社1963年版。

〔古希腊〕柏拉图:《理想国》，张竹明译，译林出版社2012年版。

〔古希腊〕亚里士多德:《诗学》，陈中梅译，商务印书馆2012年版。

〔古希腊〕亚里士多德:《政治学》，吴寿彭译，商务印书馆1983年版。

〔德〕黑格尔:《美学》第1卷，朱光潜译，商务印书馆1995年版。

〔德〕黑格尔:《美学》第3卷下册，朱光潜译，商务印书馆1995年版。

〔德〕康德:《判断力批判》，邓晓芒译，人民出版社2002年版。

〔德〕康德:《判断力批判》上卷，宗白华译，商务印书馆1964年版。

〔德〕席勒:《美育书简》，中国文联出版社1984年版。

〔德〕席勒:《审美教育书简》，张玉能译，译林出版社2006年版。

〔德〕海德格尔:《海德格尔选集》，生活·读书·新知三联书店1996年版。

〔德〕雅斯贝尔斯:《什么是教育》，生活·读书·新知三联书店1991年版。

〔美〕A. H. 马斯洛:《存在心理学探索》，李文湉译，云南人民出版社1987年版。

〔美〕A. H. 马斯洛:《人格和动机》，华夏出版社1987年版。

〔美〕马斯洛:《自我实现的人》，许金声、刘锋等译，生活·读书·新知三联书店1987年版。

〔美〕赫伯特·马尔库塞:《审美之维》，李小兵译，广西师范大学出版社 2001 年版。

［美］格里芬:《后现代精神》，王成兵译，中央编译出版社 1998 年版。

［美］墨森:《儿童发展和个性（中译本）》，上海教育出版社 1990 年版。

［日］岸根卓郎:《我的教育论真・善・美》，何鉴译，南京大学出版社 1999 年版。

［苏］B. A. 苏霍姆林斯基:《给教师的建议（修订版）》（全 1 册），杜殿坤编译，教育科学出版社 1984 年版。

［苏］奥夫相尼柯夫、［苏］拉祖姆内依:《简明美学辞典》，冯申译，知识出版社 1981 年版。

［苏］尼・阿・德米特里耶娃:《审美教育问题》，冯湘一译，知识出版社 1983 年版。

［俄］别林斯基:《别林斯基选集》（第 2 卷），时代出版社 1999 年版。

［捷克］夸美纽斯:《大教学论》，人民文学出版社 1957 年版。

［英］赫・斯宾塞:《斯宾塞教育论著选》，胡毅、王承续译，人民教育出版社 1997 年版。

［英］约翰・洛克:《家庭教育》，张小茅译，京华出版社 2001 年版。

三、国内学术专著

《蔡元培美学文选》，北京大学出版社 1983 年版。

《蔡元培全集》第 2 卷，浙江教育出版社 1997 年版。

《朱光潜全集》，安徽教育出版社 1987、1988 年版。

《朱光潜美学文集》第 1 卷，上海文艺出版社 1982 年版。

朱光潜:《谈美》，北京大学出版社 2008 年版。

朱光潜:《谈美谈文学》,人民文学出版社 1988 年版。

《王国维全集》第 14 卷,浙江教育出版社 2009 年版。

郭沫若:《青铜时代》,中国人民大学出版社 2005 年版。

杜卫:《美育论》,教育科学出版社 2014 年版。

陈望衡:《中国美学史》,人民出版社 2005 年版。

张耀灿、徐志远:《现代思想政治教育学科论》,湖北人民出版社 2003 年版。

张耀灿、郑永廷等:《现代思想政治教育学》,人民出版社 2001 年版。

陈万柏、张耀灿:《思想政治教育学原理》,高等教育出版社 2001、2015 年版。

陈万柏:《思想政治教育学原理》,中国人民大学出版社 2012 年版。

文艺美学丛书编委会:《美学向导》,北京大学出版社 1982 年版。

袁鼎生:《西方古代美学主潮》,广西师范大学出版社 1995 年版。

李醒尘:《西方美学史教程》,北京大学出版社 2006 年版。

夏甄陶:《认识发生论》,人民日报出版社 1992 年版。

沈壮海:《思想政治教育有效性研究》,武汉大学出版社 2008 年版。

金开诚、龙协涛:《现代美育教程》,江苏教育出版社 1994 年版。

俞玉滋、张援:《中国近代美育论文选》,上海教育出版社 1999 年版。

黄世晖:《蔡子民先生传》,北京大学新潮社 1920 年版。

《中国教育年鉴》编辑部:《中国教育年鉴 1949—1981》,中国大百科全书出版社 1984 年版。

北京大学哲学系美学教研室:《西方美学家论美和美感》,商务印书馆 1980 年版。

何东昌主编:《中华人民共和国重要教育文献(1949~1975)》,海南出版社 1998 年版。

蒋冰海:《美育学导论》，上海人民出版社 2001 年版。

杨辛、甘霖、刘束凯:《美学原理纲要》，北京大学出版社 1989 年版。

刘兆吉:《美育心理研究》，四川教育出版社 1993 年版。

赵伶俐:《人生价值的弘扬——当代美育新论》，北京师范大学出版社 2016 年版。

赵伶俐:《大美育实验研究》，西南师范大学出版社 1996 年版。

范蔚、赵伶俐:《审美化教学论》，北京师范大学出版社 2016 年版。

李泽厚:《李泽厚哲学美学文选》，湖南人民出版社 1985 年版。

孙正聿:《现代审美意识》，吉林人民出版社 2012 年版。

沈国权:《思想政治教育环境论》，复旦大学出版社 2002 年版。

田文军:《冯友兰新儒学论著辑要》，中国广播电视出版社 1995 年版。

冯刚:《改革开放以来高校思想政治教育发展史》，人民出版社 2018 年版。

余潇枫:《哲学人格》，吉林教育出版社 1998 年版。

金昕:《当代高校美育新探》，商务印书馆 2013 年版。

胡家祥:《审美学》，北京大学出版社 2000 年版。

缪灵珠:《缪灵珠美学译文集》第 1 卷，中国人民大学出版社 1986 年版。

田慧生:《教学环境论》，江西教育出版社 1996 年版。

孟湘砥:《美育教程》，湖南文艺出版社 1986 年版。

张松泉:《美学简论》，黑龙江人民出版社 1985 年版。

曾繁仁:《美育十五讲》，北京大学出版社 2012 年版。

华东师范大学教育系、杭州大学教育系:《现代西方资产阶级教育思想流派论著选》，人民教育出版社 1980 年版。

朱立元:《美学》，高等教育出版社 2006 年版。

吴家跃、吴虹:《审美的价值属性》,四川大学出版社 2009 年版。

石亚军、赵伶俐等:《人文素质教育概论》,中国人民大学出版社 2009 年版。

李春青:《美学与人学——马克思对德国古典美学的继承与超越》,法律出版社 1991 年版。

余潇枫:《哲学人格》,吉林教育出版社 1998 年版。

陈涵平:《教师言语美》,中山大学出版社 2004 年版。

王一川:《美学教程》,复旦大学出版社 2004 年版。

冯契:《人的自由和真善美》,华东师范大学出版社 2017 年版。

王习胜:《思想政治教育人文关怀的理论与方法》,人民出版社 2018 年版。

蒋孔阳:《美在创造中》,广西师范大学出版社 1997 年版。

杨恩寰:《美学引论》,人民出版社 2005 年版。

吴奇程、袁元:《家庭教育学》,广东教育出版社 2002 年版。

邓佐君:《家庭教育学》,福建教育出版社 1995 年版。

费孝通:《社会学概论》,天津人民出版社 1984 年版。

马和民:《教育社会学研究》,上海教育出版社 1998 年版。

张志勇:《情感教育论》,北京师范大学出版社 1993 年版。

寇东亮等:《人文关怀论》,中国社会科学出版社 2015 年版。

四、报刊论文

王国维:《论教育之宗教》,《教育世界》1903 年。

蔡元培:《以美育代宗教说》,《蔡元培美学文选》,文艺美学丛书编辑委员会编 1983 年。

黄济:《关于美育的几十问题》,《中国人民大学书报资料社·教育学》

1985 年第 5 期。

米学文:《试论美育对审美心理结构的建设功能》,《东北师范大学学报（哲学版）》1987 年第 8 期。

刘兆吉:《美育心理学在学校教育中的实践意义》,《上海高教研究》1989 年第 4 期。

滕守尧:《美育——教育现代化的关键》,《北京大学学报（哲学社会科学版）》1995 年第 20 期。

杨鲁宁:《论人文关怀与大学生美育》,《东岳论丛》1998 年第 4 期。

陆道廉:《论思想政治工作中的美育疏导》,《南京师大学报（社会科学版）》1990 年第 4 期。

陆环:《审美教育的当代意义及其运作》,《广州师院学报（社会科学版）》1996 年第 1 期。

赵国俊、王红彦:《试论康德美学对蔡元培美学美育思想的影响》,《山西高等学校社会科学学报》2000 年第 10 期。

高明霞:《马克思恩格斯美育思想探寻》,《内蒙古社会科学（汉文版）》2000 年第 4 期。

赵伶俐:《审美化教学论》,《西南师范大学学报（人文社会科学版）》2000 年第 5 期。

赵伶俐:《刘兆吉美育心理学创建研究》,《西南师范大学学报（人文社会科学版）》2000 年第 6 期。

朱光潜:《朱光潜美学文集》,《哲学动态》2001 年第 6 期。

宫诚:《浅析审美教育与素质教育的关系》,《合肥工业大学学报（社会科学版）》2002 年第 4 期。

保罗·哈克:《走向功能音乐教育》,《人民音乐》2002 年第 11 期。

岳介先:《黑格尔的艺术美育论》,《美与时代》2003 年第 10 期。

陈君生：《论思想政治教育美》，《理论探讨》2003 年第 3 期。

熊建生：《论思想政治教育内容的系统构建》，《思想教育研究》2004 年第 3 期。

洪燕：《论思想政治教育审美化境界》，《思想教育研究》2005 年第 11 期。

郑琦：《大学生思想政治教育实效性初探》，《思想政治教育研究》2009 年第 4 期。

赵湘：《思想政治教育要搭起"美"的舞台》，《思想政治工作研究》2005 年第 11 期。

姚裕萍：《论大学美育的个体价值》，《浙江工业大学学报（社会科学版）》2006 年第 5 期。

薛红飞、刘清华：《审美教育：思想政治教育的重要视阈》，《南京政治学院学报》2006 年第 3 期。

刘景：《现代思想政治教育内容建设刍议》，《思想政治教育研究》2007 年第 1 期。

郑永廷、朱白薇：《改革开放 30 年思想政治教育理论的丰富与发展》，《思想理论教育导刊》2008 年第 10 期。

程卫国：《美学视野下的思想政治教育研究综述》，《理论月刊》2009 年第 12 期。

倪愫襄：《思想政治教育概念的历史演进》，《思想教育研究》2012 年第 11 期。

王凤志：《思想政治教育美学方法的学理性探究》，《探索》2013 年第 5 期。

赵伶俐：《美育：使人格完美和谐的教育》，《人民教育》2014 年第 21 期。

杜卫:《论审美素养及其培养》,《教育研究》2014 年第 11 期。

王前军、丁慧民:《论审美化的大学生社会主义核心价值观培育》,《科学社会主义》2014 年第 4 期。

李仰飞、张坡:《家庭教育视域下生命情感教育探析》,《中学政治教学参考》2015 年第 21 期。

易晓明、杜丽姣:《当前我国国民审美素养的现状、影响因素及教育建议》,《美育学刊》2015 年第 4 期。

白冰:《中华传统文化艺术在社区美育中的发展策略》,《中国成人教育》2015 年第 12 期。

王习胜:《高校实施马克思主义理论教育的合法性和合理性》,《安徽师范大学学报（人文社会科学版）》2016 年第 4 期。

王珍珍:《社会主义核心价值观的美育路径探析》,《中国教育学刊》2016 年第 11 期。

陈理宣:《论知识教育、劳动教育与审美教育及其整合》,《教育学术月刊》2017 年第 3 期。

吴晶、胡浩:《习近平在全国教育大会上强调:坚持中国特色社会主义教育发展道路　培养德智体美劳全面发展的社会主义建设者和接班人》,《人民教育》2018 年第 18 期。

杜卫:《情感体验:美育的根本特征——当代中国美育基础理论问题研究之四》,《美术研究》2020 年第 3 期。

［日］大江精三:《时间瞬间性和自由》,《现代国外哲学社会科学文摘》1985 年第 7 期。

五、学位论文

祖国华:《思想政治教育审美问题研究》,东北师范大学 2009 年博士学位论文。

郝永刚:《人生境界论》,复旦大学 2010 年博士学位论文。

郑剑玲:《思想政治教育审美过程研究》,广西师范大学 2014 年博士学位论文。

冯婷:《审美教育与大学生的全面发展》,陕西师范大学 2015 年博士学位论文。

涂一昂:《思想政治教育中大学生审美人格培育研究》,湖北大学 2017 年博士学位论文。

贺文凯:《大学生审美素养研究》,西南大学 2017 年硕士学位论文。

孙畅:《情感思想政治教育研究》,中国地质大学 2018 年博士学位论文。

吕明阳:《思想政治教育审美力研究》,电子科技大学 2020 年博士学位论文。

六、网络文献

《2014 年全军思想政治教育意见》,2015 年 9 月 8 日,见 http://www.mod.gov.cn/regulatory/2015-09/08/content_4643962.html。

《国家中长期教育改革和发展规划纲要》工作小组办公室:《国家中长期教育改革和发展规划纲要(2010-2020)》,2010 年 7 月 29 日,见 http://www.moe.edu.cn/srcsite/A01/s7048/201007/t20100729_171904.html。

《关于进一步加强和改进大学生思想政治教育的意见》,2019 年 10 月 14 日,见 http://www.Moe.gov.cn/s78/A12/szs_lef/moe_1407/moe_1408/tnull_20566.html. https://baike.baidu.com/item/ 校园文化 /750826?fr=aladdin。

后　记

志存高远，方能登高望远；勤奋耕耘，方可收获人生。

奋斗是人生的底色，是生活的态度，是不同寻常的力量，是实现人生价值的唯一途径。伴着深夜幽暗的灯光，我依旧坐在电脑前，今天我在键盘上敲下了"后记"二字。此时此刻内心五味杂陈。内心涌动着太多的思绪，憧憬过无数次能够出版一本自己的专著，这一刻我期盼了很久，当它终于出现在我的面前时，我又显得如此局促不安，像是要迎接一个新生命般，期待中夹杂着彷徨、喜悦、憧憬和感激。

千磨万击还坚劲，任尔东西南北风。回首过往，百感交集。本书的内容源于我的博士学位论文《审美教育促进高校思想政治教育有效性研究》，在主编的耐心指导、打磨、修改、润色下，最终已脱胎换骨为今日的《审美与思政》。回想读博路，几年的坚守和奋斗，应该是我人生中最鲜亮的底色。在工学矛盾极为突出的那些年，求学路之艰于我尤甚，每迈进一步的背后都是无数不眠夜的坚守。考博三年读博四年，我用七年的时光步步靠近自己的梦想，完成了而立之年许下的诺言。那些在公交车上背单词看阅读的日子、那些往返于单位和学校经常饥肠辘辘上课的

277

日子、那些刀刃向内恶补跨学科短板转换写作思路的日子、那些每天八小时工作后依然得等孩子入睡后伏案学习的日子、那些找不到选题方向迷茫失措的日子、那些每周末都泡在图书馆不敢娱乐的日子、那些寒暑假依然得在工作和学业间挣扎的日子、那些凌晨四点起来写论文的日子、那些检索文献资料沉溺文海却又毫无思路的日子、那些凌晨困倦难耐又强撑习作的日子、那些徘徊在学业和工作之间无暇顾及家庭满心愧疚的日子……历历深刻。这许许多多的艰难时刻轮番在生活中上演，不断地重复交错，反复逼我做出取舍。信念是支撑人前行的火种，多少次默默流下委屈的泪水早已模糊，每每悲观无助的时候我反复地在提醒自己：既然选择了方向，便只顾风雨兼程！回首那段苦涩时光，留给我的更多的不是眼泪而是收获，因为那些不断打磨自己的过程中锻造了一个更加坚韧的自己！

新竹高于旧竹枝，全凭老干为扶持。从博士论文到今日专著的出版，凝聚了学校、老师、益友对我的支持与帮助。西北师范大学马克思主义学院给我提供了一个能够实现个人理想的平台，从那里开始，我的学科专业、我对待人生的态度、我的学术信仰乃至未来人生的发展方向都实现了重大转折，那里是我人生梦开始的地方。我始终铭记开学典礼时，时任院长王宗礼教授鼓励我们要做到苟日新、日日新、又日新，这句话始终激励着我要保持积极进取、不断挑战自我、追求卓越的态度。恩师马俊峰教授，是一位视学术为生命的人。博士论文选题的确立、框架的搭建、标题的凝练、论文的写作，老师都悉心指导，帮助我反复推敲。老师严谨的治学态度，广博的学识储备、不懈的学术精神如一盏明灯引领着我前进。西北师范大学的每一位导师都有着渊博的学识、深厚的专业功底和一心为学生的无私精神。他们都在倾心为马克思主义学科的发展和建设努力奉献着、奋斗着。他们的学术和人品都早已成为我心中的旗帜和标杆，指引着我该如何做学问，如何为人师。博士论文做实证研究需要花费大量的时间和精力，问卷调查中 2000 多名省内外的大学生们，为我的著作提供了翔实而科学的数据基础。但具体数据分析远比想象中要艰难，严谨客观精准的数据分析是著作科学性的基础，当我一筹莫展的时候，兰州大学管理学院的博士生导师高学德教授，在 SPSS 软件使用和数据统计分析方面给予了我很多的帮助和指导；同时兰州文理学院长期从事文艺学和美学研究的博士后叶淑媛教授，在著作的撰写过程中给予了我很多专业性的建议。人生路漫漫，何曾有坦途。芸芸众生，世界之大，遇良师，得益友，人生何其有幸。我个人能力有限，正是在这些良师益友无私的帮助、关心、启迪和鼓励下，让我一次次相信世界的美好，一次次重燃生活的信心，使得我离自己梦想一步步更近。

莫道书生无感激，寸心还是报恩人。书籍的出版，还要感谢在每一个煎熬时刻激励我、鞭策我克服困难继续前行的亲人。信念的坚守源于对家人的感恩。感恩我的家人在求学和发展之路上给予了我最无微不至的关心、支持和陪伴，是他们无条件地在为我扫清生活琐事的障碍，让我将时间和精力更多地投入学业和工作之中。父亲的那句"年轻人做事不能急于求成"，母亲那句"办法总比困难多"，总萦绕耳旁带给我信心和力量。乐天派的丈夫在我两次落榜犹豫是否继续考博时说："再坚持一年吧，这是你的理想"，也就是那年我终于如愿以偿。懂事的儿子多年来每晚我们一人一桌一起学习，周末和寒暑假一起泡图书馆，与其说我陪伴他成长，不如说是他在支撑着我前进，从未想过要成为他的表率，但我却成了他口中引以为傲的博士妈妈。有家人在身边，是生命对我的眷顾，你们带给我的是睿智、是快乐，更是力量。这些都将化作温暖的岁月，成为陪伴我发展独一无二的乐章。

少年何妨梦摘星，敢挽桑弓射玉衡。人民出版社作为中国首位哲学社会科学综合性出版社，其权威性在学界有目共睹，在同事的鼓励下，我怀着无比忐忑的心情向侯俊智编审发出了出版申请，近半年严格的选题审核流程，在我一筹莫展快要放弃的时候，得到了选题审核通过的喜讯。选题能得到这样顶尖出版社认可，是我始料未及的。《审美与思政》是我人生的第一部著作，也是我转型路上的重要作品，感谢人民出版社对我这样一位马克思主义理论青年教师的肯定、关照和支持，于我而言这不仅仅是一本著作的出版，更是对我极大的鼓励，为我的职业发展和未来研究方向的确立注入了极大的信心和勇气。选题通过后，出版社的侯俊智编审对我的书稿倾注了大量的心血与热诚，为了助力我如期提交高质量稿件，侯编审牺牲大年三十休息时间悉心为我指导，每一次电话交流都格外耐心和细致。大到题目的修改、谋篇布局、内容润色、文献的梳理，小到段落表格、标点的规范，侯编审以极端负责任的态度对我一一斧正，无时无刻不让我体会到其严谨的治学态度和专业的职业能力，这些常常令我备受感动和鼓舞。

苦尽甘来终有时，一路向阳待花期。相信每一个经历过读博历程的人，都会因那段经历而对生活、生命和自我有重新的认知和解读。当手捧这部专著的时候，深刻体会到，这些年的学术经历于我而言不仅是学科的转换抑或专攻了某一学术领域，更不是完成了二十万字的著作，而是树立了我对学术的信仰，让我对科研产生喜爱和敬畏之心，让我在不断自我否定中变得更加坚韧有力，让我在迷茫和失措中学会了和困难对抗，让我开始对人生意义有了新的反思和探寻，让我获得了一种人文性思想和一种批判性精神，引发我对思想政治教育专业的更多的思考与热爱。

追风赶月莫停留，平芜尽处是春山。每个优秀的人并不是与生俱来就带着光环，也不是比别人幸运。他们只是不因辛苦而放弃努力，不因舒适而散漫放纵。雕塑自我的过程，必定伴随着疼痛与艰辛，可是那一锥一凿的自我敲打，才让我们锤炼出一个全新的自己！书稿虽然历经数次修改得以出版，但文章中仍有很多观点不够成熟，论述还有欠缺之处。成果不一定都是创新的，但都是我自己努力思考的结晶。最快的脚步不是冲刺，而是坚持。希望自己能以此为契机，以更踏实更努力的状态坚定地走好未来的学术之路，写出更有价值更满意的文章，以此回报长期厚爱和支持我的良师益友。

刘殷君

2025 年 4 月 22 日

责任编辑：侯俊智
助理编辑：许亚鑫　高叶儿
责任校对：秦　婵
封面设计：王春峥
排　　版：圈圈点点

图书在版编目（CIP）数据

审美与思政：审美教育促进高校思政教育有效
路径研究 / 刘殷君著. -- 北京：人民出版社，2025.6
ISBN 978-7-01-026912-2

Ⅰ. G641

中国国家版本馆 CIP 数据核字第 2024XM1138 号

审美与思政
SHENMEI YU SIZHENG
——审美教育促进高校思政教育有效路径研究

刘殷君　著

人民出版社 出版发行
（100706　北京市东城区隆福寺街 99 号）

中煤（北京）印务有限公司印刷　新华书店经销

2025 年 6 月第 1 版　2025 年 6 月北京第 1 次印刷
开本：710 毫米 ×1000 毫米 1/16　印张：18.5
字数：238 千字

ISBN 978-7-01-026912-2　定价：80.00 元

邮购地址 100706　北京市东城区隆福寺街 99 号
人民东方图书销售中心　电话（010）65250042　65289539